JN281263

現代経営学講座 7

企業の組織

稲葉 元吉 編著

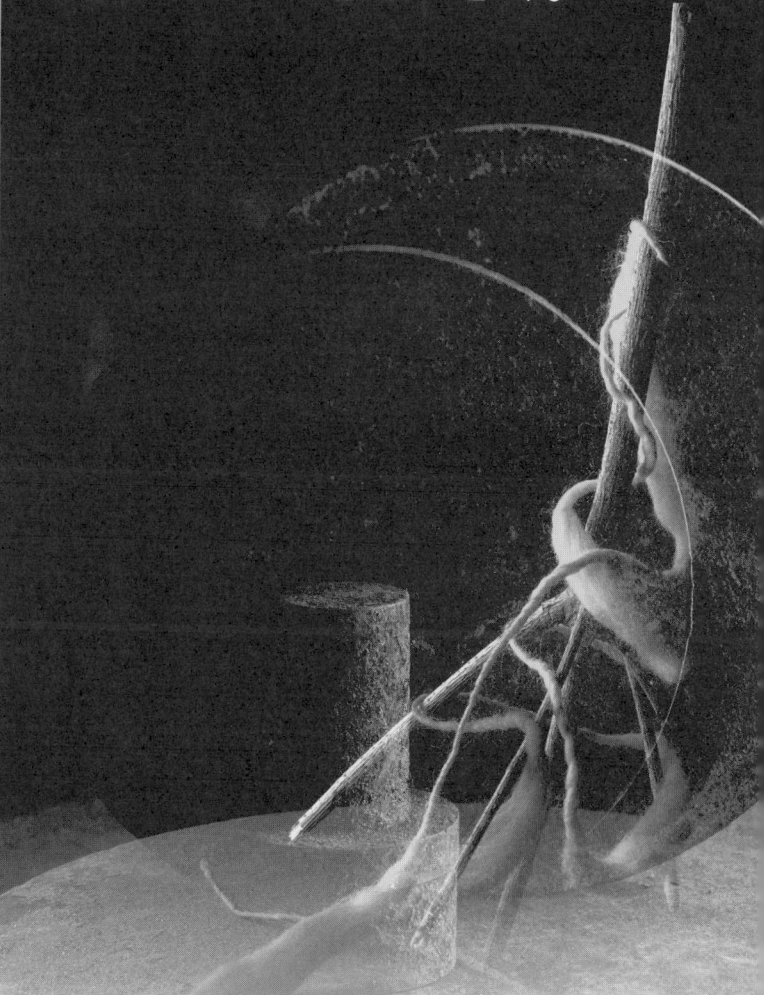

八千代出版

執筆者紹介 (執筆順)

稲葉元吉	成城大学教授	序論
櫻木晃裕	浜松学院大学助教授	第Ⅰ章
増田孝治	武蔵大学助教授	第Ⅱ章
桑田耕太郎	東京都立大学教授	第Ⅲ章
内野崇	学習院大学教授	第Ⅳ章
佐々木利廣	京都産業大学教授	第Ⅴ章
周佐喜和	横浜国立大学助教授	第Ⅵ章
鎌田伸一	防衛大学校教授	第Ⅶ章

はしがき

　本書は、表題に示されているように、「企業の組織」を論ずるものである。
　ところで現代の経済社会は、ときに「企業社会」とよばれることがある。このような言い方は、現代経済が、具体的には、企業なるものの存在に大きく依存していることの、1つの証しなのであろう。
　さてこの企業について、その現実をみてみると、その規模、その種類、その持続性などいろいろな側面できわめて多様であるとはいえ、それらが組織的実体をなして存在していることは、ほとんど異論なく承認される事実であろう。かくて企業を、組織の1つとしてみる立場は、決して特異なものではなく、むしろきわめて自然なものなのである。本書は、このような立場にたつものであり、企業組織の主要な論点を、システマティックに解説したものである。
　組織の本体は、人と人とが協力して活動するところに見出されるが、このような「協働」こそが企業を支えるのであって、資本があるいは原料がさらには機械がただ存在するからといって、企業が活動するわけではないこと、勿論である。
　このように考えてくると、企業の組織的要素がいかに重要であるかが理解できよう。経営学研究の母国アメリカの経営学も、つきつめれば組織論（あるいはこれと密接に関連した管理論）の展開であった、ということができるのである。このような意味をもつ「企業の組織」について、本書では以下の順序で論述を進める。
　まず「序論」では、組織研究の重要性を指摘した後、企業組織の概念について略述する。その後20世紀の90年代に変わり始めた、現代の企業組織の諸特徴を概観する。
　本論に入り第1章では「人間行動」を取りあげる。組織を構成する基本的要素は、個々の人間の行動であるから、人間行動がどのようにして現われて

くるのか、そのメカニズムを明らかにすることが、組織研究の出発点となる。

　第2章では「小集団」を取りあげる。集団は、個人と組織とを結びつける媒介項であって、人が互いに直接意志疎通しうる程度の人数の集まりを意味している。この集団こそ、人間行動を現実に左右する強い要因の1つであり、またこれら集団が幾つか連結されて（複合的な大規模）組織がつくられるから、この「集団」の理解を欠くことはできない。

　第3章は、「組織構造」を取りあげる。組織には、仕事の分担関係や権限、責任の体系のルールがあり、これが組織の構造的側面をなしている。この構造なしに、組織成員の円滑な協働は実現しない。かくして構造は重要である。構造にはまた、成員間に共有された思考のパターンとしての「文化」構造も存在する。

　第4章は、「組織過程」である。ここでは、構造的基盤の上に展開される組織成員の活動と、それら諸活動の相互作用が取りあげられる。人間活動が基本的なファクターになっているため、その相互連関の過程は複雑である。それは、企業の構造的枠組みに対する、企業の行動的過程の説明であり、また組織の成長・衰退の解明への基礎理論でもある。

　第5章は、「組織と外部環境」を取り扱う。企業組織はその存続と発展のため、外界と諸資源のやりとりをしなければならない。このゆえに企業の外部環境は、一方で企業活動の主要な存立要因であるとともに、それはまた他方で企業活動の主要な制約要因ともなる。本章は、この組織と環境との間の複雑な関係を、広く深く明らかにするものである。

　第6章は、「グローバル組織」である。企業が成長しその活動範囲を国境の外まで伸ばしたとき、そこに成立した多国籍組織は、これまでと違った新しい次元の管理問題に直面する。本章では、多国籍企業の成長、発展により、組織の構造や運営がどのように進化していったかを、解説している。

　最後の第7章では、「主要学説と研究方法」を取りあげる。ところで組織の現実は、絶え間なく新たな展開を見せている。そしてこの現実を理論化するために、多くの研究者は永年にわたり、一方で現実解明のための研究方法

を、他方で現実理解のための説明論理を、探索してきた。本章は、この重要課題に、広範な視点から取り組んだものである。

　本書の刊行には、まことに得難い優れた執筆者を揃えることができた。編者として、これらの方々の御協力に心から感謝し、お礼を申し上げるしだいである。しかし諸先生のご尽力にもかかわらず、編者の事情で本書の出版予定に大幅な遅れをきたしてしまった。このことについては、すべての関係者にただただ御海容を願うばかりである。

　末筆ながら、本書の刊行を企画された八千代出版株式会社および同社の山竹伸二氏に深甚の謝意を表したい。

　　　2005年1月　　　　　　　　　　　　　　編著者　稲葉元吉

目　次

はしがき

■ 序　論　イントロダクション ─────── 1
  1　組織の重要性　2
  2　企業組織の概念　6
  3　組織モデルの変化　8

■ 第Ⅰ章　人間行動 ─────── 21
  1　組織における人間行動　21
  2　行動発現のメカニズム　27
  3　モティベーション　33
  4　対人関係と集団　42

■ 第Ⅱ章　小　集　団 ─────── 55
  1　「集　団」　55
  2　公式集団と非公式集団　67
  3　リーダーとリーダーシップ　77

■ 第Ⅲ章　組　織　構　造 ─────── 91
  1　組織構造の意味と概念　91
  2　トップマネジメント組織と主要機関　96
  3　部門組織の形態　103
  4　組織の文化構造　116

v

第IV章　組織過程 ──────────── 125

1. はじめに　*125*
2. 組織過程とは　*126*
3. 組織過程の具体的な説明を行う前に──さまざまな理論モジュールをつなぐための4つのプラグ＆ソケット　*128*
4. 具体的な組織過程の展開　*132*
5. 2つの組織過程　*150*

第V章　組織と外部環境 ──────────── 157

1. 外部環境と経営戦略　*157*
2. 対利害者集団関係　*168*
3. 対社会環境関係　*175*

第VI章　グローバル組織 ──────────── 185

1. 国際化への契機　*185*
2. 海外子会社（海外現地法人）の設置と企業組織の段階的発展　*189*
3. 多国籍企業組織の新展開　*201*

第VII章　主要学説と研究方法 ──────────── 215

1. 経営組織論の発生と展開　*215*
2. 組織論のパラダイム　*222*
3. むすびにかえて──組織論はどこへいくのか　*242*

人名索引……*245*
事項索引……*247*

序論

イントロダクション

　本書は、書名に示されるように、「企業の組織」を解説するものである。その主要内容は、第1章から第7章までの各章に示されているので、この最初の部分で述べるべきことは、ごく導入的な話題に限られる。項目として列挙すれば、次のような諸事項である。
　①組織の重要性
　②企業組織の概念
　③組織モデルの変化
　まず本書が、「組織」を議論の対象とするところから、組織なるものの存在が、いかなる重要性をもつかという点を述べてみる。次に、組織とは何であるかについて、ごく一般的に解説した後、本書が論及対象とする「企業組織」の概念を述べてみる。このテーマは、深く厳密に論ずるには相当の紙幅を要するが、ここでは文字通り序論的な解説にとどめている。
　最後に取りあげた内容は、現在の企業組織が20世紀の90年代から、急速に変わり始めた状況を解説している。組織変化の原因の1つは、通信情報技術の急速な発展であり、2つには市場経済の世界的な展開である。これら以外の諸要因ももちろん考えられうるが、要するにそれらの結果、これまで長期にわたって有効であり続けた伝統的な企業組織に、顕著な変化があらわれてきたのである。この変化がいかなるものであるかを展望すること、これがこの序論の第3の内容である。

1　組織の重要性

1　人間社会に生ずる問題を解決するには

　現在の社会には、解決すべき問題が山積している。試みに1、2挙げてみるならば、人類の生存を脅かす環境問題、人口があふれ治安が悪化する都市問題、多様なかたちで顕在化する紛争問題など、すぐに思いつくことは数多い。また少子高齢化社会をどのように支えるか、次代の有為な人材をいかに育成するかといった、いっそう身近な問題も多い。これらはいずれも、遅かれ早かれ解決を要するものである。

　ところで人間は一般に、大規模かつ複雑な問題に対し、いろいろな方法を通じて対処してきた。具体的な解決法の1つは、「技術」とりわけ科学を基礎とした工学技術であった。それは建物をたて水道をひき自動車をつくった。工学技術のこれまでに果たしてきた人間社会への幾多の貢献は、これを何人も否定しないであろう。

　しかし人間社会の問題は、工学的な技術のみによっては解決できなかったばかりでなく、これからもそれだけで十分な解決が得られるとは考えにくい。いうまでもなく、人間社会の現実には、独自の仕組みがあり独自の動き方があるからである。

　それでは、現在の社会はどのようなものであり、またそこに生ずる問題を解決するのに、工学技術以外にどのような視点がありうるのであろうか。

　結論を先取りして要点を示せば、それは「組織」的観点の重視ということである。それでは何ゆえそういえるのであろうか。その基本的な理由は、現代社会の最も重要な構成要素が、「組織」と称されるものであるからに他ならない。

　さて「国際連合」は1つの組織であり、「国境なき医師団」もそうである。「IBM」も1つの組織であり、「横浜市」もそうである。そして本書の出版元の「八千代出版㈱」も1つの組織である。その他営利・非営利を問わずまた官・民を問わず、「大」は地球規模のものから「小」は街角の店舗まで、

それこそ無数の組織が存在している。

　つまり現代の社会とりわけ先進諸国の社会には、組織なるものが遍在している。一見抽象的にみえる「社会」なるものの実体は、換言すればこういった膨大な数の組織とそれらの間の相互依存の関係を意味している。そしてこの事実は、別の見方からすれば、社会が組織のあり方によって変わりうるものであることを示している。

　ところで、このように重要な意味をもつ「組織」が、一般国民の間でも学問研究の分野でも、必ずしも正当に評価されてこなかったことは、注目に値する。組織はその中にいる人間を抑制する、組織は能率が悪く生産性が低い、組織は硬直的で柔軟性に乏しい、組織は不正をする、組織は外界との関係調整が苦手であるなどといった、しばしば流布される批判は、とかく組織に対する負の評価を生みやすい。組織なるものへの一般的イメージがこのような状態である限り、たとえそれがある種の誤解にもとづくものであれ、組織の存在に大きな意味が認められないことも無理からぬところであろう。

　一部にはそのような事情があったのであろうか、社会科学の分野においてさえ、組織に対する研究が行われたのは、基本的には20世紀に入ってからであり、とくにそれが経験科学的な基盤をもって展開されたのは、20世紀も後半に入ってからであった。その意味で「組織論 (organization theory)」という専門分野は、研究の余地を多分に残した、またようやくその独自性を確立したばかりの、いわば若い学問なのである。

2　個人の能力を超えた問題・課題への対応

　ところで前述した組織批判は、正当なものといえるであろうか。たとえば、組織は仕事の効率が悪く生産性が低いであろうか。組織を個別的にみればいろいろであろうが、大局からみれば、組織が高い生産性をもつばかりか、そもそも組織がなければなしえないことも多いという点は、これを否定することはできない。現実そのものを観察してみれば、アメリカをはじめ先進国と称されている国々ほど、組織がよく発達し、その結果、著しい経済的成果を

達成しているからである。その証拠に、もし先進国に生きるわれわれが幸福であると思えるならば、その最大の理由の1つは、電気や水道がひかれ、治安が保たれ、飢えに苦しむことなく人それぞれに生きてゆくことのできる、そういった社会つまり市場（market）と組織（organization）がともに十分発達した社会に、たまたま生を受けたからなのである。

　人間が生きてゆきやすい社会は、技術（technology）や市場などとともに、組織なるものの存在に大いに依存している。組織をつくり維持し改善することのできない社会では、個人の能力以上の問題を解決することは不可能なのである。ところでこのような事実は、組織なるものが、いつどのようなときにつくられまたあらわれるのかを、鮮明に教えてくれる。すなわちそれは、個人ではできないことも、他者と協力すれば達成できると認識されたときにあらわれる、と。

　さて現代の社会は、個人の能力を超えた問題・課題を次々と生み出している。そしてその結果、課題の解決をめざし数多くの組織が形成される。たしかにわれわれは、年間100万台を超える自動車生産をするとき、また10万人におよぶ難民を救済するとき、組織なしにそれを実現することはできない。役割を終えた組織が一方で数多く消滅しつつ、他方それを上回る勢いで新しい組織が設立される。これが社会の現実である。

　前述したように組織について人々は、多様なイメージをもっているが、それらはしばしば個人の主観的な価値判断を反映している。しかし組織それ自体は、バーナード（C. I. Barnard）が定義しているように、2人以上の人々の意識的に調整された諸活動または諸力の体系、に他ならない。かくしてそれは、価値中立的でかつすぐれて科学的な思考に即した概念である。

　この組織概念は、行政機関を対象とする行政学、企業組織を扱う経営学、各種社会集団を論ずる社会学等、従来別々の研究領域で取りあげられてきたものを、現実の組織の制度的な区分や規模の大小を超えたところで捉える基本的な概念であり、組織なるもののいわば本質を示した概念である。本稿で現代社会に遍在するとした組織は、また現代の組織論者にほぼ共通理解され

ている組織は、このような意味での組織なのである。

　この意味での組織は重要である。たとえ市場機会があり、技術があり、資本があってもそれらが揃ったというだけでは、まだ企業活動への可能性が与えられたにすぎない。企業が物的諸資源や貨幣的資本の単なる寄せ集めではなく、1つの具体的な活動体に転化してゆくためには、その中心に組織なるものの存在が不可欠である。そしてこのような状況は、企業以外の場合にもまったく同様にあてはまる。かくして組織は、社会に不可欠な基本的構成要素とみなされる。

3　新しい社会の変革主体としての組織

　組織が社会の重要な構成要素であるということは、すでにみたごとく組織および組織間の関係を通じ社会が変化しうることを意味している。事実、たとえばGM（ゼネラル・モーターズ）社がアメリカを大きく自動車社会へ変貌させた歴史は、つとに知られているところである。この場合、組織が社会の変革主体（change agent）として機能したのである。このように考えると、持続可能な発展（sustainable development）を求められている現代社会に、組織の視点から問題解決を試みることは、おそらく最も効果的な接近方法の1つであろう。

　たとえばVW（フォルクス・ワーゲン）社は、10年以上も前から大胆なリサイクルによる自動車生産システムをつくりつつある。車が何万という多くの部品から構成され、しかもそれぞれが多様な素材からつくられていることを考慮すれば、これが単純な問題でないことは明らかである。解体技術の案出、リサイクル志向の設計といった技術的なことはもちろん、何よりもまずそのための組織をつくり、さらに当該企業に直結する回収業者や供給業者といった各種利害関係者を、資源の循環ルートに組織化してゆかなければならないからである。

　しかしこのような、革新をおこす組織とそこから生ずる直接間接の他組織への波及過程は、地球環境といった大規模かつ複雑な問題への社会的な取り

組みに、最も現実的な道を提供するということができる。社会が人間に住みやすいものであるか否かは、また社会に問題解決の能力があるか否かは、大小さまざまなレベルでの、組織および組織間の関連のあり方に、決定的に依存しているのである。

2　企業組織の概念

「組織」が、いかなるものであるかについては、各人各様のイメージがあるであろう。ある者にとってはそれは会社の「組織図」であったり、また別のある者にとっては「人間の集団」であったりする。いずれも誤りとは言い切れないものの、いくぶん正確性を欠いている。そこでさらに適切な定義があるならば、それを用いるべきであろう。それでは現在最も優れているとみられている組織概念は何か。それは前述したバーナードによる組織の定義すなわち「2人以上の人々の、意識的に調整された、諸活動または諸力の体系」である。この定義は、われわれの常識と相違していないばかりでなく、この概念を用いると、組織に関する重要な諸側面を、ほとんどすべて無理なく説明することができる。

しかしそれにしても、バーナードによるこの組織概念が、かなり抽象的であるとの印象は、否めないであろう。そこで若干の註釈を加え、これが決して難しいものではないことを示しておきたい。

第1に注目すべきは、組織は人間の活動が素材となって構成されているという点である。企業の中で行われている個々人の仕事（＝作業したり、判断したりすること）は、人間の活動の具体的なあらわれである。この人間活動は、その担い手の意欲・能力などによって影響を受ける。

第2に、この人間活動が体系（＝システム）をなしているという点である。これは、個人Aの活動と個人Bのそれとが関連している、ということである。同じ仕事でAとBが力を合わせたり、Aの仕事がBに引き継がれたりして、企業の中のすべての人が結びついている。

第3に、このように相互に関連する活動が、調整されているという点である。たとえAとBの活動が連動していても、それぞれが同一の方向をめざし、タイミングよく行われなければ、協働の目的は達成されないからである。
　第4にこの調整が、意識的に行われているという点である。組織成員の数が多くなるにつれ、また人々の間に多様性が認識されるにつれ、人と人との活動を調整することは難しくなる。そのため人々の間の調整活動は、これを成り行きにまかせるのではなく、意識的に（すなわちある種の強制力をもって）行ってゆかざるをえなくなる。
　このような註釈を通して、あらためてバーナードの組織概念をみてみると、それは一見きわめて抽象的にみえるとしても、そこから得られるイメージは日常われわれが組織と考えているものとよく合致している。それはただ、われわれが一般に理解している組織を、より正確に表現したものにすぎないのである。以下の諸章で論じられるいろいろな重要テーマは、いずれも上述した組織概念から導き出されるものなのである。
　ある人は顧客と折衝し、ある人は計画を立て、ある人は伝票を計算し、ある人はネジを締め、ある人は装置を監視し、ある人は塗装をする。しかも若年者もいれば年輩者もいる。男性もいれば女性もいる。技能や才能もそれぞれ異なった個性をもつ多彩かつ多数の人々が、いつのまにか何分何秒かに1台の割合で自動車をつくってしまう、しかもきわめて秩序正しく能率的に。これは誰でも知っている企業活動の1例であるが、しかしその背後には、それを可能ならしめる数々の仕組みと論理がある。これこそ、本書『企業の組織』が明らかにすべき、主要な目的なのである。
　以上、組織の概念について言及してきたが、このような組織の概念は、企業組織にも行政組織にも治安組織にも共通する、一般的な性格のものである。しかし本書が対象とするものは企業組織であるので、それがどのような特徴をもつものなのか、この点を明らかにしておきたい。
　まず「企業」の概念であるが、これは読者にはすでに周知のところであるので、ここでは次のようにだけ記しておきたい。すなわちそれは、不確かな

市場の動きの中、利益の獲得をめざしつつ、商品生産を行う組織である、と。そしてこれに関連して、企業が次のような活動を展開することもまた、読者には周知の事柄であろう。すなわち、まず企業活動に必要な資本を内外から調達する。次に資本の投下により従業員を雇用し、また原料・部品・機械設備などの生産手段を購入する。さらにその生産手段を用い経営管理者・従業員が協働して生産活動を行う。そこで生産された製品を商品として顧客に販売する。そして売り上げ金を通じて投下資本の回収を行うとともに、得られた利益を社内留保したり株主配当したりする。最後に、もしも上述したような活動が円滑に運行されれば、次年度もほぼ同じ循環を繰り返す。しかしもしもこの循環が順調に進まず、事業的に行き詰まるようであったら、事業 (business) の根本的な転換をはかる。

　さて企業組織も、他の組織たとえば行政組織と同様、一般の法律の枠内で活動することが求められている。その限りで両者に特別の相異はない。しかし行政組織の活動は、私企業の場合と異なり、法律ないし行政に対する命令によって、はるかに細かく規定されている。これに対し企業の場合は、市場経済のもときわめて広い自由が認められている。とりわけ重要な点は、企業がその組織目的を独自に決定できるという点である。企業に許されているこの組織目的の自己決定能力こそ、自由主義経済の活力の源泉なのである。

　要するに本書は、企業活動をする組織を「企業組織」とよび、それがもつ重要な諸側面を論ずるものである。

3　組織モデルの変化

　企業組織の様相は、時代とともに変化している。現実には新旧いろいろ混在しているものの、トレンドとして捉えてみると、伝統的な組織のあり方が、しだいに現代的なものに移り変わりつつある。そこで以下、若干の頁を割いて、その動きの概観を展望しておくことにしよう (D. Ancona, T. A. Kochan, M. Scully, J. Van Maanen, and D. E. Westney, 1999, pp. 4-18)。

さて周知のように、20世紀に入り大規模組織の存在がしだいに顕著になるにつれ、それに注目した研究も進められるようになった。これらの研究が明らかにした当時の先進的な組織には、おおよそ次のような特徴が見出された。すなわち

①まず、組織における各人の職務や地位は、それぞれの責任が明確になるよう、はっきりと規則の上に定められていた。

②企業内の秩序を守るため、各人の地位は、他者に対する力の大きさを示す権限の大小に応じて、階層的に関係づけられていた。

③恣意性が入り込まないようにするため、各人は仕事を進める際、公式に定められた規則や標準処理手続き（＝マニュアル）にしたがって行うように義務づけられていた。

④外からの影響を受けないようにするため、組織内の各「部」や各「課」の間に境界を定めるとともに、組織とその外部環境との間にも境界を定めていた。

⑤組織の動きが予測できまた安定するよう、組織内のメンバーは、標準化された訓練を受けるとともに、昇進制度や報酬制度もあらかじめ定められていた。

⑥最後に、大部分の企業組織は１つの国の中で営業活動していたため、国際的な環境の複雑さは、とくに問題とされなかった。

　これらの諸特徴は、とくに規模の大きな企業に典型的にみられたが、中小の企業もできるだけこれに倣うことにより、組織のいわゆる「近代化」(modernization)「合理化」(rationalization) をはかろうと努力したのである。それでは、上述したような諸特徴をもつ組織は、なぜ近代的で合理的なものと賞讃されるのであろうか。それはあらためていうまでもなく、次のような利点をもつからに他ならない。すなわち第１に、組織活動が規則にもとづいて行われるため、組織がどのように機能しまたどのような成果を生み出すかを、かなり正確に予測できること。第２に、同じく組織が規則によって運用されるため、構成員の恣意や情実によって左右されないいわば公正性が確保

されること。第3に、職務の分業により各構成員の専門性が深められ、組織業務の遂行効率が高まること。第4に、職務・権限・責任の階層システムがつくられているため、組織の秩序維持が容易であること等々である。

1　新しい組織モデル

　しかしこれらの利点は、いついかなる場合にも妥当するわけではないこと、もちろんである。これらの組織の暗黙の前提ともいうべき環境条件が変化すれば、上述した諸利点が失われるばかりか、組織編成のしかたそのものも、変更を余儀なくされるからである。環境条件が変われば組織構成のあり方も変わるという事実の指摘は、コンティンジェンシー理論 (contingency theory) の見出した最も重要な知見であった。それではどのような環境変化が、伝統的な組織モデルを非効率・不適合なものにさせていったのであろうか。それは一言でいえば、いっそう激しさを増す企業環境の変化である。

　さて企業を取り巻く現代の経営環境は、これまでよりもいっそう多くの分野で、ますます新たな変化が生じている。たとえば顧客に対するサービスの内容も方向もたえず変化しているとともに、また製造工程にもたえず改善が加えられている。製品の種類はますます多様化しかつ変化を速めてきている。その結果企業は、いっそう複雑化し変動的な場面に立たされるようになった。逆にいえば、企業環境が大きく変わらなければ、伝統的な組織モデルも機能し続けたのであろうが、厳しい環境の変化は、新しい組織モデルへの転換なくして、もはや対応できない状態をもたらしたのである。そこで1990年代以降、企業経営者や経営学者によって、従来よりもいっそう効果的に機能しうる、新しい組織モデルが提供されるようになってきた。

　組織の新しいモデルは、相互に関連する次のような諸特徴によって示すことができよう。すなわち（1）ネットワーク (networked) 化され、（2）フラット (flat) で、（3）柔軟性 (flexibility) があり、かつ（4）多様性 (diverse) に富む、（5）グローバル (global) な組織、これである。以下これらの主要な特徴を、個別的に取りあげてみることにしよう。

（１）　ネットワーク

　伝統的な組織理論では、すでに述べたように、経営管理者たちの自律性を守り、また組織内部の中核活動（core activities）を外部環境の影響から遮断するため、職務とそれに伴う責任・権限を明確にし、あわせて職務相互間の関係を明確にすることが強調されていた。しかし新しい組織モデルでは、組織内部の個人間や集団間、さらには組織とその外部環境との間に、区別の側面よりも関連の側面が強調され、それぞれの境界である程度の相互浸透が許容されることになる。以下、この点をもう少し詳しくみてみることにしよう。

　まず組織内のいろいろな場面で、個人を活動単位とするよりも、チームを活動単位とすることが強調されるようになった。しかもその際、同一部門内でチームがつくられるばかりでなく、購買と製造、製造と販売といった各機能部門間にわたる人々でチームをつくるようになった。また情報の流れも、伝統的な組織では「上位への報告・下位への指令」が強調され、それ以外の情報の流れはできるだけ回避されたが、新しいモデルでは、水平・垂直両方向をふくめ、組織内に広く情報を共有する仕組みがつくられるようになった。

　組織とその外部環境との関係における相互作用についても、たとえば次のような変化がみられる。まず原料あるいは部品等の供給業者との関連でいえば、従来は各企業は供給業者との間に在庫を保有しそれをバッファーとして相手業者からの影響を回避しようとしていたのに対し、最近では、ジャスト・イン・タイム（JIT）システムにみられるように、企業は供給業者を自らの生産工程の中に、いわば組み込むようなかたちになっている。また外部との媒介機能を果たすマーケティング部門や顧客サービス部門を経由することなく、企業の生産部門や研究開発部門が顧客の要望を直接に聴き、その情報を製品やサービスに反映させるといったことも行われるようになってきた。そしてさらに、他の企業と提携することによって、提携先の企業がいわゆる３Ｃ（すなわちcompetitorでありcustomerでありcollaboratorであるような）企業となるよう、努力が払われたり、またたとえば地球温暖化といった環境問題をめぐり、この問題を担当する行政機関に対し、従来であれば防衛的あるいは

対決的な姿勢を示してきた企業も、しだいに行政機関と連携を深めるようになってきた。

ネットワーク化した企業組織の1つの典型は、いわゆる「ヴァーチャル・カンパニー（virtual company）」であるが、これは、先進の情報通信技術を用いて世界各地に存在する供給業者、顧客、労働者等を緊密に結びつける、いわば21世紀的な企業モデルである。

（2）フラット

今世紀の企業組織は、20世紀のそれと違って、いっそう階層数も少なくスリムになっている。アメリカ企業のIBMやProctor & Gambleなどは、過去10年ほどの間にミドル・マネジメントの階層数をいくつか削減している。それとともに、階層削減化によるフラットな組織はまた、組織の底辺をなす現場実働層への、いわば「権限委譲（empowerment）」を進めるものでもある。

このような変化がみられた背景には、次のような事情がある。すなわち、まず第1に企業は、市場や技術の変化にますます迅速かつ柔軟に対応しなければならなくなってきたが、そのためには、階層数が多くしかも中央集権的な組織から生じてくる、遅滞や硬直性といった弱点を取り除く必要がある。第2に情報技術の進展は、情報を伝達し集約することを主要任務とする中間管理層の役割を、不要ならしめる。第3に、企業は費用削減の強い圧力に直面している。この圧力は、一方でグローバル化の進展による国際競争からもたらされる場合もあるが、他方また、株価の動きに注目する投資家からの要求にも由来する。いずれの背景があるにせよ従業員と管理者の数を削減し、費用負担を減少させる必要に迫られている。

（3）柔軟性

多くの企業は、これまで官僚制モデルに特徴的であった、厳格な規則や組織構造に頼ることが、しだいに難しくなってきたことを認識している。たしかに、規則通り物事を進めてゆくことの良さは、予測可能性や公正性、さらには管理のしやすさといったところでとくに見出すことができる。しかし今

日多くの企業は、そのような利点を評価しつつも、むしろ顧客や株主や従業員といった多様な利害関係者の諸要求に柔軟に対応することの方が、重要であると考えるようになってきた。たとえば多くのメーカーは、市場の多様なニーズに迅速に対応しうるいわゆる弾力的生産方式（flexible manufacturing system）で製品の多様化に対応しているとともに、サービス企業もまた、誰に対しても共通の内容を提供するというより、個々の顧客のニーズに合わせたものを提供するようになった。このようにして現在の企業は、刻々と変化する諸状況を、革新と創造へのきっかけとする仕組みを開発しなければならなくなったのである。

　柔軟性が重視されている証拠は、たとえばプロジェクト・チームやタスク・フォースといった、これにより成員の公式的な地位やフォーマルな組織構造には影響を与えずに、しかもある特定の問題の解決に向け迅速に人材や資源を振り向けることを可能にする、そういった一時的（temporary）な仕事構造をしだいに企業が多用してきているところにみることができる。柔軟性はまた、次に取りあげる多様性の問題とも関連をもっている。なぜなら昨今の企業は、環境の急激な動きに対処すべく、固定した正規の組織成員より、短期的・一時的に利用可能な非正規従業員の方が、いわば使いやすい状況にあるからである。

（4）多　様　性

　20世紀の後半にいたるまで、組織の成員は正規に雇用された成人男性が中心で、しかも会社に忠誠心をもちつつ安定した仕事環境の下で働いていた。伝統的な組織が有効に機能しえた背景には、このような現実があった。しかしこんにち組織で働く人々のキャリアは、きわめて多様になり、また組織への参加・退出もきわめて頻繁かつ不定期となった。女性が働くようになり、パートタイムの仕事が増え、在宅テレワーキング等が普及し、また国境を越えて労働者が移動する動きも活発化した。生涯におけるやりたいことの移り変わりや、家族の事情に合わせた生き方の多様な選択が、社会のいたるところで試みられるようになった。しかもこのような、組織で働く人々の多様性

の増大は、組織環境の多様性の増大に直面している企業にとって、有利な状態を生み出している。時代の動きに応じて生じてくる諸問題の解決に、イノヴェーションが不可欠であり、そのイノヴェーションは多様な人々の間のアイデアの交流から創出される場合が多いからである。換言すれば、現代のフラットでフレキシブルでネットワーク化された組織は、それぞれ異なった構造や文化をもつ他の諸組織と緊密に結びつけられており、また多様なニーズをもつ顧客とかかわりをもっている。かくして多くの企業はこのような変動的な外部環境の中で生き残りをはかるべく、内部的にも豊かな多様性をもたなければならないのである。

　（5）　グローバル

　20世紀の80年代に、多国籍企業の経営に大きな変化がみられるようになった。それは親会社と海外子会社の間の関係にもあらわれたが、しかしそれよりも海外子会社相互の間により顕著にあらわれている。すなわち80年代以前には、本社と子会社との関係を除き、海外子会社はほとんどそれぞれ互いに関係なく活動していたが、それ以降は海外子会社相互の間での取引も増え、企業内国際分業の体制も確立していった。また現在の多国籍企業は、自らの海外子会社のみならず、外国企業とも積極的に提携することによって、完成品をつくりあげるまでの諸段階（すなわち価値連鎖＝value chain）の効率化をはかっている。

　さらに、こういった企業活動の国際的な緊密化の動きに合わせ、従来スペシャリストの仕事とされてきた海外業務が、組織のあらゆる階層のメンバーによって担われることになった。かくしてブルーカラーのレベルにおいてさえ、アメリカ籍日系子会社の一般従業員が、コア技術を学ぶべく、日系親会社の工場で働くといったことも、きわめて普通にみられるようになった。

　このようなグローバル化の進展にはいくつかの理由が考えられる。第1に各国の間にコスト構造の差異が存在している。このためコスト削減に努める企業は、高い生産能力をもちかつ安い生産コストの地域で、事業活動を行おうとする。たとえばアメリカ企業は、ソフトウエア業務をインドに移転させ

表 0-1　新旧モデルの対比

伝統的モデル	新しいモデル
組織の基礎単位は個人の職務	組織の基礎単位は人間のチーム
渉外担当者による利害関係者対応	緊密なネットワークによる利害関係者対応
情報の流れは垂直的	情報の流れは垂直的かつ水平的
情報は上方へ、決定内容は下方へ	情報が集められた所での意思決定
管理階層は多い（tall）	管理階層は少ない（flat）
構造（structure）面の重視	過程（process）面の重視
規則や標準手続きの重視	結果や実績の重視
固定的な就業時間での労働	フレックスタイム、パートタイム労働の導入
キャリアパスは上向的・直線的	キャリアパスは側生的・弾力的
統一的な評価・報酬システム	個別的な評価・報酬システム
同一行動を期待する組織文化	多様な行動を許容する組織文化
自国中心的な心的態度	国際的な心的態度
専門家マネージャーによる国際業務対応	あらゆる組織階層での国際業務対応
一国内の価値連鎖（value chain）	国境を越えての価値連鎖（value chain）
現地国との関係で定義される国際環境	グローバルなものと見なされる国際環境

出所：Ancona, *et al.* (1999).

たり、データ処理業務をアイルランドで行うようになった。これと相まって、国際間の輸送コストや通信コストが劇的に低下した。このため部品の生産や製品の組み立てはいくつかの地域で集中的に行われるが、製品の販売は全世界各地で競争的に展開されるといった事態があらわれたのである。

　第2に国と国との間で国民生活が互いに類似してゆくにしたがって、また各国で消費人口が増加するにつれ、いわゆる市場のグローバリゼーションが進むことになる。市場の中には地域的な性格や特徴的な要素が、今後とも少なからず残ることはあっても、それ以外のマーケティングでは、企業は自らの製品をほんのわずか変更するだけで、顧客の増大を見込める場合が多いからである。

　第3に、従来多国籍企業の多くは、自国内で開発した先進的な技術や能力を、海外で活用していたが、昨今では Triad（すなわち北アメリカ、日本、西ヨ

ーロッパ）の多国籍企業のみならず NICs（Newly Industrializing Countries）の多国籍企業も、世界市場で競争優位を獲得すべく、先端諸国に積極的に進出しつつある。たとえば、日本や西ヨーロッパの製薬企業がバイオテクノロジーの能力を入手すべくアメリカに事業拠点を設置したり、アメリカ企業が先進のディスプレイ技術を入手すべく日本に事業拠点を置いたりしている。このようにして現在の多国籍企業は、国境を越えた学習活動の面からも、国際間の緊密化を促すことになったのである。

以上、新しい組織観についてより多く言及しながら、新旧2つのモデルを対比させてきたが、その対比を要約表示すれば、表0-1のようになるであろう。

2 新モデル移行への諸要件

以上、組織に対する見方が、広く現代の社会的背景の中で、変わりつつあることを述べてきたが、このような動きは、当分いっそう顕著に進むことが予想される。人類が今まで経験したことのない、情報化、国際化、自由化の大波が世界を巻き込んでいて、これらが上述してきたような組織の古いモデルから新しいモデルへの転換を促し続けているからである。

ところで組織とりわけ企業組織の面で、このような動きが不可避であるとしても、今述べたような転換は、一体スムーズに行われうるものなのであろうか。この点について具体的な実例をここで取りあげる紙幅の余裕はないが、しかし旧モデルから新モデルへの移行が容易でないことは、現代の経営学説の混乱の中にこれを読み取ることができる。試みにいくつかの矛盾する主張の例を挙げてみよう。

「戦略的に思考し、将来に投資せよ。しかし、今期の財務業績を改善せよ。」

「企業家的に行動し、リスクをとれ。しかし、失敗をして新たな負担を背負うな。」

「リーダーシップを発揮し方針を決めよ。しかし部下の意見を聴き、協働

せよ。」など。

ところでこのようにして、転換期に特有の矛盾が伴うものの、時代の流れとともに結局は新組織への移行が避けられないとすれば、この転換をより容易に進めるような体制を整えなければならないであろう。そこで新組織への移行に必要な処方箋（＝活動要件）は何か、以下この点を考察してみることにしよう。

（1）ネットワーク

組織が人間のネットワークにますます依存するようになるにつれ、組織を構成する基礎単位が個人よりもチームになっていくことについては、すでにみてきたところであるが、このことから組織のメンバーは、今後誰しもチームワークの能力を身につけなければならないことは明らかである。

そしてこのような事情に関連して、組織レベルの新しいモデルでは、組織は、たとえばプロジェクト・マネジメント組織などにみられるような、チーム構造型に編成・運営される必要があろう。

さらに組織とその環境との関係では、ネットワーク化への重要な傾向として、他組織との提携関係の形成がある。提携は、合併と異なり、独立組織間の契約にもとづいて成立するものであるため、両者の間に競合関係と協調関係との矛盾する2つの動きがふくまれる。したがって提携関係をつくる際には、双方の組織の間に共存が促進されるような情報システムが構築されなければならない。

（2）フラット

水平なフラット組織では、命令や権限の行使を通じ人を動かすことは、できるだけ回避されるため、経営管理者はこれに代わるいわゆる交渉力をもって組織内の協働を確保しなければならない。ここにいう交渉力とは説得力とも称すべきものであり、とかく利己的に行動しがちな個々の人間に、協働行為がいかに彼ら自身の利益にも合致するかを、納得させる能力のことである。

水平的な組織は垂直的な組織よりも、キャリア上昇のためのステップ数が少ないため、昇進を通じての報酬提供の機会は少なくなる。したがってフラ

ット組織では、水平的な異動による、キャリアの新しいインセンティブ（＝報酬）・システムが必要になる。

フラットな組織とその外部環境との関係については、従来いわゆる渉外担当者が窓口となって、利害関係者に対応してきたが、近年はネットワーク化により利害関係者との間に情報共有が進んだこともあって、渉外担当以外の者も組織の境界を越えて外部環境と相互作用するようになった。そのため組織の境界が不鮮明になり、またこれに伴い新たな形での境界マネジメントが必要になっている。

（3）柔　軟　性

フレキシブルな組織の特徴の1つは、しばしば管理者たちが複数のプロジェクトに同時に参加することである。したがって彼らは、いくつかの仕事を効率的に処理しうるような、いわば複数課題（multi-tasking）の処理能力をもつ必要がある。

また仕事集団への管理方法も、変化してくる。古いモデルでは、仕事をめぐる諸条件は頻繁には変わらないと仮定されていたので、管理規則は固定的に適用されたが、新しいモデルでは、仕事条件の変更に合わせ条件対応的（contingent）なルールの適用が必要になる。

柔軟な組織と外部環境との関係について重視すべきは、学習活動の継続であろう。なぜなら企業が外部の他組織とネットワークで結びつく目的の中に、一方で財・サービスの取引という本来の意図もあるが、他方その結びつきを通じ、企業自身が環境対応への感度を高め、さらにこれをきっかけに革新的な組織であり続けようとする、別の意図もあるからである。

（4）多　様　性

それぞれが異なる経歴や技能をもち、また従事する業務もいろいろである多数の組織成員を、適切にマネジメントすることは、決して容易ではない。管理者が自分の経験・立場から他人のそれを推測すると、しばしば誤解を生ずるからである。そのため多様性を増している組織の管理者は、まずもって他者理解の能力を身につけなければならない。

また多様性のある組織では、成員間に意見の不一致が生ずることは避けられない。かくして新しいモデルでは、人々の考え方の相異を建設的に統合する、いわゆる対立解決システムが構築されなければならない。

　多様性のある組織では、外部利害関係者とのかかわりもまた、多様化してゆかざるをえない。その上企業活動の国際化の進展につれ、外部との関係はいっそう複雑になる。かくして利害関係者へのさらなる多様な対応が、今後いっそう管理者に要請されることになる。

（5）　グローバル

　企業の活動が国境を越え拡大するにつれ、管理者は異文化コミュニケーション能力を身につける必要に迫られる。この場合異文化コミュニケーションの概念には、他国の組織の特有の情況（context）を理解しうる能力もふくまれる。

　組織のレベルでは、企業活動のグローバル化に伴い、各国各地域各情況の中で展開される諸活動は、相互に調整されなければならない。すなわち企業活動の国際的な統合が必要になる。たとえばシンガポールの子会社で部品製造しているアメリカ企業は、子会社の生産スケジュールを、本国の完成品組み立て作業と連動させなければならない。

　さらに企業と外部環境との間の問題では、外国で事業展開している企業は、現地社会との協調に敏感でなければならない。たとえばアメリカに子会社を

表 0-2　新組織移行への諸要件

	個人的技能	組織的特徴	環境への対応
ネットワーク	チームワーク力	チーム重視構造	提携関係の構築強化
フラット	交渉力	報酬システムの開発	境界マネジメント
柔軟性	複数課題対処能力	条件対応的ルール適用	学習活動の継続
多様性	他者理解の能力	対立解決システム	利害関係者への多様対応
グローバル	異文化コミュニケーション能力	国境を越えた業務調整	現地社会との協調

出所：Ancona, et al. (1999).

もつ日本のメーカーは、競争優位のためアメリカ人労働者になじみのない作業システムを工場に導入しているが、そのいわば代償として、日本から派遣されている現地経営者は、日本では参加したことすらない地域社会活動に、積極的に参加することによって、互いに相手国社会との協調をはかっている。

以上述べてきたところを、要約すれば表 0 - 2 の通りである。

参考文献

D. Ancona, T. A. Kochan, M. Scully, J. VanMaanen, and D. E. Westney, *Managing for the Future : Organizational Behavior and Processes*, South-Western College Publishing, 1999.

C. I. バーナード著（山本安次郎・田杉競・飯野春樹訳）『新訳　経営者の役割』ダイヤモンド社、1968 年

稲葉元吉「組織研究の重視を」『学術の動向』77 号、日本学術協力財団、2002 年

第1章

人間行動

1 組織における人間行動

1 組織と人間

　人間は、多くの場合特定の組織に所属して仕事に従事している。組織における人間は、次の2つの特徴をもつ。第1は、1人ひとりの人間（個人）とは、組織を構成する主体だということである。それゆえ、組織を構成する人間のことを「組織成員」とよぶこともある。第2は、人間とは組織において自ら行動する主体だということである。つまり、組織において何かを決定したり行動したりする場合、実際には組織の中にいるある人間が決定を下したり、組織を代表するある人間が行動をすることに他ならないのである。

　組織成員である人間は、組織に対して自らの知力、体力、努力、時間などを提供することで何らかの仕事の成果をあげて、組織の目的を達成するその一部を担う。一方組織は、組織成員それぞれの貢献に対して、給与、福利厚生、雇用の安定などを保証し、能力を開発する機会を提供している。このような組織と人間との関係について、シャイン（Schein, 1965）は「心理的契約（psychological contract）」とよび、次のような説明をしている。組織成員は組織に対して、「人間らしく扱い、仕事と成長の機会を与え、自分のやったことの良し悪しを知らせてくれる」ことなどを期待し、それらが保証され人間としての尊厳や価値を保持できる限りにおいて、その組織にとどまり貢献に努めるのである。組織もまた、組織成員に対して「組織のイメージを高め、忠誠であり、秘密を守り、組織のために最善を尽くしてくれる」ことを期待

しているのである。

　このように、組織と個人との関係は相互的に影響をおよぼしあう関係であるといえる。この章では、組織と組織における人間（個人）の意識や行動とのダイナミックな関係性について考察していく。それでは、組織における人間の意識と行動を理解するための基本的な認識（人間観）には、どのようなものがあるのであろう。シャインは、次のように人間観に関する4つの仮説を提示している。

　①合理的経済人の仮説
　②社会人の仮説
　③自己実現人の仮説
　④複雑人の仮説

　「合理的経済人の仮説」では、人間は本質的には経済的刺激によって動機づけられ、その経済的収穫が最大になるように行動するとされている。また、経済的刺激は組織によって統制されるものであるから、人間は本質的には組織によって操られ動機づけられ統制される受け身の存在であるとみなされる。

　「社会人の仮説」では、人間は基本的には社会的欲求によって動機づけられ、仲間との関係を通じて基本的な一体感をもち、管理者が与える経済的刺激や統制よりも仲間集団の社会的な力に感応するとされている。したがって、人間は場合により、仲間と同じくらいの成果をあげるために、自分だけが働きすぎないように仕事量を調整することも考えられる。

　「自己実現人の仮説」では、人間は仕事の上で成長することを求め、かつ成長する能力を実際にもっているとされている。また、人間は本来的には内的に動機づけられ自己統制的であるために、外部から課せられる刺激や統制などは、自分を脅かすものとして受けとめることもあるとされる。

　「複雑人の仮説」では、人間は単に複雑であるだけではなく、きわめて変化しやすい不安定な存在であり、組織が異なれば働く動機も異なることもあるし、また同じ組織に所属していても、仕事の内容が異なればやはり働く動機も異なるかもしれないとされている。そして、この仮説によれば、いつも

すべての人間に対して有効であるような、ただ1つの正しい管理戦略というものは存在しないとされる。このように、人間を理解するための基本的な認識にはいくつかの種類があるものの、複雑人の仮説以外の仮説では、人間の存在を過度に単純化して捉えているという問題点のあることを指摘することができる。

2 組織におけるキャリアの形成

組織における人間は、特定の組織に所属し、継続して仕事の経験を積むことで、1人ひとりが自分の「キャリア (career)」を形成していく。最近では、キャリア・デザイン、キャリア開発、キャリア採用などのように、キャリアに関係する用語を耳にする機会も多い。それでは、このキャリアとは、一体いかなるものであろうか。

ホール (Hall, 1976) は、キャリアとは「個人の人生全般にわたる、仕事に関連した諸経験および活動についての一連の態度・行動の知覚」と述べている。また、スーパー (Super, 1980) は、キャリアとは「人々が生涯において追求し、占めている地位、職務、業務の系列」と述べている。ここでは、キャリアとは単なる職歴のみをさすのでなく、個人がある組織に加入し、その組織に所属しながら仕事の遂行を通じてさまざまな経験を積み、あるいは知を形成していき、最終的には所属組織からの退出にいたるプロセス全体のことをさすものとする。

ところで、営利組織、非営利組織のいずれに所属するかにかかわらず、多くの個人にとってその職業生活は、従事している仕事の種類、権限と義務、上司や同僚など他者との関係性などさまざまな側面をもつ。個人は、組織の中で自分自身の欲求（昇進、昇給、権力など）を満たすために、組織に対して何らかの影響をおよぼそうとする。一方、組織についても個人の場合と同様に、組織自身の欲求（組織の維持・発展など）を満たすために個人に対して何らかの影響をおよぼそうとする。このような、個人の欲求と組織の欲求とを調和させる中心的な概念としてキャリアの概念が存在している。

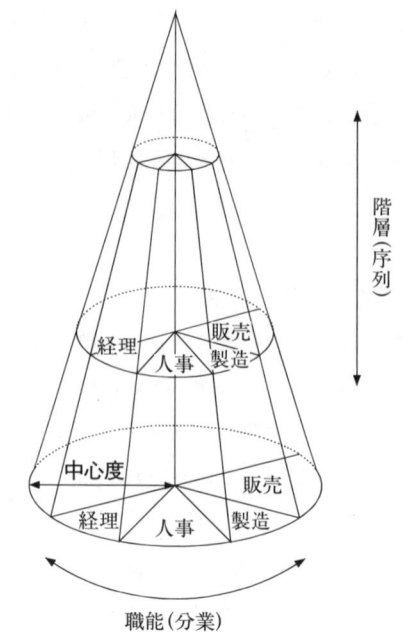

図Ⅰ-1 シャインの「組織の3次元モデル」
出所：シャイン (1978)。

（図中のラベル：階層（序列）、中心度、職能（分業）、経理、人事、販売、製造、中心度：個人の組織の中心の近さを示す）

　シャイン (1978) は、新しく組織に加入した個人は、①階層次元、②職能次元、③内円への次元、これらの3つの次元に沿いながらそれぞれ自分のキャリアを形成していくと述べている。図Ⅰ-1は、シャインの「組織の3次元モデル」である。

　このモデルにおける第1の次元は、階層（序列）次元である。階層次元とは、一般の従業員から始まり、個人が組織内で昇進や昇給を達成しながら、主任、課長、部長など上位の職位にのぼることで垂直的なキャリアを形成していく方向のことである。

　第2の次元は、職能（分業）次元である。職能次元とは、たとえば以前は販売部門に所属していた個人が、次には製造部門に異動し、またその次には経理部門に異動するというように、今までの仕事とは異なる部門に異動する

ことで水平的に新しいキャリアを形成していく方向のことである。日本の企業では、定期的な「ジョブ・ローテーション」を実施することで、職能次元における複数のキャリアを形成させていくことを意図する場合も多いといえる。

第3の次元とは、内円（中心度）への次元である。内円への次元とは、たとえば販売なら販売という1つの部門に長期的に在籍することで、その部門内における暗黙の約束事や歴史などに精通する、重要な顧客情報を獲得する、職位に依存しない非公式な権限を獲得するなどにより、階層次元のような垂直的なキャリアや職能次元のような水平的なキャリアとは異なる別のキャリアを形成していく方向のことである。このような内円への次元の例として、多くの日本の企業で導入されている「専門職制度」を挙げることができる。

ただし、実際には1人の人間が、3つの次元の中のどれかただ1つの次元に沿いながらキャリアを形成していくわけではない。彼は、年齢、適性、能力、志向、組織戦略、組織の事情などさまざまな要因にもとづいて、ある時は職能次元によりキャリアを形成したり、またある時は階層次元によりキャリアを形成したり、場合によっては内円への次元でのキャリアを形成したりしていくことになる。

3 組織への適応

個人が組織において自らのキャリアを適切に形成していくためには、仕事そのものをうまく遂行するだけではなく、組織に加入した後、時間の経過とともにいくつかの段階を経ることで、その組織のメンバーの一員として、他のメンバーから認められることが必要となる。カッツ（Katz, 1980）は、個人が組織内環境に適応していく過程を、組織への加入時点からの経過時間を軸にして、①社会化（socialization）段階、②刷新（innovation）段階、③順応（adaptation）段階の3つの段階に分類している。

「社会化の段階」とは、個人が組織に加入した後、「3、4カ月」の期間のことである。この段階では、組織に新しく加入した個人は、仕事の内容や仕

事のやり方を理解するだけではなく、職場内の行動基準、水平方向や垂直方向の人間関係、暗黙の約束事、自分に対する役割期待などについても、あわせて学習することになる。たとえば新入社員の場合には、この時期に集合研修が行われたり、「OJT (on the job training)」の担当者によるマンツーマンの対応による育成がなされたりすることで、組織への加入を円滑にするための施策が実施される場合が多い。さらに、社会化の段階は個人が新しく組織に加入する場合だけではなく、職能次元での異動のように他の部門への配置転換がなされた場合や、階層次元での異動のように課長から部長に昇進・昇格したような場合にも同じように発生する。これまで本社の管理部門にいた人間が、配置転換により工場の生産管理に異動するような場合には、仕事内容や仕事方法のみならず、使用されている用語、求められる行動基準なども大きく変化することになる。また、これまで課長の職位にいた人間が部長に昇進すれば、管理する範囲、職務権限と付随する責任、自分に対する役割期待の大きさなども異なるものとなる。このような、個人が再び組織内環境に適応する過程のことを、とくに「再社会化」とよんでいる。

　社会化の段階を順調に過ごして、個人が職場における社会的な安定性や心理的なよりどころを確立した後、次には仕事を遂行する上で自分の影響力を拡大したり、仕事を通じての達成感を強く求めたりするようになる。この時期が刷新の段階であり、組織に加入後の「6カ月〜3年」がこの時期とされる。この時期には、個人は仕事について自発的に考えることで主体的に目標を設定したり、積極的に行動することで具体的な成果を求めたりするようになる。組織内環境への適応過程の中では、刷新の段階が最も行動的な時期であり最も成果の出やすい時期であるともいえる。ただし、刷新の段階の時に、配置転換、転勤、転職など組織内環境が変化するような事態に遭遇すると、個人は、再び社会化の段階に戻ることになり、もう1度さまざまなものを学習し直すことになる。したがって、組織の側から個人を異動させる時期や環境などについては、十分な注意や配慮が必要であろう。

　そして、同一の仕事に3年以上従事していると、仕事内容や仕事方法に対

する慣れや飽きなどの感情が喚起され、仕事そのものがルーティン化することで新しい取り組みや工夫などがなされなくなる。この時期が順応の段階である。それがたとえどのように魅力的な仕事であろうと、人間は時間の経過とともに自分の中に過度の安心感や安定感がおこることで、いずれは仕事に対する挑戦的な取り組みや積極的な創意工夫が抑制されてしまうことになり、結果として成果があがらなくなる。多くの日本の企業で実施されている定期的な「ジョブ・ローテーション」は、個人の専門的能力を深めるという観点から問題視されることがあるものの、組織内環境への過度の順応とそれに伴う慣れや飽きなどのマイナス面を抑制し、仕事への取り組み意識を高めるという観点からは、一定の評価がなされる施策であるといえる。

2　行動発現のメカニズム

１　学習のメカニズム

　ここでは、組織における個人が、どのような学習のメカニズムを通じてそれぞれに行動をおこすのかについて考察をする。前述のように、組織に新しく加入した個人は、組織に適応する社会化の段階で、仕事内容や仕事方法のような知識、技術、行動、組織における人間関係、暗黙の約束事など多くのことについて学習（learning）をする。

　古川（1988）は、行動主義を提唱したスキナー（Skinner, 1938）の考え方「S（刺激：stimulus）－B（行動：behavior）－C（結果：consequences）モデル」に対して、これに「認知（organism）」の概念を取り込んだバンデュラ（Bandura, 1977）の有効なモデルを紹介（図Ⅰ-2）している。このモデルによると、人間の学習過程は、「S（刺激：stimulus）－O（認知：organism）－B（行動：behavior）－C（結果：consequences）モデル」で示した4つの部分から構成される。このモデルでは、最初に外部からある刺激（S）を受けると、人間はそれに対してある認知（O）を形成する。次に、その認知にもとづいて何らかの意思決定を行い、特定の行動（B）を発動させる。そして、その行動はある結

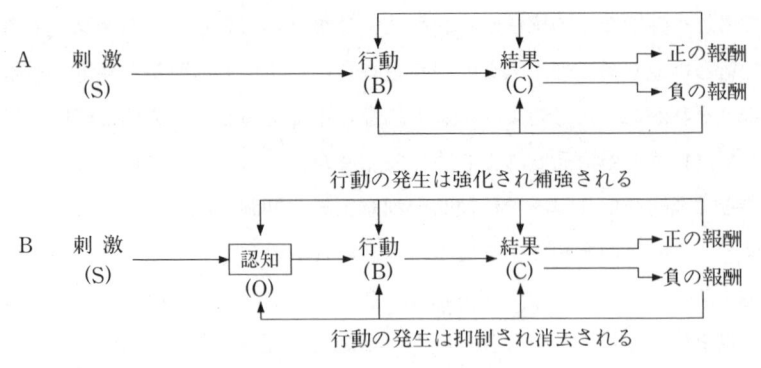

```
A  刺 激 ─→ 行動 ─→ 結果 ─→ 正の報酬
   (S)      (B)    (C) ─→ 負の報酬
              ↑_____|
       行動の発生は強化され補強される

B  刺 激 ─→ 認知 ─→ 行動 ─→ 結果 ─→ 正の報酬
   (S)    (O)    (B)    (C) ─→ 負の報酬
           ↑_____|
       行動の発生は抑制され消去される
```

図 I-2　個人の学習過程

出所：古川（1988）。

果（C）をもたらすことになると説明される。

　その際、行動からもたらされた結果が、所属する組織にとって望ましいものであるならば、個人は組織から昇給、昇格、賞賛などのような「正（プラス）」の報酬を得ることができる。ところが、もたらされた結果が、組織にとって望ましくないものであるならば、個人は組織から注意、批判、叱責、不快な顔をされる（心理的制裁）などのような「負（マイナス）」の報酬を受けることになる。個人が組織から「正」の報酬を得た場合には、その報酬を自分自身で評価して、フィードバック・ループを通じて再び認知に影響をおよぼすことになる。そして、自分の意思決定や遂行した行動が正しかったことを学習することで、次の機会には自分の意思決定や行動をさらに強化するように選択することになるのである。また、組織から「負」の報酬を得た場合にも、「正」の報酬を得た場合と同様に、フィードバック・ループを通じて再び認知に影響をおよぼすことになる。この場合には、自分の意思決定や行動が正しくなかったことを学習することで、次の機会には前回の意思決定を変更したり、行動を抑制・修正したりすることになるのである。

　このような認知を通じての個人の学習には、①経験による学習、②観察による学習、これらの2種類がある。経験による学習とは、自分自身の経験

（成功や失敗の結果）から学習することであり、観察による学習とは、自分以外の他者の成功や失敗の結果から学習することである。バンデュラはこれらの2つの学習の中で、とくに観察による学習を「社会的学習 (social learning)」とよびその重要性を述べている。もしも人間が経験による学習のような、自分自身の実際の経験からしか学ぶことができない存在であるとするならば、1人の人間が一生の間に経験できることは限られているために、その限られた中からしか知識を吸収したり、有効な知の体系を蓄積したりすることができなくなり、人間の行動はおおいに危険に満ちて、とても制約されたものとなってしまうのである。実際、組織における仕事の場面では、自分自身の経験よりもむしろ、先輩や同僚など自分以外の他者の成功事例や失敗行動から学ぶことの機会が多く、社会的学習は現実的で有効性が高いものといえる。

2 意思決定

われわれは、日常の仕事場面において、多くの意思決定 (decision making) を連続的に行っている。たとえば、経営者層は全社的な戦略に関する意思決定を、管理者層は自分のチームにおける目標の設定やメンバーに対する仕事の割り振りなどの意思決定を、担当者層は仕事の優先順位づけや顧客管理に関する意思決定を行うというような具合である。そして、組織において意思決定をする人間のことを、とくに「意思決定者」とよぶこともある。意思決定者は、仕事の成果が最も効率的になるような意思決定を行う。その際に重要な要件は、合理的な意思決定がなされたのかどうかということである。つまり、意思決定者がある条件の中で、一貫性があり最大の価値をもたらすと期待される選択をできたのかどうかということになる。合理的な意思決定モデルは、次の6つの段階から構成される。

　①問題を認識する
　②意思決定の判断基準を特定する
　③判断基準を秤にかける

④代替案を考える

⑤各々の案を判断基準に照らして評点をつける

⑥最適な意思決定を見積もる

　第1の段階は、組織においてある人間が現状の問題を認識することである。この人間が問題を認識する過程は、学習のメカニズムにおいて、個人が外部からの刺激を認知する過程でもある。したがって、正しく問題が認識されるかどうかは個人の認知を通じての学習に依存するのである。そして、問題を認識した人間が何らかの意思決定を行う動機をもつことで意思決定者となる。

　第2の段階で、意思決定者は意思決定の判断基準を特定することが必要となる。この判断基準が、実際の問題を解決するのに大きく作用する。判断基準は、意思決定者のこれまでの経験、学習、興味、関心、価値観など、本人の主観的な概念にもとづいて特定される。したがって、同じような問題を認識した場合でも、意思決定者が異なれば特定される判断基準にも異なるものが提示されるのである。

　第3の段階で、意思決定者は特定された判断基準の優先順位づけをする。特定された判断基準は、ある場合にはどの判断基準も同じ程度に重要だと認識されることもあるが、多くの場合には重要視される順序がそれぞれに異なるのである。

　第4の段階では、認識した問題を解決することができると期待される「代替案（解）」を考え出すことが必要となる。この段階では、それぞれの代替案を評価するようなことはせず、考えられる代替案を次々と提示していくことになる。

　第5の段階は、意思決定者は提示された代替案に対して評価をする。つまり、それぞれの代替案について、事前に規定された判断基準にもとづいて評価をして得点をつけるのである。そうすることで、それぞれの代替案のもつ長所や短所が明確になり、ある案が全体の中のどの順位に位置づけられるのかを確認できる。

　第6の段階は、最適な意思決定の算定をする。つまり、順位づけられた代

替案を判断基準の優先順位に照らし合わせて、全体の中から最も高い得点にある案を決定することで最適な案を抽出することができる。このような場合に、合理的な意思決定がなされたと考えるのである。

ところで、このような合理的な意思決定がなされるためには、いくつかの仮定条件がある。それは、以下の6つである。

　①問題がはっきりしていること
　②選択肢がわかっていること
　③選好がはっきりしていること
　④選好が一定であること
　⑤時間や費用の制約がないこと
　⑥利益の最大化をめざすこと

しかしながら、実際の仕事場面においては、ほとんどの場合に合理的な意思決定の仮定条件を完全に満たすことは例外的であるといえる。そのために、人間は常に最適な案（最適解）を考え出すというように合理的な意思決定をするよりも、自分や組織が満足できる一定水準以上の案（満足解）を見つけ出すことの方が一般的である。これは、理想としては最も合理的な意思決定をなすことが望ましくても、人間の情報収集能力・処理能力に限界があり、最適な案を見つけ出すのに必要なすべての情報を取り込むこと、処理することが不可能なために、ある程度の水準以上の案であればそれで満足するのが現実的であり十分であると判断することによるものである。

3　原因帰属

意思決定者の決定によりなされた行動は、仕事の成果として特定の結果を導き出す。そして、その結果が組織にとって望ましい場合には「正」の報酬が、組織にとって望ましくない場合には「負」の報酬が組織から与えられ、それにより個人は自分がその仕事に成功したのか失敗したのかを認知することになる。その際、個人が自分の行動の成功した原因や失敗した原因はどこにあるのかを探究することがある。このような、成功や失敗の原因を探求す

表Ⅰ-1　2つの分析次元による原因帰属の分類

安定性	統制の位置	
	内的	外的
安定	能力	課題の困難度
不安定	努力	運

出所：Weiner (1972).

る過程が「原因帰属」である。

　ワイナー（Weiner, 1972）は「原因帰属理論」において、個人は自分の成功や失敗の原因を「能力」、「努力」、「課題の困難度」、「運」の4つの要因のどれかに帰属させて認知すると述べている。さらに、これらの4つの要因を「統制の位置の次元」と「安定性の次元」との2つの分析次元にもとづいて位置づけている。表Ⅰ-1は、4つの要因を2つの分析次元にもとづいて配置したものである。

　統制の位置の次元では、帰属する原因が自分の内部にあるのか、外部にあるのかが基準となる。4つの要因の中では「能力」と「努力」が内的要因として、「課題の困難度」と「運」が外的要因として分類される。同じように成功するにしても、その成功原因を内的要因である「能力」や「努力」に帰属させれば、外的要因である「課題の困難度」や「運」に帰属させるよりも、本人の感じる誇りの感情は、「私の能力が高いから成功した」、「とても努力をしたから成功した」というようにより高いものとなる。一方、失敗した場合に、その失敗原因を外的要因に帰属させれば、「問題が難しすぎたから失敗した」、「今回は運が悪くて失敗した」などのように、内的要因に帰属させるよりも本人の恥ずかしさの感情を減少させることができる。実際のところ、人間は成功原因を内的要因に帰属させる傾向が、失敗原因についてはこれを外的要因に帰属させる傾向が強いことも指摘されている。

　また、安定性の次元においては、帰属する原因が時間的安定性の高い（変動性の低い）ものであるのか、安定性の低い（変動性の高い）ものであるのかが

基準となる。4つの要因の中では「能力」と「課題の困難度」が変化しにくい安定要因として、「努力」と「運」がその時々に変化しやすい不安定性要因として分類される。同じように成功するにしても、その成功原因を「能力」のような安定要因に帰属させれば、「私の能力ならば、次回もうまくいくだろう」というように、将来の課題に対する成功の期待が高いものになると考えられる。ところが、たとえ成功したとしても、その原因を「運」のような不安定要因に帰属させれば、「今回はたまたま運が良くて成功したが、次回もうまくいくとは限らない」というように、将来の課題に対する成功の期待は決して高いものにはならないと考えられる。また、失敗するにしても、その失敗原因を「課題の困難度」に帰属させれば、「次回もこんな難しい課題ならば失敗するだろう」というように、今のままでは課題に再び失敗するであろうと予想することが考えられる。しかしながら、その失敗原因を「努力」に帰属させれば、「今回は失敗したが、もう少し努力をすれば次回は何とか成功するだろう」というように、将来は成功するという期待をもつことも可能となるのである。このように、個人が成功または失敗の原因をどのようなものに帰属させて認知するのかが、次回の意思決定の内容や行動発動の強さなどを規定する重要な要件となるのである。

3　モティベーション

❶　成果とモティベーション

　組織全体の成果は、組織に所属している人間1人ひとりの成果の合算から構成される。したがって、組織の成果を向上させるためには、具体的には1人ひとりの成果を向上させることが必要なのである。それでは、個人の成果は一体何から規定されるのであろう。
　われわれは、日常の仕事場面において「今年の新入社員はやる気がある」とか「今日は月曜日なのでやる気がでない」などのように、「やる気」という言葉を口にすることがある。この「やる気（動機づけ）」こそが「モティベ

ーション (motivation)」であり、仕事に対する動機づけのことを、とくに、「ワーク・モティベーション (work-motivation)」とよぶこともある。モティベーションとは、「ある方向に向かって個人の行動を喚起し、その行動を持続させるプロセスの総称」とされる。

　ブルーム (Vroom, 1964) は、「成果 (performance：業績水準)」に対する、「能力 (ability)」と「モティベーション (motivation)」という2つの要因の関係について、次のように表している。

　$P = f$ (ability×motivation)

　すなわち、成果である業績水準は、能力とモティベーションとの積の関数として捉えられるのである。これは、どちらか一方（たとえば能力）の水準がいかに高いものであろうと、他の一方（この場合はモティベーション）の水準が低いものであるならば、そこから規定される成果である業績水準は、決して高いものとはならないことを表現している。つまり、個人の能力とモティベーションの2つともが高いという条件を充足して初めて、高い成果を期待することができるのである。

　したがって、組織としては、①個人の能力を向上させる、②モティベーションを喚起する、③能力とモティベーションとを高い水準に維持する、この3つが重要だということになる。ただし、前述の、ワイナーが原因帰属理論で論じているように、能力は安定要因に属するため、これを高めるのに比較的長い期間が必要であるが、1度獲得した能力の水準は安定している。これに対して、モティベーションは不安定要因に属して個人の認知にもとづき比較的短期間に高めることが可能ではあるものの、変動的・可変的なためにいつも一定の水準にあるのではなく、時間や状況の変化とともにすぐに低下してしまう可能性のある点には注意する必要がある。いずれにしても、個人の成果を高めさせて、結果として組織全体の成果を向上させるためには、モティベーションを高める、モティベーションを高い水準に維持する、この2つが重要であることには何らかわりはない。ここに、マネジメントにおけるモティベーション研究の重要性があるといえる。

モティベーションに関する理論の系譜は、「内容理論（content theory）」と「プロセス理論（process theory）」との２つに大別することができる。内容理論とは、人間は何によって動機づけられるのかを解明するものであり、プロセス理論とは、人間はどのようなメカニズムによって動機づけられるのかを解明するものである。内容理論では、人間の動機づけの源泉を探究して具体的な概念（たとえば給与、地位など）を提示しているために、実際の仕事場面において、研究の成果をマネジメントに導入するという観点からは有効性が高いものであるといえる。ただし、内容理論は複雑な人間行動における特定の側面を取り出して研究しているので、人間行動を理解するための人間観に対して、過度の単純化が発生しやすいという問題を残している。またプロセス理論では、複雑な人間行動のメカニズムに対する説明力は高いものの、研究の成果をマネジメントへ導入するという観点からは、具体的に施策の実行段階において困難があるといえる。また、個人の心理的側面を重視するあまり、人間の置かれた外部要因（環境的要因や組織的要因など）を軽視しがちであり、これらの外部要因をその理論の中にいかに取り込んでいくのかが求められる。

2　内容理論

　内容理論の中でも、マズロー（Maslow, 1954）の「欲求階層理論」は、その独自の階層構造と「自己実現」という概念を示した点で広く知られている理論である。
　この理論では、人間行動を引きおこす源泉は個人の欲求であり、その欲求は５種類の次元から構成され、階層構造を形成しているというものである。欲求は下位次元のものから上位次元のものへ、次のように仮定されている。
　①生理的欲求
　②安全の欲求
　③所属と愛情の欲求
　④承認の欲求
　⑤自己実現の欲求

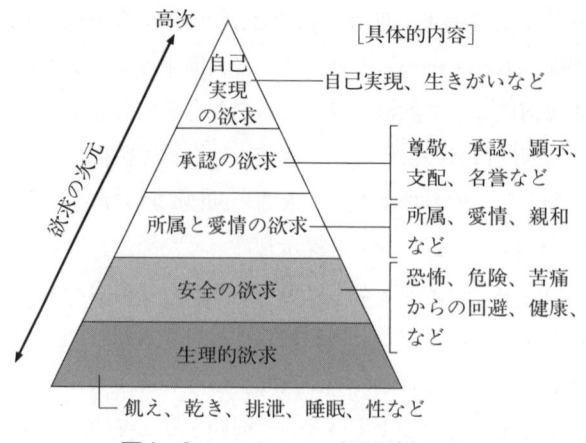

```
         高次
          ↑         [具体的内容]
         /自己\
        / 実現 \──自己実現、生きがいなど
       /の欲求\
      /────────\
     / 承認の欲求 \──┬尊敬、承認、顕示、
    /──────────────\ └支配、名誉など
   /  所属と愛情の欲求 \─┬所属、愛情、親和
  /──────────────────\ └など
 /    安全の欲求      \┬恐怖、危険、苦痛
/──────────────────────\├からの回避、健康、
/      生理的欲求       \└など
────────────────────────
   └飢え、乾き、排泄、睡眠、性など
```

図Ⅰ-3　マズローの欲求階層モデル

出所：Maslow (1954).

　図Ⅰ-3は、マズローの欲求階層モデルである。「生理的欲求」とは、食欲や睡眠欲などのように、人間が生物として生命を維持するのに当然必要とされる欲求である。「安全の欲求」とは、物理的な危険から身体を守りたいという欲求である。「所属と愛情の欲求」とは、人間が他者とのつながりなどの交友関係を求めたい、特定の組織に所属して安心を得たいという欲求である。「承認の欲求」とは、自分が他者から認められたい、他者から尊敬されることで自尊心を満たしたいという欲求である。「自己実現の欲求」とは、自分自身の内面にある「本来の自己」を発見しそれに到達したいという欲求である。

　マズローによると、人間の行動は、これらの欠乏している欲求を満たそうとする動機がその行動の源泉となるのであり、低次の欲求が満たされるとその満たされた欲求はもはや動機づけの源泉となることはなくなり、その場合には1段階上の欲求を満たそうとする動機づけが行動の源泉になると考えられる。そして、その欲求も満たされると、さらに高次の欲求を満たすための行動をとるようになるといわれる。ただし、これらの欲求の中で自己実現の欲求についてだけは、その欲求が完全に満たされるものではなく、人間は自

己実現を達成するために常に行動を継続する存在であると考えられている。

ところで、このようなマズローの欲求階層理論は、必ずしも実証的な研究にもとづいて検証がなされたわけではなく、また人間が複数の欲求を同時に満たそうとすることを想定していないなど、いくつかの問題がある。しかしながら、人間の欲求の中に自己実現の欲求という高次の概念を仮定して、能動的な人間行動を提示したことは重要な意味をもつといえる。

アルダーファー (Alderfer, 1972) は、マズローの欲求階層理論を修正するかたちで、「ERGモデル」を提示した。このモデルでは、人間の欲求を低次のものから高次のものに、3つの次元に分けて考えている。図Ⅰ-4は、アルダーファーのERGモデルである。

①生存 (existence) 欲求
②関係 (relatedness) 欲求
③成長 (growth) 欲求

「生存欲求」とは、物理的・生理的な欲求であり、給与、労働条件などに関する欲求がこれにあたる。「関係欲求」とは、自分以外の他者との人間関

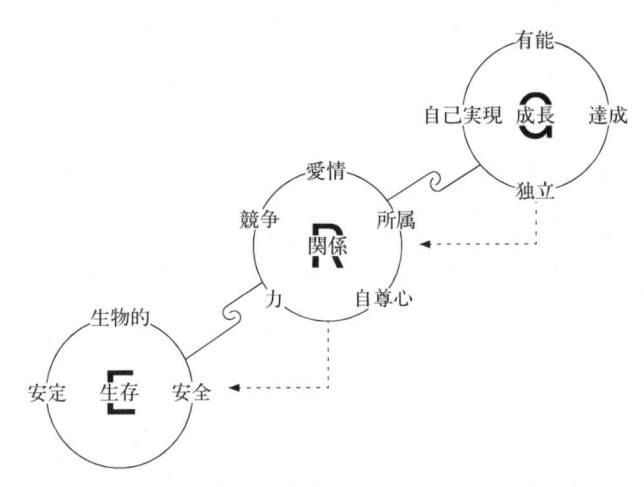

図Ⅰ-4　アルダーファーのERGモデル
出所：Alderfer (1972).

係に関する欲求であり、上司、同僚、部下との相互的な関係がこれにあたる。「成長欲求」とは、組織や個人を取り巻く環境において、能動的・創造的な影響をおよぼす欲求であり、能力開発や能力発揮による充実感がこれにあたる。このモデルの特徴は、3つの欲求のそれぞれは単独で存在することも、または同時並行的に存在することもありうることを仮定している点である。つまり、高次の欲求の出現する条件として、低次の欲求の充足が必ずしも必要とされていないということになる。そして、低次の欲求（たとえば生存欲求）が満たされると次には高次の欲求（ここでは関係欲求）の影響が強くあらわれることになり、高次の欲求（たとえば成長欲求）が満たされない場合にはその欲求は後退して影響が弱くなり、代わりに満たされない欲求（ここでは関係欲求）の影響が強くなるというように説明される。これらの3つの欲求は、常に連続的なものであり、人間の欲求は、必ずしも低次の欲求から高次の欲求へという一方的な動きをするだけではなく、状況しだいでは高次の欲求から低次の欲求へ向かうというように、可逆的な動きをも包括している説明力の高いモデルであるといえる。

3 プロセス理論

プロセス理論は、複雑な人間行動のメカニズムを説明するのにすぐれた理論である。

このプロセス理論の中でも、ブルームやローラー（Lawler, 1971）の「期待理論」は、最も精緻で説明力のある理論といわれている。ブルームの「期待理論モデル」では、次の3つの要因が重要な概念である。

①誘意性（valence）

②期待（expectancy）

③力（force）

図Ⅰ-5は、ブルームの期待理論モデルである。このモデルにおいて、「誘意性」とは、特定の結果への情動志向であり目標のもつ魅力の度合であり、正「1」から負「-1」までの範囲で変化をする。「期待」とは、特定の行

(valence)		(expactency)		(force)
結果の誘意性	×	特定の行為が特定の結果をもたらすとの期待	=	特定の行為を遂行するよう作用する力

図Ⅰ-5　ブルームの期待理論モデル

出所：Vroom（1964）一部修正。

為が特定の結果を伴う確率についての認知（努力すれば高い業績が得られるであろうとする主観的確率）であり、「1」から「0」の範囲で変化をする。そして、人間がある行為を遂行するよう作用する「力」（これがモティベーションにあたる）は、①すべての結果の誘意性と、②その行為がこういう結果の獲得をもたらすとの自分の期待の強度、これらの2つにおける積の代数和の単調増加関数である。つまり、このモデルでは、誘意性と期待とは、力に対して正の交互的効果をもつことを仮定しているのである。したがって、誘意性と期待の2つともが高い場合に、個人の力（モティベーション）は高い水準となるのである。

このような期待理論の研究を継承しながら、坂下（1985）は、期待理論モデルの組織論的課題について、①期待型組織行動の分析、②期待型モティベーションの規定要因の分析、これらの2つの要件を示し、従来の期待理論モデルを補完する精緻なモデルを構築した。この「組織論的期待モデル」では、組織における人間の期待型組織行動を示して説明しているだけでなく、人間の置かれた外部要因である「環境的規定要因・組織的規定要因」をも包括したモデルが必要であることを述べている。坂下のモデルでは、人間の期待型モティベーションの構造は、次の3要因の積和で規定されるとしている。

図Ⅰ-6は、坂下の組織論的期待モデルである。

① 「$E \rightarrow P$」期待

② 「$P \rightarrow O_i$」期待

③ 報酬誘意性「V_i」

E（Effort）　P（Performance）　O（Outcome）　V（Valence）

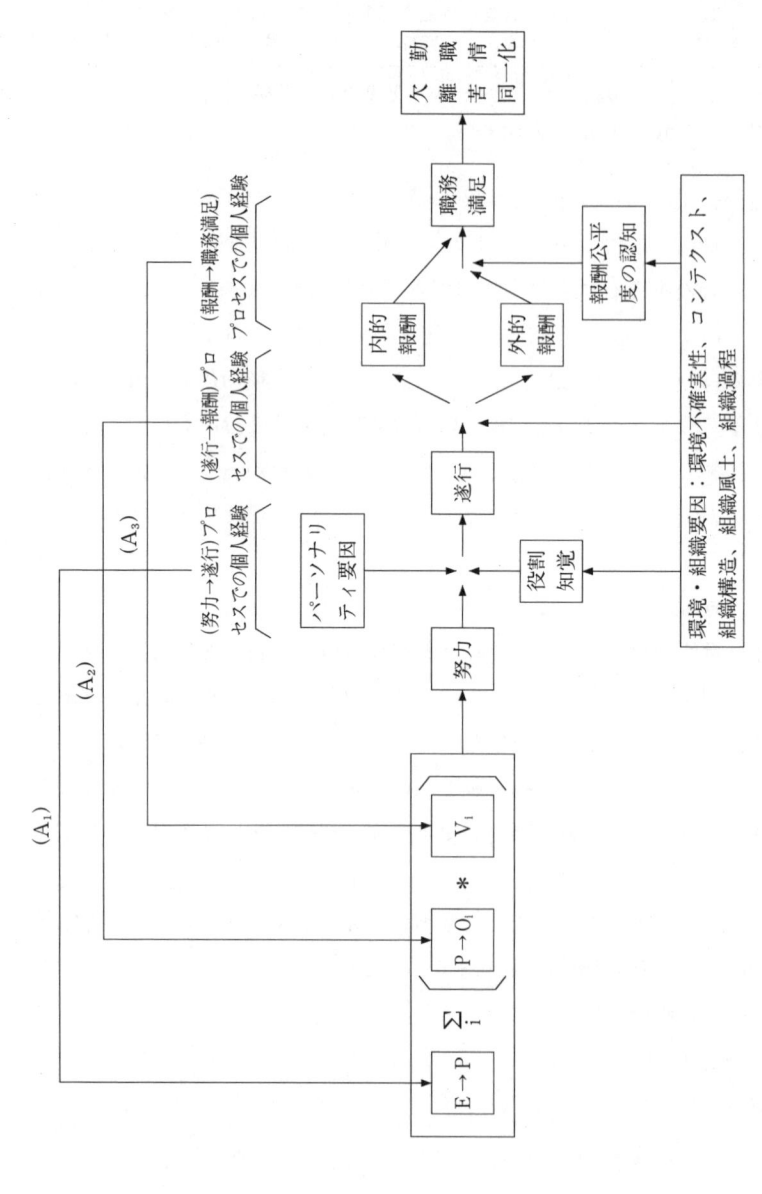

図1-6 坂下の組織論的期待モデル

出所:坂下 (1985)。

このモデルにおいて、「E→P」期待とは、「努力」Eが一定レベルの「遂行」Pをもたらすとする人間の期待（主観的確率）である。また「P→O_i」期待とは、そのレベルの遂行Pが第ｉ番目の「報酬」O_iをもたらすとの人間の期待（主観的確率）である。そして、報酬誘意性「V_i」とは、第ｉ番目の報酬そのものの魅力度であり、前述の２つの期待と同様に、人間により認知された主観的な値である。

　この期待型モティベーションは、直接的にモティベーションの高さである「努力」のレベルを規定している。そして、その「努力」は「パーソナリティ要因」と「役割知覚」とともに、「遂行」に対して交互的な効果をもつ。次に、「遂行」は「内的報酬」と「外的報酬」のどちらか、またはその両方をもたらし、「遂行」と「報酬」の関係には多くの組織・環境要因がモデレーターとしてかかわる。そして、その「報酬」は「職務満足」をもたらすことになる。ただし、「内的報酬」と「外的報酬」が「職務満足」に対して同じような因果関係にあるのではなく、「外的報酬」は「報酬公平度の認知（自分と他者との公平感）」により「職務満足」との関係を条件づけられるのに対し、「内的報酬」はそのようなモデレーターをもたないという点で直接的な関係にある。そして、「職務満足」は、「欠勤」、「離職」、「苦情」、「同一化」などを規定する。つまり、「職務満足」が上昇することは、「欠勤」、「離職」、「苦情」などを減少させるとともに、組織における人間の「組織同一化（一体感）」を強める役割を果たすのである。

　次に、３つの「フィードバック・ループ」と、「期待」、「誘意性」との関係を、次のように仮定している。

　①A_1のループは、「E→P」期待の認知が、人間の「努力→遂行」プロセスでの個人経験から影響を受けることを表現している。

　②A_2のループは、「P→O_i」期待の認知が、人間の「遂行→報酬」プロセスでの個人経験から影響を受けることを表現している。

　③A_3のループは、報酬誘意性「V_i」の認知が、人間の「報酬→職務満足」プロセスでの個人経験から影響を受けることを表現している。

この坂下のモデルにより、従来の期待理論モデルの構造的な問題点である、人間の置かれた環境および組織という外部要因が、本人におよぼす影響を考慮していないことについて解決のための示唆が与えられたといえる。組織における人間の行動を解明するためには、人間の心理的側面を分析することが必要であることはいうまでもないことであるが、組織から人間への影響要因という分析次元を加えて捉えたものの方が、より精緻で説明力のある解釈であることは納得のいくものであるといえる。

　なお、プロセス理論にはこれらの期待理論以外にも、ロック (Locke, 1984) の「目標設定理論 (goal-setting theory)」などがあり、この目標設定理論は、多くの日本企業のマネジメント施策として導入されている「MBO (manegement by objective：目標による管理)」の理論的基礎となっている。

4　対人関係と集団

1　対人関係

　これまでは、主に組織における個人としての人間の意識と行動について考察をしてきた。ここでは、組織における個人と個人との関係性について考察をしていく。

　新しく組織に加入した人間は、社会化（組織内環境に適合する初期過程）の段階において、少なからず、加入する前段階の予想や期待とは異なるような現実に直面することになる。これが「リアリティ・ショック」とよばれるものである。事前の期待よりも現実の方が良い場合もあるかもしれないが、おおむね期待を裏切られるような状況に置かれることが少なくない。このようなリアリティ・ショックに際して、組織内の人間関係が良好であるか否かが、新しく加入した人間がうまく社会化の段階から刷新の段階へと移行できることに影響をおよぼすといわれている。

　組織に所属しているそれぞれの人間は、お互いを同じ組織の一員である、お互いを仲間であると認知する意識をよりどころとして、組織内にいくつか

の集団を形成している。このような中で、働いている職場での人間関係の深いつながりに中心的な価値を置く集団のメンバーは、仕事の場面における協働行動はもとより、就業時間後や休日など仕事以外の時間にも相互交流をもつことをいとわない場合がある。また、自分の家庭生活や社会活動であるボランティアのような所属する組織以外に中心的な価値を置く集団のメンバーは、職場における対人関係には比較的関心のうすいような場合がある。

　グールドナー（Gouldner, 1957）は、専門的な知識・技術をもつ人間の中心的価値について、これを、①ローカル（local）と②コスモポリタン（cosmopolitan）の2つに分類し説明している。「ローカル」とは、自分の所属している組織に忠誠心が強く組織の価値や目標を自分自身に内面化している存在である。したがって、上司からの評価や職場における対人関係を重視している。一方、「コスモポリタン」とは、自分のもつ専門的な知識・技術に対してコミットし、自分の仕事そのものを重視している存在である。したがって、職場における対人関係よりも組織外の同業者や専門家集団との関係を重視している。新しく組織に加入した人間は、自分の所属する集団の中心的価値と、自分の大切にしている中心的価値との一致度合を考慮しながら、自分が所属する職場において、対人関係をどの程度重視するのか決定したり、行動したりすることになる。

　また、組織においては①公式的に規定されたフォーマル集団と、②非公式的なインフォーマル集団の2種類の集団が存在する。「フォーマル集団」とは、組織目標を達成するために作為的に構成された集団であり、組織図の上では部、課、係のように垂直的な階層の次元と、営業、総務、経理、生産のように水平的な職能の次元に分化されている。一方、「インフォーマル集団」は、組織における個々の人間の中心的価値の体系にもとづいて、自然発生的に形成された対人関係をそのよりどころにしている。したがって、インフォーマル集団を構成する人間は、上司と部下というような垂直的な階層の次元や営業、総務、生産のような水平的な職能の次元の境界を越えて、まったく異なる階層、部門のメンバー間において構成されることもある。また、この

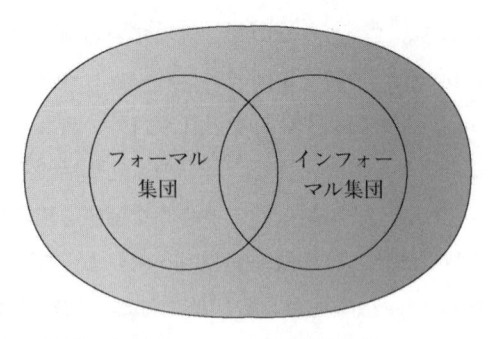

図Ⅰ-7　組織におけるフォーマル集団とインフォーマル集団

ようなフォーマル集団とインフォーマル集団は、組織の中でまったく独立して存在するわけではなく、多くの場合、図Ⅰ-7のように双方が重なり合いながら存在しているのである。また、時にはフォーマル集団とインフォーマル集団の双方の交差している部分が、非常に大きいような場合もありうる。

　そして、組織における人間は、ある場合にはフォーマル集団の一員として他のメンバーから大きな影響を受けて行動することになる。また別の場合には、インフォーマル集団の一員として他のメンバーからの影響が大きいようなこともある。このように、仕事場面における個々の人間は、自分自身で意識するしないにかかわらず、自分の所属するさまざまな集団、自分の置かれた状況、自分の大切にしている中心的価値、将来の望ましいキャリアなど、これらのさまざまな要因の関係性を考慮し、行動の優先順位などを十分に検討しながら、何らかの意思決定をして行動することになるのである。組織における人間は、組織の中心的価値、組織内の自分が属する集団の中心的価値、これらの2つのものと自分自身の中心的価値の同一性が高いほど、社会化の段階から刷新の段階へとスムーズに移行することができるといえる。

2　コンフリクト

　人間が組織に所属して仕事をする上で、他のメンバーとの人間関係が円滑であれば、お互いに協力して仕事を進行させ大きな成果を達成したり、深刻

な問題の発生を抑制したりというように、まさに個人ではなく組織で協働する有効性が発揮されるものの、時としてメンバー同士の間に、対立、競合、妨害などの「コンフリクト（conflict：葛藤）」を発生させることがある。むしろ、組織における人間関係を捉える際には、コンフリクトの状態を前提として考えた方が現実的であろう。それは、個々の人間はそれぞれに異なる欲求・状況・目的、異なる将来のキャリア目標、異なる中心的価値をもちながらも、1つの組織に所属して行動しているからである。あるメンバーには自分の欲求を充足させる行動が、他のメンバーには自分の欲求を阻害する原因となることも少なくない。このような、組織におけるメンバー相互のコンフリクトについて、これをとくに、「対人コンフリクト（または社会的コンフリクト）」とよんでいる。

　コンフリクトが発生して、組織内に対立、競合、妨害などが頻発すると、①メンバー間のコミュニケーションが悪化して正確な情報伝達がなされなくなる、②人間関係や所属組織への嫌悪感からモティベーションを低下させる、③場合によっては退職行動を選択させる原因となる、などが挙げられる。このように、一般的にコンフリクトとは、組織に対して「負（マイナス）」の影響をおよぼすことが多いものと考えられる。また、それぞれのメンバーに対しても過大なストレスを引きおこさせ、精神的な健康を損なう要因ともなりうる。したがって、組織においてはコンフリクトをできるだけ回避またはコントロールするような、それぞれのメンバー相互の調和を重視するようなマネジメントが生まれやすい。

　それでは、個人がコンフリクトを処理するには、どのような方法があるのであろうか。われわれは、多くの場合コンフリクトが顕在化して初めて、次のような行動を選択する。

　①競争
　②協調
　③回避
　④適応

⑤妥協

「競争」とは、自分だけの利益の向上にこだわるため、相手を打ち負かしても支配しようとする行動である。「協調」とは、自分の利益も相手の利益も大きくなるように、当事者同士が協力して解決策を探る行動である。したがって協調は、敗者のないコンフリクト解決法であり、しばしば心理カウンセラーが助言するコンフリクト行動ともいわれる。「回避」とは、コンフリクトの存在を認識していても、自分の方でその状況から身を引いたり、相手と一時的に物理的な距離を置いたり、自分の欲求を抑圧したりする行動である。「適応」とは、自分の利益を一方的に犠牲にして、相手の利益を優先する行動である。相手との関係を長期的に継続したい場合、あるいは継続する必要のある場合によくみられる行動といえる。「妥協」とは、自分もある程度の利益を放棄するが、相手にもなにがしかの利益を放棄させるように強いる行動である。時には、相手に対して代替的価値のあるものを譲渡することで、適当なところで折り合いをつけるような場合もある。

さらに、田尾（1999）は、組織の視点からコンフリクトをコントロールする場合には、次の3つの考えがその前提となることを指摘している。

①組織学習
②組織デザインとしての対処
③異端分子への対処

第1は、「組織学習」である。組織内でコンフリクトが適切に処理されるのは、それは個人レベルだけではなく、組織にとっても学習の過程であることを顕在化させる。コンフリクトの発生は、組織における問題発見の手がかりであり、フィードバック・ループを通じて組織の認知に影響をおよぼすことになり、結果として組織学習の機会を得たことになる。

第2は、「組織デザインとしての対処」である。コンフリクトが深刻化して、仕事成果に大きな影響をおよぼすほどになれば、もはや個人のレベルではなく、組織そのものの制度や行動を変革したり、新しい関係を再構築したりすることが必要となる。

第3は、「異端分子への対処」である。組織における異端分子とは、組織内の制度や経営方針に異議を唱えたり、積極的に反対したりする人間をさす。彼らが、単なる「不満分子（dissidents）」であるのか、それとも「改革者（reformers）」なのかを十分に検討して対処することが求められる。

ところで、ロビンズ（Robbins, 1997）は、コンフリクトに対して、組織の目標達成を妨げたり、業績向上の障害となるような非生産的・破壊的なコンフリクトだけではなく、中には生産的で建設的なコンフリクトのあることを述べている。ロビンズは、組織においてコンフリクトの存在は不可避なものであり、コンフリクトは創造性や革新性を刺激してメンバー間に興味・関心を喚起することで意思決定の質を向上させるとして、これを「生産的コンフリクト」とよび、積極的に評価しているのである。つまり、コンフリクトは、①集団圧力により個人の意見が犠牲になるいわゆる「グループシンク（集団浅慮）」を防止する、②順応の段階において、今までの仕事に対する慣れや手抜きが生じているメンバーに新たな緊張を与える、③組織そのものを活性化して組織能力を高めるなど、組織内のさまざまな側面に対して、「正（プラス）」の効果が期待できるものなのである。コンフリクトという概念に関しては、これをどのような場合でも良くないもの、完全に排除するべきものという伝統的な見解から、状況対応的にコンフリクトを捉えて、その影響の結果から評価するというように移行しつつある。

3　女性の意識と行動

これまで、組織における人間行動について、主に「組織行動論」における諸概念を基本的な視点として考察してきた。しかしながら、われわれはこのような場合の人間行動という時には、無意識的に女性の組織成員を考慮していないことが少なくない。そこで、ここでは、組織における女性の意識と行動について、男性とは別に考察を加える。

ゲック（Gutek, 1993）は、男性と比較して、なぜ女性が公式的権限をもつ管理職の地位にのぼる割合が少ないのかについて、次の4つのモデルを提示

し説明している。
　①個人的欠陥（individual deficit）モデル
　②構造－制度（structural-institutional）モデル
　③性役割（sex-role）モデル
　④集団間（intergroup）モデル
　「個人的欠陥モデル」は、その原因が女性自身の弱点にあると考えるモデルである。つまり、女性の弱点は生得的あるいは初期の社会化やトレーニングの差から生じており、それが成人期にもおよんで、永続的であると考えるものである。たとえば、女性は男性よりも情緒的で安定しない、論理的ではなく合理性に欠ける、仕事に対する取り組みが真剣ではない、動機づけが弱いなどが挙げられる。さらに、女性は仕事上では挑戦を回避し、安全で快適なことだけを望む傾向が強いなども挙げられる。このような個人説明は、女性の現実的状況を部分的に説明するだけで、個人的特性を生み出している組織や環境などの外的影響に対し、これを軽視または無視しがちなモデルであるといえる。
　「構造－制度モデル」は、所属する組織が女性におよぼす影響と、女性たちがその状況を自分たちの行動にいかに反映させるのかに焦点を合わせたモデルである。したがって、女性の行動の原因を、女性のパーソナリティやモティベーションに求めるのではなく、「組織構造」そのものの結果と考えるのが特徴である。つまり、女性の欲求や期待が低いのは、仕事の構造そのものが現実的な機会を与えないからであり、低い欲求水準があらわれるのは現実への順応的適合の結果であるといえる。こうした構造モデルによる問題の分析では、変革のターゲットとなるのは組織構造そのものであり、多くの場合に既存システムを脅かすことになるために、組織もしくは組織において権限を保持している男性からは、少なからぬ否定的反応を引き出すことにもなる。
　「性役割モデル」は、性別にふさわしい行動や態度の一般的な社会的定義に焦点を合わせたモデルである。つまり、女性に示された行動や態度が、一

般的な性的役割規範によって描かれたものとどの程度一致するのか、または妻や母親といった女性の役割にふさわしいとされるものとどの程度一致するのかということである。ここでの問題は、女性がもつ職場外での役割期待が、職場内へも不適切に流入することである。その結果、課題の達成者というよりも、養育者とか補助者という女性の伝統的定義から派生する期待があてがわれるのである。これらの期待が不適切で業務上の役割遂行を阻害するものでも、現実の仕事場面では少なくない頻度で発生していると考えられる。

「集団間モデル」は、集団としても男性対女性の関係性に焦点を合わせたモデルである。男女の相互作用は、集団間関係の中で発達するステレオタイプにより特徴づけられる。そこでは、集団内の類似性が強調される一方で、集団間の差異性が強調される。つまり、男性の場合には「男性はすべて高度に動機づけられキャリア志向である」というものに対して、女性の場合には「女性はすべて達成に無関心で要求の少ない断続的な仕事だけを望む」という表現になる。現実の仕事場面では、男性は「内集団」に、女性は「外集団」に属する。その結果、男性の特性は良い規範を形成し、そこから逸脱するものは欠陥として定義されることになる。また、単に男性から女性へ職業の位置づけが変わるだけで、その職業の望ましさと威信が低下する傾向もみられる。

次に、組織における女性の意識と行動の特徴を探るために、モティベーションの側面から考察する。ここでは、女性の仕事に対するモティベーションを高める要因（規定要因）を、男性との比較の観点から実証的に検討する。

表Ⅰ-2は、櫻木（2001）の性差によるモティベーションの規定要因比較である。この中で、「職務満足」、「モデリング」、「自己効力」、「キャリア開発」の4要因に関しては、性差にかかわらず、有効なモティベーションの規定要因であることが理解される。そして、男性では「成果志向」と「目標設定」が、女性では「国際志向」が、それぞれの性別に特有の規定要因として抽出されている。これは男性の場合には、①所属する組織において成果志向をもつこと、②仕事に対する目標設定がなされていること、③その結果から積極

表1-2 性差によるモティベーションの規定要因比較

	男 性	女 性
1. 職務満足	◎	◎
2. 成果志向	◎	−
3. モデリング	◎	◎
4. 自己効力	◎	◎
5. 組織風土	×	−
6. 国際志向	−	◎
7. 目標設定	◎	−
8. キャリア開発	◎	◎

注：◎ 統計的に有意で正（＋）の影響をおよぼす変数
　　× 統計的に有意で負（−）の影響をおよぼす変数
　　− 特別に影響をおよぼさない変数
出所：櫻木（2001）。

的なキャリア開発の機会を与えられていること、などが考えられる。ところが、女性の場合には、①自分のキャリアを開発する意識をもちながらも、現実的には仕事に対する目標設定がなされていない、または目標設定に参画する行動をとるのが困難であること、②自分の仕事成果を確認するような機会が与えられていないこと、これらの理由から、国内ではなく海外での仕事機会や国際的な分野の仕事を志向する傾向が強いと考えられる。つまり、女性が現状の仕事や所属している組織に対してネガティブな認知を学習し形成することで、「回避」の行動にもとづいて「国際志向」が有効なモティベーションの規定要因として抽出されたと解釈される。

また、規定要因である「自己効力」は、課題の達成、仕事の成功などの経験を積み重ねることで高められるものであり、男性が組織における性別による役割期待にもとづいて自己効力を向上させることが比較的容易であるのに対して、女性の場合には、組織における役割期待が男性と比較すると仕事中心的ではなく、自分の仕事成果に対する結果の確認、成果に対する評価などの情報を得ることが困難なために、「自己効力」を向上させることは困難であるといえる。しかし、女性の場合にも「キャリア開発」が有効な規定要因

として抽出されていることは、女性も仕事を通じて自分のキャリアを開発する重要性を認識しており、「キャリア開発」の機会を与えられることで、結果として、モティベーションを向上させる可能性の高いことが考えられる。

　組織における女性の意識と行動には、男性の場合とまったく同じように論ずることが困難な場合が少なくない。しかしながら、成果志向の意欲が高い女性に対しては、性差による役割期待というバイアスをできる限り排除することが必要である。現在の組織が置かれた状況は、グローバル化の進展する社会の中にあり、伝統的な職業意識や性的役割も大きく変化しつつある。組織がそのような環境に適合するためには、女性のマネジメントに対して、ハックマンとオルダム (Hackman and Oldham, 1980) の「職務特性論モデル」における概念を援用する。

①多様性、完結性、重要性を備えた職務による仕事の有意義性
②仕事の結果に対する責任感
③課題達成の結果に関する知識

　これらの要因を喚起するように職務を再設計し、仕事の機会を与え、仕事環境や評価制度を整備することが必要なのである。つまり、全体像がみえない業務、特定の補助的・補完的な業務など、多様性、完結性、重要性を感じさせない仕事に、女性を固定的に長期間従事させたりすることをしないで、1人ひとりが自分の裁量で完結させることが可能な職務を設計する、開発することが必要なのである。そして、男性と同じように、女性の意識や行動などの心理的側面に対する広範囲で深い探究を行い、1人ひとりのキャリアを開発する支援が必要なのである。それが、女性1人ひとりの欲求を充足させ、仕事に対するモティベーションを高めることで成果をあげることになり、結果として組織全体の成果を向上させる原動力となるのである。

引用文献

Alderfer, C. P., *Existence, Relatedness, and Growth,* Free Press, 1972.
Bandura, A., *Social learning theory,* Prentice-Hall, 1977.

Gutek, B. A., "Changing the status of women in management," *Applied Psychology : International Review (42)*, 1993, pp. 301-311.

Gouldner, A. W., "Cosmopolitans and locals : Toward an analysis of latent social roles Ⅰ," *Administrative Science Quarterly (2)*, 1957, pp. 281-306.

Hackman, J. R. and Oldham, G. R., *Work redesign,* Reading, MA, Addison-Wesley, 1980.

Hall, D. T., *Careers in Organizations,* Goodyear Publishing Co. Inc., 1976.

Katz, R., "Time and work : Toward an ietegrative perspective," in Staw, B. M. and Cummings, L. L. (eds.), *Research in organizational behavior (2),* JAI Press, 1980, pp. 81-127.

Lawler, E. E. Ⅲ, *Pay and Organizational Effectiveness : A Psychological View,* McGraw-Hill, 1971.（安藤瑞夫訳『給与と組織効率』ダイヤモンド社、1972年）

Locke, E. A. and Latham, G. P., *Goal Setting,* Prentice-Hall, 1984.（松井賚夫、角山剛訳『目標が人を動かす　効果的な意欲づけの技法』ダイヤモンド社、1984年）

Maslow, A. H., *Motivation and Personality,* Harper and Row, 1954.（小口忠彦訳『人間性の心理学』産業能率大学出版部、1971年）

坂下昭宣『組織行動研究』白桃書房、1985年

櫻木晃裕「組織成員の心理的側面に影響をおよぼす海外勤務・派遣に対する認知」『2001年　国際ビジネス研究学会年報』国際ビジネス研究学会、2001年、pp. 159-175

Schein, E. H., *Organizational Psychology,* Prentice-Hall, 1965.（松井賚夫訳『組織心理学』岩波書店、1966年）

Schein, E. H., *Career Dynamics,* Addison-Wesley, 1978.（二村敏子・三善勝代訳『キャリア・ダイナミクス』白桃書房、1991年）

Skinner, B. F., *The behavior of organisms,* Appelton-Century-Crofts, 1938.

Super, D. E., "A Life-Span, Life-Space Approach to Career Development," *Journal of Vocational Behavior (16)*, 1980, pp. 282-298.

Vroom, V. H., *Work and Motivation,* Wiley, 1964.（坂下昭宣・榊原清則・小松陽一・城戸康彰訳『仕事とモティベーション』千倉書房、1982年）

Weiner, B., *Theories of motivation,* Rand McNally, 1972.

参考文献

古川久敬『組織デザイン論』誠信書房、1988年

Robbins, S. P., *Essentials of Organizational Behavior (5th Edition),* Prentice-

Hall, 1997.（高木晴夫監訳『組織行動のマネジメント』ダイヤモンド社、1997年）
田尾雅夫『組織の心理学』（改訂版）有斐閣、1999年

第 II 章

小 集 団

　企業組織を理解するために、個人と組織とを結ぶ中間の分析レベルとして小集団（small group）を位置づけることは有用であろう。なぜならば、「組織」という用語は、次のような抽象のレベルで概念化あるいはイメージされてきているからである。まず、個人を記述する諸側面から、その活動あるいは活動の前段階にある意思決定などが抽出される。そして、複数の個人による活動等を構成要素とするシステムを組織とよぶ。したがって、このような組織における諸現象を論じる前にまず、われわれが直接観察し、経験することのできる、より具体的な諸個人間の現象について、基本的な知見を得ておくことは自然な順路の1つであろう。この意味で、本章では、企業組織を理解するために有用と思われる範囲内で、集団に関する諸研究を整理しておく。

1 「集 団」

　本章における「集団（group）」のイメージを基礎的かつ身近なところからかたちづくるために、本節ではまずこの用語を定義した上で、視点の異なる2系統の基本的なモデルを記述しておきたい。

1 集団の定義

　集団という用語も、異なる研究者によりさまざまに定義されてきたが、（青井, 1980, 第1章）これらの定義に共通する要件を摘出すれば、表現に多少の異同はあっても次のようにまとめられる。

集団は、諸個人の集まりであって、
①各個人は、この集まりの構成員と非構成員とを区別する。
②各構成員は、構成員の１人ひとりについて、全人格の一部あるいは全部に関する印象をもち、それぞれを識別している。
③各構成員は互いに直接対面し、相互作用（interaction）し、相互に依存する。

本章における小集団は、②が成立するような規模の集団をさし、大規模組織と二重の意味で区別される。すなわち、概念の抽象度と構成員の数である。ただし、規模の大小を分ける基準が構成員の数として特定できるわけではない。目安としては、２人以上、たとえば30人程度以下と考えておけばよいであろう。

さらに、研究方法、研究目的に応じて次のような要件を加えることがある。
④この集まりは、一定期間以上継続する（Homans, 1950）。

④は、集団を短期間観察して得られた結果が、長期的には成立しないと思われる時に必要となる。すなわち、短期的な結果が大きな変化の途中経過を示しており、長期的には観察対象を記述する諸変数の相互関係によりそれらの値が徐々に変化し、しだいに一定の均衡状態にいたることがありうる（具体的には、たとえば本章第３節第２項をみよ）。

これ以外に、集団と集団との関係を問題にする場合の追加要件が提示されているが、これについては第４節で論じる。

③の相互作用を、意思決定（decision making）論の枠組みで表現すれば次のようになろう。個人Ａは、行動（広い意味の言動）によって個人Ｂの事実前提（factual premise）あるいは価値前提（value premise）を変化させる。これがＡからＢへの作用である。ここで事実前提は、代替的選択肢（alternative：代替案、以下選択肢という）の集合、結果（consequence）の集合、選択肢とその結果を結びつける因果関係からなり、価値前提は、結果に対する評価である。次に個人Ｂは、Ａの行動に応じて変化した諸前提にもとづき意思決定し、行動する。このＢの行動がＡの事実前提あるいは価値前提を変化さ

せる。これがBからAへの作用となる。このようにAからBへの作用の結果として、BからAへの作用が存在するとき、AとBとが相互作用するという。また、BからAへの作用が間接的であって、BからCへ、CからAへというような連鎖や、より複雑な網の目状の場合をふくむ。

さらに個人Aの行動が、個人Bの事実前提の一部もしくは全部となっているため、あるいはBの価値前提を決定するため、Aの行動なしにはBが意思決定できないとき、BはAに依存していることになる。したがって、AもBに依存するという相互依存の関係には、Aの行動にもとづいてBが行動した後にAが意思決定する場合と、AB間の事前の情報交換により同時決定が行われる場合とがある。

この枠組みに即して、以下に述べる2系統の基本モデルの違いを示しておけば、次のようになる。まず、次の第2項で交換理論として言及するのは、個人Bにとっての選択肢a_1が、Aにとって望ましいものであるとき、a_1の結果c_1にBにとって望ましい結果となる報酬（reward）r_1を個人Aが加える。このことによって、Bにa_1を選択させようとする場合である。このa_1は、AがBに提示したものかもしれず、またBはa_1の結果としてr_1だけを考慮するかもしれない。または、別の選択肢a_2の結果に望ましくない負の報酬すなわち罰（punishment）を加えてa_2を選択させないようにする場合もあろう。

これに対して、第3項の構造的均衡理論においては、Aがa_1の結果はc'_1だと思っているとBが認識し、その認識によりBもa_1の結果はc'_1だと思いはじめる現象、あるいは同様に、Aがc'_1を望ましいと思っているとBが認識し、その認識によりBもc'_1を望ましいと思い始める現象を取り扱う。前者において、Bは、客観的な調査、探索活動を通じてa_1の結果を知ろうとするのではない。また、後者においてAが、c'_1に報酬を加えるわけでもない。

2 交換理論

　個人間の相互関係を、最も微視的かつ一般的な公理体系のかたちで示したのは、ホーマンズ（Homans, 1961, 1974）であるとされる（青井，1980，第1章）。一般命題とよばれるこれらの公理は、個人の行動にかかわるもので、それらが、個人間の関係においても基礎となると考えられている。この個人行動に関する諸仮定は、オペラント（operant）条件づけとよばれる行動心理学の理論と近代経済学における効用の理論とからなっている。したがって、それらの関係が明らかとなるよう1974年改訂版の論述に即して、図II-1のかたちにまとめておこう。

①ある行動に報酬が与えられる頻度が高いほど、その行動の頻度は高くなる（オペラント行動の強化）。

②特定の行動に報酬が与えられたとき、その行動に外界からの特定の刺激が付随したとする。現在の刺激がこの刺激に類似すればするほど、その行動の頻度は高くなる（オペラント条件づけにおける2次強化）。

③報酬の価値が大きいほど、その報酬につながった行動の頻度は高くなる。

④短期間に同一の報酬が繰り返し与えられると、次の報酬1単位当たりの価値増大分が減る（限界効用逓減の法則）。

　これらに、人間の情動あるいは正義にかかわる公理を加えることで、ホーマンズの取り上げる集団諸現象を演繹的に説明できるものとされるが、それ

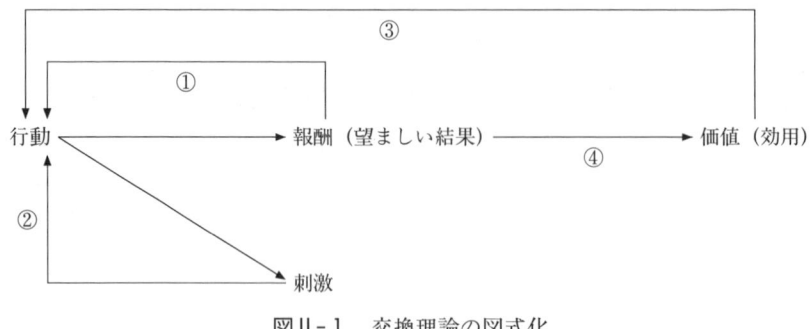

図II-1　交換理論の図式化

ら攻撃行動や是認行動は、本章の主題ではない[1]。

①のオペラント行動は、刺激に対する反応としてのレスポンデント（respondent）行動と区別され、行動に結びつくような刺激なしにあらわれるものをさす。人間の行動の多くは、目に光（刺激）を与えると瞳孔が収縮（反応）するといった反射的行動ではない。たとえば、仲間から緊急の助けを求められたわけでもなく、手を貸すことがある。そのとき仲間に喜ばれることが多く、仲間のこの喜びが自分にとって報酬になれば、ますます手助けをするようになる。

②に相当するオペラント行動の2次強化について、その最初期の実験は、被験動物が1つのバーを押すと光がつき、その後で餌が出てくるように設計された。これを繰り返した後、餌が出ないようにしたが、被験動物は光がつく限りそのバーを押し続けたというものである（Hilgard, et al., 1966, Chap. 5）。ホーマンズの命題では、たとえば光度を変えて実験したときに、光（刺激）が当初のものに似ている程度とバーを押す（行動の）頻度との間に②のような関係があることと、さらに、バーを押す（行動の）前に光（刺激）があっても同じ効果が得られることが仮定されているようである。これらの仮定を、自明の理としてではなく、また検証すべき仮説としてでもなく、反証可能な命題を導くための大前提という意味で公理として受け入れよう。とすれば、①の例で、仲間から助けを求められて（刺激）、手を貸したときに報酬が得られれば、同じ人、あるいはよく似た立場の人、よく似た人柄の人の、同じ頼み、あるいはよく似た頼みには、その類似性が大きいほど、より多くの場合に、無報酬でもその願いをかなえることになる。

③における価値が正の値をとるならば、行動の結果として得られるものは文字通りに報酬であり、負の場合には、罰という報いとされる。0ならば得られるものに無関心（indifferent）であることを表す。とすれば、すべての行動は罰を伴う（労力がかかる、時間を失うなど）ことになる。ただしホーマンズは、この労力あるいは時間自体を費用とは定義せず、これらを使って別の行動をとったときに得られたはずの報酬（機会費用）を費用とよんでいる

第II章　小集団　59

(Homans, 1974, Chap. 2)。したがって、選択肢のうち最も報酬（r_1）の大きい行動がa_1で、その次に報酬（r_2）の大きい行動がa_2であるとして、r_1とr_2を（金額あるいはお礼の回数などの）同一尺度で表すことができるならば、a_1の利潤（あるいは純利益）は、$r_1 - r_2 \geqq 0$、a_2のそれは、$r_2 - r_1 \leqq 0$となる。

④は、経済学における限界効用逓減の法則に対応するものであるが、一時点において、どの程度の報酬を得るためにどの程度の行動をとるかという意思決定を説明しようとするものとはなっていない。したがって、今まで実際に得てきた報酬の累積効果が残っている程度の短期間を仮定していることになる。

一個人の行動に関する①〜④の命題を、個人間の相互作用に適用するならば、たとえば最も単純に、②に例示したごとく、個人Bのある行動に伴う外界からの刺激を個人Aの行動とし、AがBの行動に対して報酬を与える場合を考えることができる。とすればさかのぼって、Aにしてみれば、目の前にBが存在するという外界からの刺激を受けて、Bに助けを求めるという行動をとった。その結果としてBの手助けという報酬を得たことになる。①、②により、この相互作用は頻度を高めながら持続するであろう。しかし、④にしたがって、同じ類いの報酬の1回ごとの価値はしだいに小さくなるから、③により、個人A、Bの上記の行動は、頻度を増しながらそれぞれ一定の上限に近づくように思われる。

ここで、個人Aは個人Cに助けを求めることもできるものとし、Cの働き（Aに対する報酬）がBのそれよりも価値があるとすれば、AはCに頼む頻度を上げ、その分Bに頼む頻度が下がることになろう。このときBがDを手伝うことでAから得られる以上の報酬をもらえるならばそうするだろうし、さもなければ②によりAにC以上のサービスを提供しようとするはずである。このようなプロセスを経て、A、B、Cそれぞれが自らの知覚において、行動の罰（労力、ものを頼むときの心理的負担など）、報酬（相手からの感謝の言葉、助けなど）、機会費用（Bにとって、Aを手伝うために捨てたDからの報酬）に見合う行動をとるようになるであろう。さらに、これらの非経済的変数を

適切に定義し、定式化することができるならば、少なくとも個々人の知覚において自分の行動（の罰）1単位当たりの報酬と機会費用が、他者のそれらに一致してくるようにみえ、それに伴って、自分にとっての報酬と機会費用とが等しくなってくるであろう。そして、たとえば個人Aにとって、行動1単位当たりの報酬が不十分ならば、この相互作用から抜けていわば逸脱成員となるかもしれない。

　以上に素描したように、（ホーマンズによれば、物理学におけるほど厳密ではないが）集団内の相互作用の頻度、凝集性（cohesiveness）、斉一性（uniformity）への圧力といった（次節に述べる）、重要な諸変数間の関係が、演繹的に導出される。しかしここでは、個人間における非対称な相互作用について十分に論じられてはいない。すなわち、まず、集団内の個人A（あるいは複数の個人）が、自分の必要に応じて他の構成員Bから一方的に特定の行動を引き出すとき、AはBに対して権力（power）をもつものとする。ホーマンズは、これを次のように解釈する。すなわち、BがAの利益になるように自分の行動を変えるのは、AがBに与える報酬の方が、BのAに与える報酬よりも大きいからである。したがって、上述同様のプロセスをたどり、集団内で各個人の権力は均等化することになる。しかしながら、次の場合にもBはある期間にわたってAにしたがうはずであり、それが一般性を欠くとはいえないであろう。つまり、Bがその特定の行動をしないという行動にAが罰を与える場合である。そして、BにはAの処罰行動を罰することができないからこそ、そのとき限りではなくAの必要に応じるのである。この場合には、権力が均等化するとはいえない。ブラウ（Blau, 1964）は、社会的交換におけるこのような非対称性を重視し、組織、社会構造へと分析を展開した。以下、小集団の分析レベルに限って、その所説をみておく。

　ブラウは、権力を定義して「定期的に与えられる報酬を差し止める形態をとろうと、罰の形態をとろうと、脅かすことで抵抗を排除してでも、人びとあるいは集団がその意思を他者に押しつける能力である」（間場・居安・塩原訳, 1974, 第5章, p.105）という。この定義における非対称性をブラウは次の例に

みるようなかたちで説明する。AがBに銃器を突きつけて、麻薬取引の場所を白状しろ、さもなければ10万円を差し出せ、といえば権力を行使しているが、Aが銃器を用いずに10万円でその情報をBから買うのならば権力の行使ではない。前者においてAがピストルを突きつけ「さもなければ10万円」といった時点で、その金はすでにAのものと考えれば、そこで白状することと交換にBは10万円を取り戻せるし、後者においてBが情報を渡せば、それと交換に10万円もらえる。その意味では、どちらの場合も10万円のプラスといえる。しかしブラウは、Aが行動を開始する時点の状態が、決定的に重要な要因であるという。とすれば、前者におけるその時点で、Aはまだ10万円を手にしていないのだから、Bが抵抗して金の方を渡したとしても、それはAに対する罰にはならず、むしろ報酬となる。したがって、Aは一方的に権力を行使していることになろう。

　また、Aが10万円でその情報を買う場合について、それが初めての取引ならば、Aが申し出を取り下げても、Bにとって罰にはならない。しかし、AがBの得意先であって、Aとの継続的な取引がBの前提になっていれば、取引の停止はBに対する罰となる。

　権力をこのように定義するならば、ある個人（A）が他者（B）あるいは他の人々に対して権力をもつとき、次の4条件が満たされていることになる。なお、ブラウは、一方的な権力関係が成立しない条件を記述している（Blau, 1964, Chap. 5）のであるが、ここでは定義に直結する表現に変え、裏返しに同じことを挙げておく。

　①Bは、Aに罰を与えることができない。また、定期的に報酬を与え、それを差し止めることもできない。それができるのならば、互いに対等の交換となる。
　②Bに罰を与えることができ、あるいは定期的に報酬を与え得る者は、A以外にいない。報酬を与え得る第三者がいるならば、Bはその第三者にしたがうか、あるいはその第三者と対等の交換を行う可能性を示すことによって、Aと対等の関係に入ることができる。

③ Bは、AのBに対する罰を強制的に止め、あるいはBに報酬を与えるように強制することができない。たとえば、Aが10万円を強奪するか、ピストルを撃てば、罪に問われるというならば、この③は①に近くなる。しかしここでは、Aを物理的に拘束して発砲できないようにしたり、裁判所の強制執行命令によりBが報酬を得られるようにするといった、直接的な強制力をさす。また、たとえば、Aが強制執行を妨害すれば、罰を受けることになるであろうが、この罰はBが与えるものではなく、すでに権力が分化した後の、組織化された第三者によるものであるという点で①と異なる。

④ Aの与える罰あるいは報酬に対する価値観を、Bは変更することができない。すなわち、罰や報酬の価値を0とするようなイデオロギー等の形成、変更は生じない。

これらの条件が満たされるならば、集団の中で、個人あるいは一部の人々が他の人々に対して権力をもち、しだいにその権力が増大し安定する。この意味で、権力をもつ特定の人々ともたない人々との間に分化が生じるであろう。なぜならば、一方では、権力者が時として罰を与え、また定期的に報酬を与え続けることにより、報酬や罰となるもの、あるいは集積した情報、行動の源になるエネルギーなどが減少するが、他方で、他の人々に供出させる行動、財、サービスの一部をより大きな報酬や罰に変換することができるからである。権力者は、一方的に与える脅威により、一方的に有利な交換を実現するものとすれば、この交換率を安定させるために、地位を確立し権力を正当化しようとするであろう。

3 構造的均衡理論

本項では、交換によらず、他者の事実前提、価値前提を認識することを通じて、自らの諸前提が変化し、行動が影響を受ける場合を考察する。ホーマンズは、この理論の予測する変化をも彼の一般命題から演繹できるとしているが（Homans, 1974, Chap. 3）、それとは異質の心理的機構があることがすでに

知られている。ホーマンズの解釈では、たとえば、互いに低い評価を与えあっている（嫌いあっている）者同士が趣味を異にしている場合、つまり、一方があるものを好み他方がそれを嫌っているとき、互いに罰しあっていることになる。しかし、相手の好みを認識することは、必ずしも自分の行動に対する報酬や罰ではない。自分が働きかけていない相手についての認知であり得る[2]。

　2人以上の人々の認知的影響関係をモデル化したのが、構造的均衡理論、あるいはバランス理論とよばれる一連の研究であるが、その理論的根拠として、フェスティンガーら (Festinger, *et al.*, 1960) の認知的不協和 (cognitive dissonance) の理論を位置づけることは不可能ではない。

　不協和とは、「どうしても相互にしっくりしない認識が同時に存在する」ことをさし、この不協和を解消するために「それらを、人間の側でどうにかしてよりよく一致させようとする努力が生ずる」(三隅・佐々木訳, 1969年, Ⅰ, 第12章, p. 257)。とくに意思決定との関連で考えれば、すでに選択した選択肢の結果にはプラス面のみならずマイナス面もあるが、両面を総合すると水準以上の評価が与えられるというのが一般的であろう。この両面を認識することは、多くの人にとって、定義により不協和を生むといえる。これを解消するためには、プラス面をより大きく評価し直し、マイナスを小さくする必要がある。また、選択しなかった選択肢にも、その結果にプラス面があるであろうし、当然にマイナス面がある。これについても、プラス面の認識とそれを選択しなかったという認識とが不協和を生むことになる。したがって、事後に、選択しなかった選択肢のプラス面を低く再評価し、マイナス面を大きく感じることで、この不協和を解消しようとする。こういった不協和の解消が、ほとんど自動的に（無意識のうちに）達成されていることが、実験の設定から推測される。また、客観的な実験条件を操作して、不協和を大きくした実験集団とそれを小さくした集団とをつくり、それぞれ解消の程度を比較すると前者の方が大きいことが確かめられる。

　ここでは、不協和の大きさを捨象して、ハイダーが定式化した均衡理論

(Heider, 1946) と不協和の理論とを関係づけることから始めよう。まず、2者間の関係として、自分 (Person) P が、好ましい (あるいは信頼するなど任意の正の価値をもつ) 相手として他者 (Other) O を選んだ後、P は、O のプラス面とマイナス面とを認識する。このとき P は不協和を感じており、プラス面の評価をさらに高めマイナスを小さくしようとする。マイナスが十分小さくなり、0 あるいは正 (あばたもえくぼ) となったとき、均衡理論では不均衡の状態から均衡の状態に移行したことになる。また、P は、選ばなかった別の他者 O′ の＋と－とを認識することからも、不協和、不均衡の状態になり、O′ の＋面を 0 あるいは－としようとするであろう。均衡理論では、他者のマイナス面ともう 1 つ別のマイナス面とを認知するのも均衡状態である。

次に、P の事実前提、価値前提に対する他者 O の影響を、次のように説明しよう。まず、P が O を選択した後、P の不協和が解消され、O に対する P の認知は均衡状態にあるものとする。そして P は、次のような事実について正誤の判断をもっている。たとえば、ある部品 a_1 が存在する、その部品をつくるのに 1 時間かかる、別の部品 a_2 をつくるのにはそれよりも長くかかる、長くかかる部品を使えば組み立てが早く済む、などである。ここで、a_2 を選択すると、その結果 a_2 をつくるのに 1 時間 30 分、組み立てに 20 分かかるという事実を X で表し、P が X を正しいと思っていることを＋で表現する。X が誤りだと思う場合は、－とする。さらに、この判断にも不協和、不均衡が存在せず、あらゆる面で正しい、あるいは誤りであると思っているものとする。また P は、その事実 X の正誤に対する O の判断について自分なりの認知をもっている。この認知も均衡状態にある。これらの関係を場合分けすれば図 II-2 のようになる。

図 II-2 における点線の矢印は、O の判断に関する P の認知を示す。このとき、たとえば②は、均衡理論において不均衡状態とされ、④あるいは⑥などの均衡状態に移行するものとされる。このことを不協和理論によって説明するならば、次のようになる。X が正しいという認識と、自分の好む他者が X を誤りと判断しているという認識とは、P にとってしっくりこない。

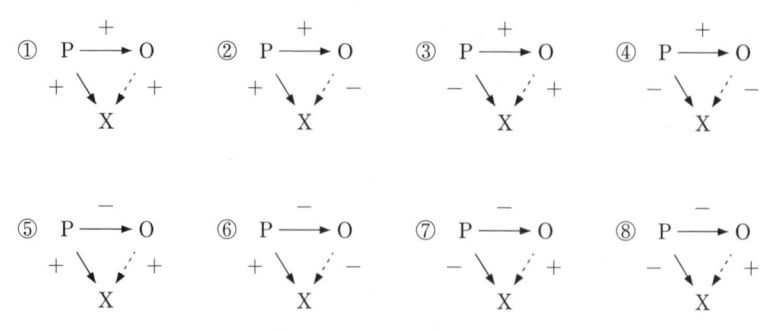

```
       +              +              +              +
①  P ──→ O      ②  P ──→ O      ③  P ──→ O      ④  P ──→ O
    +↘ ↙+           +↘ ↙−           −↘ ↙+           −↘ ↙−
      X              X              X              X

       −              −              −              −
⑤  P ──→ O      ⑥  P ──→ O      ⑦  P ──→ O      ⑧  P ──→ O
    +↘ ↙+           +↘ ↙−           −↘ ↙+           −↘ ↙+
      X              X              X              X
```

図II-2　均衡理論の図式

出所：Cartwright and Harary (1956) をもとに作成。

したがって定義により、不協和が存在する。自分の好む人の判断は正しいと思いがちである、あるいは少なくともそう思いたいのが人情だとすれば、これが不協和を生むことはより直接的に了解されよう。さらに、PがOを、その判断に信頼のおける人物として選択していたのならば、いっそう直接的である。次にこの不協和を解消するためにPは、Xが誤りであると認める（④）か、Oを好ましくない人物と思い直し（⑥）、そのようなOがXを誤りと判断するのはXが正しい証拠であると考える。さらに、Xの正しさ、Pの好ましさに疑問の余地がない場合には、Oに関する自分の認知を変え、Oは実はXが正しいと思っていると考える（①）。

同様の論法により図II-2で、－の符号が奇数個ある場合に不協和が存在し、それ以外には存在しないことが確かめられよう。均衡理論においても、前者は不均衡状態、後者が均衡状態を表している。そして、Pの事実前提に対するOの影響を端的に記述するのは、不均衡状態から均衡状態に移行するときに、PからXへの矢印の符号が変わる場合である。

価値前提に対する影響は、Xを選択肢の結果とし、P、OからXへの矢印の符号の意味を、望ましい、望ましくない、満足、不満足など、価値判断に置き換えることにより、同じ図式で説明される。このように、均衡理論における符号の意味は、具体的な状況に応じて適切に与えられる必要がある。

均衡理論は、Xを非人格的対象物として、対人関係の諸相を分析するところから出発したのであるが、その1つの応用として、XをP自身と置くこともできる。このときPからP自身への矢印の符号は、自らを全面的に否定するのは特殊な場合であるから、日常的には＋であろうが、XをPの一側面とすることでOのPに対する評価をふくめた2者間の関係を論じることも可能である。これにもとづき、図Ⅱ-2にO──→PというPの認知を加え、さらに、Oの側の認知を重ね合わせることにより、ある意味で客観的な均衡を論じることもできる。3者間の関係を調べるには、Xに第三者Qを置いたかたちになるが、対象とする個人の数が増すにつれ、均衡状態を実験的に確定する作業は、きわめて複雑になるであろう。実際に諸個人間における対人評価を調べ、これを整理するための手段としてはソシオメトリーの手法が存在する。しかし、これも均衡理論を直接裏づけるものではない。これに対して、カートライトとハラリー (Cartwright and Harary, 1956) は、ハイダー理論を拡張し、多数の個人間における客観的な評価構造を記述するためにグラフ理論を導入した。これにより彼らは、構造の数学的性質を調べる道を開いたが、そこでも、諸個人間のネットワーク全体の均衡というような基本的な概念がいまだ確立されていない。

2　公式集団と非公式集団

　企業には、工場における作業集団のように、組織目的を達成するための活動単位ごとに人が集められ、構成される集団が存在する。また、近年のアメリカにおける研究では、経営者がチームを組んで経営にあたる傾向が指摘されている（本節第1項(3)）。これも、目的のために意図的に設計された集団である。また、これとは別の区切りで、企業には同期入社の集まりや、趣味を同じくする人とのつきあい、志を同じくする人々の会合など、現在の組織目的と直接には関係しない自然発生的な集団が存在するであろう。前者のタイプの集団では、課された仕事（課業）の達成度、あるいは何らかの指標で

測られた生産性が問題となるであろうが、後者のタイプでも、課業の遂行からは得ることのできないような欲求の満足、自然発生的集団間の相互作用などが、企業全体の雰囲気、文化を変え、課業集団の業績あるいは将来の組織目的に影響を与えることがあり得よう。

本節では、このような観点から、現在の組織目的を直接達成しようとする公式集団と、それ以外の集団（非公式集団）とを区別して論じることとする。公式性を、オーソリティの存在で定義する場合もあるが（Simon, 1976, Chap. 7）、ここでの定義は、共通目的の有無で分ける公式組織と非公式組織の別（Barnard, 1938, Chap. 9）に対応させたものである（これらの定義の違いは、本節の議論展開に大きな差をつくるものではない）。すなわち、公式集団には、組織の下位目的の一部が構成員共通の目的として割り振られており、それを達成すること（あるいはその仕事）が課業となる。これに対して、非公式集団の構成員は、たとえば趣味の集まりには、社交を目的として参加する者もいれば、その方面の技術を磨くことだけを目的とする者もいる。また、組織目的とは無関係に、たとえばスポーツの試合に勝つことを共通の目的とする集団、あるいは、「組織目的を変えること」が組織目的となっていないときに、組織目的を変えようとする集団があれば、その集団も、定義により非公式集団となる。これらの集団を単独でみるならば公式集団と考えるべきかもしれないが、ここでは、公式組織の構成員（の一部）からなる非公式集団としておく。なお、この側面は第4節で略述する。

1 公式集団

集団研究の分野で、課業達成度（目的達成度）との関係において論じられるテーマのうち、リーダーシップ（leadership）については次節で論じ、本項では、集団圧力（group pressure）、集団凝集性、集団標準（group standard）、集団への一体化（identification）といった主要な変数と、集団におけるコミュニケーション構造を取り上げる。

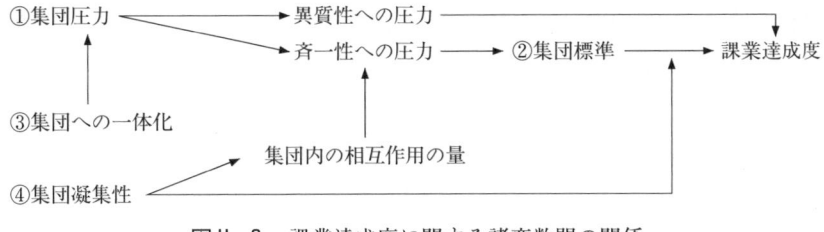

```
①集団圧力 ─────→ 異質性への圧力
        ↓    ↗                              ↑
            斉一性への圧力 ──→ ②集団標準 ──→ 課業達成度
        ↑         ↑                    ↑
③集団への一体化                          │
                集団内の相互作用の量 ────┘
        ↗
④集団凝集性
```

　　　　　図Ⅱ-3　課業達成度に関する諸変数間の関係

（１）　課業達成度にかかわる諸変数

　あらかじめ、主要な変数間の関係を、本章における分析レベルと範囲に限って図式化しておけば図Ⅱ-3のようになろう。

　図Ⅱ-3における①の集団圧力は、当初の実験では、1人の構成員の事実判断あるいは価値判断が、多くの構成員の一致した判断により、その方向に変わる（歪む）という、斉一性（uniformity）への圧力をさしていた。アッシュによるこの実験（Asch, 1951）は、被験者1人ひとりに同じ1本の線分を見せ、その線分と同じ長さの線分を別の3本の中から選ばせ、1人ずつ順番に答えさせるというものである。それぞれの線分の長さは、実験的操作を加えなければほとんどの人が正解できる程度の違いにしておく。このとき被験者を装った実験協力者たちがまず、誤った特定の1本を選び、真の被験者に聞こえるように答えていく。最後に残った真の被験者は最初の正しい判断を捨て、その1本を正解として答える。協力者の数が3人でも、この傾向が示されたという。

　この結果を前節図Ⅱ-2の③に即して考えれば、被験者Pは、判断の一致している人々をひとまとまりでOと受け取り、次にそのような人々の判断は正しい（P ─+─→ O）と認識する。そして、彼らが（実は誤った）特定の線分Xを正解と判断していることは明らかである（O ⋯+⋯→ X）から、その判断とP自身の判断（P ───→ X）とが不協和をおこす。これにより、Pの認知は不均衡状態の③から①に移行したことになる。とすれば、集団の中で多くの人々が、互いに意見を異にすることが正しい、あるいは望ましいと判断して

第Ⅱ章　小集団　69

いる場合には、集団圧力は異質性の方向に働くであろう。たとえば研究者集団は、研究段階に応じて、この方向で（異質の意見を出し合うことによって）目的を達成するかもしれない。逆に、公式集団の各構成員が、互いを信頼していない場合（P──→O）には、Oが嫌う相手をそれゆえにPが好むといった傾向をふくめて、異質な意見分布となるであろう。この圧力と課業達成度との間には、一般的な関係を想定することができない。

なお、斉一性への圧力には、各個人内部の認知的不協和からくるものとは別に、互いに同じ選択には報酬を与え合い、異なる選択に罰を与えるという、前節第1項の交換過程に由来するものがある。

次に②の集団標準について略述しておく。斉一性への圧力が集団の中に存在するならば、各構成員の取るべき行動の方向、程度、パターンに関して、ある程度の数の人々が集団内で合意を形成していることになる。この意味の規範（norm）を集団標準とよび、程度においてこれを超えても下回っても逸脱とみなされる。このとき基本的な仮説は、斉一性への圧力が高まるほど、集団標準は明確化し、構成員に対する影響力が増す、というもので、逆方向の因果関係は確かめられていない。上記の実験においても、実験協力者の数を3人以上に増やしても、圧力はほとんど高まらない。いずれにしてもこの標準が、各構成員の課業達成度に設定されるならば、集団標準が高いほど、集団全体の課業達成度が高まるであろう。

③の一体化はサイモンが多くの論述において重視している概念であるが（たとえばSimon, 1976）、彼によれば、「人が、意思決定を行うときに、特定のグループにとっての結果の観点から、いくつかの代替的選択肢を評価するとき、彼はグループに自身を一体化している」（松田・高柳・二村訳, 1989, 第10章, p. 260）ことになる。したがって、集団に一体化している構成員が、集団標準（という集団にとって望ましい結果）にしたがわない構成員に対して、したがうよう（前述のように報酬と罰を用いて）働きかけるならば、マーチとサイモンのいうように（March and Simon, 1958, p. 59）、集団に対する一体化が強いほど、集団圧力は強くなるであろう。

④の凝集性は、実験的諸研究それぞれの中で、少しずつ意味を変えて定義されている。カートライトとザンダー (Cartwright and Zander, 1960, Chap. 3) によれば、直観的には、凝集性の高い集団とは、構成員が「私」よりも、強く「われわれ」という気持ちをもち、誰もが友好的で仲間への忠誠心の強い集団である。ここでは、集団の外側に関する記述を別にして、構成員にとって集団それ自体が魅力をもつ場合を、概念化しておく。カートライトらは、「集団の凝集性とは、すべての（構）成員に集団にとどまるように働きかけるすべての力の合成されたものである」（三隅・佐々木訳，1969，Ⅰ，第3章，p. 90）とする。ここで、「すべての力の合成」とは、1人の構成員が、たとえば「他の人々に惹きつけられる」、「皆で行う活動や計画をその人が好む」、「活動の目標に賛成である」などのとき、各構成員が当該集団に見出すそれらの諸誘引 (attraction) が合わさった結果を意味する。したがって、凝集性の高い集団では、構成員間の相互作用の量が増える。また、相互作用が増大すれば、ホーマンズ的な交換の過程により、認知的不協和が存在しなくても、斉一性への圧力が高まる。

課業達成度との関係で、凝集性が高いほど集団標準にしたがう傾向が強くなり、集団標準が高いときに課業達成度の高くなる度合いが凝集性の低いときよりも大きく、集団標準が低いときには課業達成度の低くなる度合いが大きい。このことから、「集団標準が高いときには、凝集性の高いほど達成度は上がり、標準が低いときには、凝集性の低い方が達成度が高くなる」と予測できる (Schachter, *et al.*, 1951)。

（2） コミュニケーション構造

本節で定義した公式集団を、その目的に即して設計しようとするならば、罰や報酬の交換、あるいは認知的な均衡構造とは別に、客観的な情報の伝達経路が重要な意味をもってくる。すなわち、課題を解決するための断片的な情報を、少なくとも1人の構成員のもとに集める手順を形成できるかどうか、また形成された手順の効率性は、集団内のコミュニケーション構造に大きく依存するであろう。

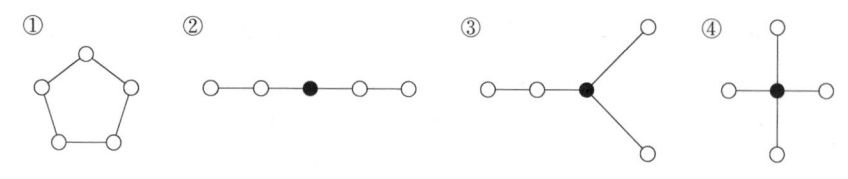

図Ⅱ-4　コミュニケーションの型
出所：Leavitt（1951）.

　これに関する一連の実験において被験者に課された問題は、基本的には次のようなものである。まずジグソーパズルの一片にたとえられる、それぞれ異なった情報の断片が、被験者1人ひとりに配られる。ここで、各人が自分の手元にある断片を1単位のメッセージとしてメモに書き写す。各人が、手元のメモを渡せる相手は、図Ⅱ-4のように決められているが、自分が図中①～④のどのパターンに属しているのかは知らされていない。メッセージを受け取った者は、自分の断片に関するメモをふくめて、手元にあるメッセージを1度に何単位でも別の者に送ることができる。そして、1人の手元にすべてのメッセージが集まったときに、それが誰であっても問題は解決でき、その答えをメモにして他の全員に伝えることができる。全員が解答を得た時点で実験の試行1回が終了する。

　図Ⅱ-4は、リービット（Leavitt, 1951）の用いた型であるが、○と●は被験者を表し、――は伝達経路を示している。線で結ばれていない者同士は、直接情報のやりとりができない。当初の単純な課題では、課業達成度の高い順に、④、③、②、①のようになる傾向が確かめられ、①～③では、●で示される、経路上の中心的位置を占める被験者の満足度が高く、そこから離れるほど低くなる。達成度については、1949年に博士論文のかたちで発表されたこの実験以前にバーベラス（Bavelas, 1948）が形式理論を構築していた。そこでは、●の存在、その中心性の程度（相対的中心度とよばれる）、あるいは全員が他の全員と情報交換するのに要する経路の総数（離散度）などと達成度との関係が議論されている。ただし、中心度の指標については、問題点が指摘され、後に修正されている（Shaw, 1964）。ここではバーベラス自身にし

たがって、別の理論的側面を必要な限りでみておく（Bavelas, 1950）。たとえば単位時間（1分）当たり、1人が他の1人にだけ（1単位以上のメッセージをのせた）メモを渡すものとすると、④では1分で必ず●にすべてのメッセージが揃うが、解答を全員に伝えるのにあと4分かかるから計5分で課業が達成される。ところが②でも、中間の○が端から得たメモを元に返さない限りどのような渡し方をしても、●が解答を得るのに2分ですみ、彼が両隣に各1分で解答メモを渡した後、さらに1分で全員が答えを知ることになり、やはり計5分で課業達成となる。③についても、同じルールにより最短の手順で5分かかることが確かめられる。実験において最も成績の悪かった①の場合に限って、実は、たとえばメモを全員に左回りに渡せば、4分で全員が同時にすべてのメッセージを手に入れることができ、別の方法を使っても4分が最短である。

　したがって、伝達構造の違いは、効率の良い伝達方式ができあがるまでの時間に差を生むものと解釈される。ゲッツコウとサイモン（Guetzkow and Simon, 1955）は、試行と試行の間に、役割分担に関するコミュニケーションが許されるという実験を行ってそのことを確かめている。またその後、ランゼッタとロビー（Lanzetta and Roby, 1956）、ショー（Shaw, 1959）は、それぞれ、課題の複雑さや●に与えられる権限に依存して、成績の良い伝達構造が異なることを示した。これらをふくむ一連の研究における論争点は、スナドウスキー（Snadowsky, 1972）によりまとめられている。

（3）　近年の研究動向

　ガーシック（Gersick, 1994）は、過去20年間に英文で書かれた、集団に関する論文を15の学術誌からすべて抜き出し、それらが大きく5つの領域に分類されることを見出した。それらは論文集において、第Ⅰ部「従業員参加における集団設計とチームの概念」第Ⅱ部「異なる領域で仕事をする人々を統合するものとしての集団」第Ⅲ部「トップ経営者のチーム」第Ⅳ部「文化的背景を異にする人々からなる集団」第Ⅴ部「集団過程の変化速度」として区分された。そして各領域から、次の基準を満たす論文を、4～6編ずつ選

び出している。すなわち、その領域における問題を明確に示し、それぞれの研究の流れにおいて現在までの到達点を示すものであって、諸研究全体の文脈に関係なく2変数間の相関を単に調べるといったものではなく、多様な展望を提供するものである。ここでは、それらの中からさらに、本章の記述に関連すると思われるものを選び、素描を試みる。

第Ⅰ部、第3章 (Shea, 1986) では、アメリカで生まれた QC (quality circle) が、日本において QCC (quality controll circle：品質管理サークル) として実践され、アメリカに逆輸入されたときに、西欧的な誤解の生まれた経緯が分析されている。日本では、特定の問題について、QCC の目標が管理者により明確に示され、その問題に関するサークル内の集団標準が高く設定されるような仕組みが、工夫されていた。しかし、アメリカでは、工場、サービス部門、管理者集団にも適用できる、いわゆる参加型の経営手法と理解され混乱を招いたという。この混乱を整理するために QC の目的をまず、短期、長期に区分し、そのそれぞれを問題解決にかかわるもの、作業の人的環境にかかわるものに分けるという4分類で示している。

第Ⅱ部、第10章 (Kiesler, *et al.*, 1992) によれば、たとえば仕事の領域を異にする人々が、Eメールによるネットワークをつくったとき (図Ⅱ-4 ですべての丸を結ぶことに相当しよう)、対面集団におけるよりも、「発言」が平等かつ明示的になり、「白熱した」。その結果としての意思決定は、より極端でリスキーであった。また、階層の下位者や支社の社員が対面集団におけるよりも有利になり、役割分担が複雑化した。

第Ⅲ部においては、意思決定についてとくに興味深い結果が、第13章 (Eisenhardt, 1989) にみられる。変化の早い環境において、チームをつくって経営にあたった場合、意思決定の早いチームは遅いチームよりも多くの情報を利用する。そして前者の方が多くの選択肢をみつけ、包括的に意思決定を行う。またより多くの助言を共有し、より高い成果をあげる。この過程にふくまれる、チーム内の準備とチームへの参加 (相互作用の量) が、その集団過程を良好にし、決定速度を上げ、変化の早い環境における業績を良くする。

第Ⅳ部は、公式集団の下位集団（subgroup：集団構成員の集合を考えれば、その真部分集合である集団）として、非公式集団が存在する場合を扱う（第4節で取り上げる）。

　第Ⅴ部、第23章（Bettenhausen, *et al.,* 1985）は、新しくつくられた集団において、規範がいかにして形成されるかを問題にする。この状況で各構成員はとりあえず何をすればよいのかわからず、適切な行動をとるためには、まず現在の状況について一定の「概念」をもち、過去の経験からそれに似た状況を「たたき台」として選ぶ。構成員間で、この「概念」が類似していても「たたき台」が類似するとは限らないから、集団における当初の条件は、次のように、4分類される。①どちらも似ている、②たたき台だけが似ている、③概念だけが似ている、④どちらも似ていない。①ならば、凝集性や一体化が強まり、相互作用の量が増える前に、集団の規範ができあがる。以下番号順にいっそう入念な議論が先に行われる。

2 非公式集団

　非公式集団の過程は、公式集団に関する命題と、原則的に異なるところはない。たとえば、集団圧力は、後者におけるほど強くは働かなくても、非公式集団にも存在する（Newcomb, 1950, Chap. 14, 2）。ひるがえって、前節の基礎理論においても、公式集団を前提とするような限定は加えられていない。したがって、ここでとくに非公式集団を論じるのは、企業組織（という比較的大規模な公式組織）において、非公式集団の果たす機能という文脈においてである。バーナードは、公式組織における非公式組織の機能を肯定的に論じ、両者の相互依存関係に注意を喚起している（Barnard, 1938, Chap. 9）。それ以降、彼の所論は基本的に継承されているといってよい。バーナードのいう非公式組織とは、「特に意識された共同目的なしに」生ずる「個人的な接触や相互作用の総合、および…人々の集団の連結」（山本・田杉・飯野訳、1968、第9章、p. 120）である。したがって、それを、本節に定義した非公式（小）集団のネットワーク（から抽出されたもの）とし、非公式集団が同じ機能を担うものと

考えることができよう。

その機能とは、①公式組織における伝達機能を補完すること、②公式組織に対する貢献意欲を確保し、公式組織における客観的権威の安定をはかることで、その凝集性を維持すること、③自律的人格保持の感覚、自尊心および自主的選択力を維持すること、である。

①公式組織の中に、過去その時々の「英雄」について語る「語り部」がいて、その組織における適切な行動を教え広める、また事情通がいて、直接得ることの難しい情報を必要なところに耳打ちするなど、現在の仕事に直接関係しない情報の対面的ネットワークが存在する。これにより、組織に強い文化が生まれ維持されるという指摘がある (Deal, et al., 1982)。

②を集団理論の用語に翻訳するならば、貢献行動に（交換理論的な意味で）報酬を与え、あるいは（均衡理論的な意味で）公式集団の標準（規範）を高めること。そして（ブラウのいう）権力を地位にもとづく正当な権威として安定させること。そして、これらを通じて公式集団の凝集性を維持することとなるであろう。

③のような欲求が公式集団で満たされない場合、多くの構成員が組織内の非公式集団においてそれらの欲求を満たすならば、各人の士気 (morale) と非公式集団の凝集性（魅力）が高まり、彼らは、組織にとどまるであろう。

とくに②に関連する実証研究としては、公式の地位、非公式集団、集団の凝集性の関係について、その一側面を明らかにしようとする試みがある (Jackson, 1959)（以下、概念上の混乱を避けるために、公式組織を、その構成員を要素とする公式集団に置き換えて記述する）。公式集団の下位に複数の公式集団があり、各個人は公式の地位を与えられている。この時、下位集団の構成員は、互いに社会的価値（非公式の地位）を与え合っている。この意味で下位集団をそのまま非公式集団とみなすことができる。この設定で、公式の地位に見合った地位を各個人が、非公式集団においても与えられるならば、彼らは自分の属する公式、非公式、両集団に魅力を感じ、貢献行動から報酬を得る、あるいは高い集団標準を受け入れるであろう。さらに定義により、両集団の凝集性

が高まる。ただし、自分の属する非公式集団あるいは別の非公式集団が、公式の地位よりも高い社会的地位を自分に与えるならば、彼は公式集団にそれほど魅力を感じなくなる。この点については、第4節で再述する。なお一般に、公式組織との関連で非公式集団を研究する場合には、公式集団と非公式下位集団の関係あるいは非公式下位集団間の関係など集団間の問題を論じるものが多くなる。したがって、第4節は同時に非公式集団をも主題にすることになる。

3　リーダーとリーダーシップ

　公式集団においては、リーダー (leader) の職位が定められており、その位置を占める個人が一定期間にわたってリーダーと認められるのが普通である。たとえば、公式の会議には議長役が置かれ、彼は、少なくともその会議が終わるまではリーダーとみなされる。しかし他方で、会議中に、任意のメンバーが議論をリードすることはおこり得るし、彼がリーダーシップをとったという言い回しも奇異ではない。リーダーシップの概念はいまだ一般的な定義が確立されておらず、研究目的に応じたイメージにより議論が行われている。したがって、第1項でまず、この概念にかかわる論点を概観し、第2項において、リーダーの行動とその有効性に関する近年の研究成果をみておく。

■1　リーダーシップの概念

　カートライトとザンダーによれば、最初期の研究は、リーダーの身体的、知的、性格的特性を摘出しようとするもので、リーダーは、追随者 (follower) との比較で、体格、頭脳、適応性に優れていることが報告されたという。しかし、この方向は結局行き詰まり、リーダーに要求される特性は追随者にも広く分布しており、集団の内部事情や環境に応じて、必要とされる特性が異なるであろうという結論に達している。

したがって、その後の研究では、リーダーシップは集団の1人または多数の構成員によって遂行される、次のような集団機能 (group function) であるとされた。すなわち、集団目的の設定、目的への集団全体としての取り組み、相互作用の質の改善、凝集性の向上、集団資源の利用などである。したがって、構成員は誰でもリーダーになり得るし、同じ集団機能を果たす方法も多様である。この集団機能を大別すれば、①目的の達成にかかわるもの、②集団それ自体の維持と強化にかかわるもの、となる（この区別の意義は、後述する）。

　しかし、任意の構成員がいずれの機能を果たすにしても、他者の行動に影響を与えることになる。影響過程の基本は、本章第1節に論じた報酬、罰、認知的均衡であるが、フレンチとレイヴン (French and Raven, 1959) は、この均衡に当たるものを下記の③、④、⑤に分け、社会的勢力 (social power：ブラウの権力概念よりも広義) の基礎として5分類を提唱する。ここで、他者Oが自分Pに対して勢力をもつものとする。①報酬性勢力 (reward power) は、Pに報酬を与えるOの能力を基礎とする（以下「勢力」を略す）、②強制性 (coercive)；Pに罰を与えるOの能力、③正当性 (legitimate)；OがPを規制する正当な権利をもつとPが認めていること、④準拠性 (referent)；PがOを自己と同一視すること、⑤専門性 (expert)；Oの専門的な知識をPが信頼すること。③～⑤を均衡理論的に図式化する方法は、いくつか考えられるが、①、②との大きな違いは、時の経過とともに、Oからの働きかけがなくてもPがその影響を受け続けるようになることである。

　各構成員がこれらの勢力の基礎をどのような組み合わせで保有しているかによって、誰がいつどの機能を遂行するかが決まるであろう。すなわち、ある個人が率先してリーダーシップをとろうとするための必要条件は、①その個人が、ある時点で特定の機能の有効性に気づくこと、②その個人がその機能をうまく遂行できると感じること、である。逆に、構成員が互いに機能を割り当てる場合にも、実際に役に立つ人をそれぞれの役目に選ぶ傾向があるという。もう1つの論点は、集団機能を1人あるいは少数の個人に集中することの有効性についてである。多くの実験では、前節第1項の(2)にみられ

るように、問題解決機能が集中すると集団の成績は向上するが、全体の満足度は低下する。より長期の実験、観察によれば、高生産の集団では、この士気の低下が生産性を下げることのないように、リーダーシップ機能が分散されている。このことは、2大別された集団機能の①課業達成度を優先するか、②集団の維持を重視するか、に対応しているとも考えられる。したがって、以下では公式集団におけるリーダーの行動様式すなわちリーダーシップ・スタイルの有効性について、瞥見しておく。

2　リーダーシップ・スタイルと課業達成度の状況適合性

ホワイトとリピット（White and Lippitt, 1960）は、少年からなる各課業集団に、1人ずつ成人リーダーを配し、3種の指導様式の1つをとらせた。①専制型；方針はすべて指導者が決め、作業の手順もその都度命令するなど、②民主型；方針、手順は、あらかじめ集団討議により決め、指導者は助言を与えるなど、③自由放任型；すべての決定を少年たちに任せ、助言も積極的には与えないなど。このとき課業達成度は、高い方から①、②、③の順で、集団の維持にかかわる少年たちの言動は、①、③ともに②よりも少ない。①でも、構成員間の敵対行動やリーダーに対する服従、依存行動と同時に、不満の表現がみられた。ただし、これが長期的な課業達成度を低下させることは確かめられていない。②における凝集性は最も高い。

この実験から、次のように予想することは自然であろう。すなわち、集団内の人間関係を重視せず課業そのものに指向する（課業達成機能）①のリーダーよりも、集団の凝集性を高めることで（維持機能）課業を達成しようとする②のリーダーの方が、長期的には有効である。しかし、この有効性は条件つき（contingent）であって、集団状況しだいという可能性もある。フィードラー（Fiedler, 1967）は、公式集団においてリーダーの地位を占める個人のパーソナリティ、動機づけ、行動とリーダーシップ・スタイルとを関連づけ、そこから課業指向型と人間関係指向型の2分法をつくり出す。さらに、集団状況を①リーダーと構成員の関係；良い、やや悪い（非常に悪い、が加わるが以

下では省略)、②課業の構造（課業の遂行方法が定型化、マニュアル化されている程度）；高い、低い、③リーダーの権限；強い、弱い、以上3つの尺度で、8分類する。その上で、非常に有利な集団の状況（①良い②高い③強いあるいは弱い）では、課業指向型のスタイルの方が有効、幾分不利な状況（①良い②低い③弱い、あるいは①悪い②高い③弱い）なら、人間関係指向型の方が有効、比較的不利な場合（①悪い②低い③弱い）は、再び課業指向型が有効となる、と予測する（なお、ここでは8類型のうち3類型が除かれているが、それらは彼の実証研究において、典型的な集団が見出されなかった類型に一致している）。これが、リーダーシップの状況適合理論（contingency theory）であり、このモデルが検証されることになる。その場合リーダーと構成員の関係が、リーダーの指向性と無関係ではないと思われるが、実証上とくにこの点に着目した長期的な研究は行われていない。

3　近年の研究動向

　大規模組織におけるリーダーシップの有効性に対しては、2つの観点がある。1つは、CEO（chief executive officer：最高経営責任者）個人が実際に組織全体の進む方向を定めているという見方であり、他方で、それは伝説にすぎず状況や組織の仕組みが決定要因であるという立場である。ここでは、リーダーシップの重要性とリーダーの行動に関する論文集（Sonnenfeld, 1995）にしたがって、小集団に妥当する範囲で諸結果を略記しておく。なお、この選集では掲載論文間の関連性がとくに高いので、個別の論文を例示的に取り上げるのではなく、全体を俯瞰しておくことにしたい。

　まず第Ⅰ部で、リーダーシップの役割が取り上げられる。管理者は計画、組織化、命令、調整、統制、という古典的な役割以上の、多様かつ複雑な機能を果たしており、また国ごとの文化の違いがリーダーの思考様式、行動パターンに影響を与えることが、あらためて指摘されている。アメリカにおける研究によれば、業績を高める集団過程の根底には、リーダーが各構成員に活力を与えているという事実が存在する。すなわちリーダーは、構成員間に

気分の良い雰囲気をつくり出す。構成員を奨励し報酬を与えるときには、その人に対して直接かつ公然と行う。また信頼を表明し、構成員が自分から発案し責任をとることを促進する。とはいえ管理者は、問題を合理的に解決し、それを構成員に納得させることが自分の仕事だと思いがちである。これを管理者の役割であるとし、リーダーの役割は別にあるという研究もある。すなわちリーダーの役割は、選択の幅を狭めるのではなく、長期にわたる懸案に新しい筋道をつけ選択肢を増やすことにある。

　これに対して、第II部におけるリーダーシップの2分法は、事務処理型（transactional）と目的変容型（transformational）である。前者は、業績に応じて報酬を与え、通常業務に対する構成員の（良いあるいは悪い）例外的行動に対して評価を下す。後者は、構成員にインスピレーションや知的刺激を与え、構成員の目的をリーダーの目的に倣わせる。これは第I部における、管理者とリーダーの区別を思わせるが、目的変容型にはカリスマ性がみられるという点で、一線が画されてきた。ここで、論者によっては、このカリスマ性を身につけさせることは可能であり、したがってリーダーは事務処理型である上に目的変容型でもあるべきであるとする。別の論者はカリスマ性を、こしらえることのできない資質であって、危機的事態に反応して発現する生得的なもの、と考えている。またカリスマ性は、リーダーの資質と構成員の欲求、信念、知覚との相互作用から生まれるという見方もある。

　第III部において論じられるのは、集団の置かれている状況とリーダーシップとで、いずれが集団の業績に対する効果が大きいかである。なおここで、既述のリーダーシップ・スタイルの状況適合的見方は、リーダーシップは意味をもつという主張に属する。

　第IV部は、リーダーシップの有効性に限界があることを論じている。1つは、リーダーシップのライフサイクル（life cycle）論である。第1段階で新任のリーダーは、前任者から引き継いだ任務の遂行におわれる。次の段階で、新しく手に入れた権力をもってリーダーは、新しいパラダイム（paradigm：一群の人々に共有される、最も基本的な思考の枠組み、信念）をつくり出し、(集団)

行動の方向を変えるという実験に乗り出す。第3段階は、新パラダイムを固める（再結晶化する）ときであり、新たな仕組みを具体化するための長期的なテーマを選び出す。第4段階で、そのテーマを漸進的に追求するが、最終段階では、蓄積されたリーダーの経験もかつてほどの効果をあげず、そのパラダイムは時代に合わなくなる。

もう1つは、カリスマ的リーダーが失敗する場合である。それには次の3つのカテゴリーがあるという。①カリスマのビジョンが、実は自分個人の欲求の現れにすぎなかったり、資源の観点から無理があったり、あるいは時代に先行しすぎている。②ビジョンには詰めなければならない間隙があるものだということを認めない。③印象を良くしコミュニケーション技術を駆使することによって、人心を操ろうとする（manipulate）。

4 集団間関係――集団から組織へ

第3節第2項にみたように、非公式組織を非公式（小）集団のネットワークから抽出された概念と再解釈できるならば、公式、非公式の集団間関係を論じることは、その意味で集団理論と組織理論とを媒介することになろう。集団理論の側では下記の提案とともに、この問題を明確なかたちで取り上げ始めたと考えられる。

すなわちアルダーファーら（Alderfer, et al., 1982）は、第1節第1項における集団の定義①～③ないし④に、集団と集団との関係を論じる上で必要となる要件⑤～⑦を追加する。

⑤①～③を満たす"集団"の各構成員は、非構成員によっても、その"集団"の構成員として認識される（membership）。

⑥構成員は、個人としてあるいは集まり全体として、別の集団と相互作用（依存）する。

⑦各構成員の役割は、他の構成員、別の集団の構成員、およびどちらの集団にも属さない個人、それぞれの期待に応じて定まる。

これらを公式集団間について例示するならば、部品をつくる人々とそれら

を組み立てる人々がいるとき、部品をつくる各個人が、互いに１つの集団を構成していると認め、組み立てを行う各個人は非構成員であると区別していても（①）、組み立てを行う個人が、部品をつくる人々を集団とみなしていなければ、両者を、組み立てる人々と部品集団の関係として論じることはできず、単に両方の人々全体と部品集団との関係だけが視野に入ることになる（⑤）。

さらに、部品が余っても足りなくても組み立ての速度だけを調整する仕組みになっていれば（一方向の作用、依存）、部品集団の活動は与件であって、集団間の関係を問題にする積極的な理由はなくなる。他方、たとえば各集団構成員間の協議により、部品が余れば組み立ての速度を上げることもあり、部品づくりの速度を下げる場合もある（⑥相互作用、依存）ならば、部品をつくりそれらを組み立てる人々の中に２つの集団を識別する意味が生じるであろう。

最後に、たとえば、部品をつくる各個人は、隣の人の作業速度、組み立て集団の構成員からの注文、工場長の指示などの期待に反応することになる（⑦）。ここでも、３種の期待のどれか１つだけにすべての個人が常にしたがうあるいは反発する場合には、組み立て集団を考慮に入れる必要がなくなることを確かめることができよう。

以上の定義により明らかなのは、それが集団間のネットワーク全体を直接説明しようとするものではないことである。この定義にふくまれない人々（互いに見知らぬ人々）の関係は、メンバーシップを認識し合う関係の連鎖をたどるかたちで、記述されることになろう。この点に留意しつつ、まず、第２節第２項の②における実験に立ち戻る。

この実験における仮説の後半部分は、次のようである。公式集団において、地位を与えられている各個人に対して、その個人の属していない非公式下位集団の構成員も社会的価値（非公式の地位）を与えている。この場合をふくめた結果を言い換えれば、公式集団、非公式集団、属していない非公式集団のうち、より高い非公式の地位を与える集団に、個人は、より強い魅力を感じ

る。そしてこの傾向は、各集団の構成員との相互作用の量が大きいほど高まる。相互作用により、自分の非公式の地位が確認できるからである。したがって、公式集団における非公式集団の機能は、予定調和的なものとはいえない。

次に、第2節第2項(3)における文献の第Ⅳ部では、対立的な非公式下位集団間で争点を明らかにしつつ課業達成度を改善したとも解釈できるプロセスが報告されている (Watson, et al., 1993)。この実験では、4、5人の集団をつくり、構成員が国籍と民族を同じくするという意味で文化を共有する（同質）集団と、それらの異なる（異質）集団とに分けた。後者は2つ以上の国籍と3つ以上の民族をふくむように構成されている。したがって、国籍と民族を同じくする下位集団の構成員数はごく少数となるが、この実験では下位集団内部の過程を問題にしていないことと、1人ひとりが外部の同質的文化集団に属しており観察が17週間におよぶことから、ここで参考にしてよいであろう。各集団に（ケーススタディという）複雑な問題を課した結果、次のような仮説が支持された。①初期において、異質集団は同質集団よりも、相互作用と問題解決の有効性が低い。②この初期の差は、時とともに小さくなる。すなわち、異質集団は、相互理解のためいっそうの議論、工夫を行い、最終段階では問題点の把握と解決案の多様性ではむしろ、同質集団を上回っていた。

とはいえ、各構成員が、自分の属する外部の同質的文化集団に準拠 (reference：判断のよりどころとすること) している時、各準拠集団で共有される価値観しだいで、下位集団内の相互作用は異なったものとなる。たとえば、異質集団における複数の準拠集団が、競争 (competition) に価値を置くという点では一致している場合と、少なくとも1つの準拠集団が協調 (cooperation：協働とも訳される) を重んじる場合とを比較して、コックスらは (Cox, et al., 1991)、後者で協調行動がより多くみられるようになることを報告している。これは下位集団間で、課題を遂行するという目的は共有されており、それを達成するための行動様式が異なる場合である。しかし、準拠集団が課題の遂

行を阻害するような価値をもっていることもありうる。

　さらに、上記のケーススタディのように、目的の達成度を測る物差しが客観的（operational：操作的）ではない場合には、ある下位集団は、教科書通りに分析すること（下位目的）を通じて課題を達成（上位目的）しようとし、別の下位集団は独創的な問題発見、解決を下位目的とするかもしれない。マーチとサイモンによれば（前掲書，Chap. 5）、（下位）目的が集団（個人）間で異なるために、共同の意思決定ができないコンフリクト（conflict：対立）状態は、大別して、①共有できる操作的な上位目的を見出し、これに照らして、一方が他方の目的を変えさせる説得（persuasion）、あるいは②操作的な上位目的を共有せず、互いに譲歩する交渉（bargaining）で解決される。②の場合にも譲歩の方便として、一方が他方の下位目的を共通の目的として認め、相手から別のかたちで譲歩を引き出すこともありえよう。ただし、後に再びコンフリクトが生じたとき、両者の下位目的は元のまま固定されている。

注
1) ちなみに、攻撃的行動と是認的行動に関するホーマンズの論述を要約しておけば、次のようになるであろう。
　⑤行為者の予期した報酬が得られない場合（あるいは予期せぬ罰が与えられる場合）には、失われた報酬（あるいは加えられた罰）の価値（の絶対値）が大きいほど、彼はより大きな怒りを感じ、そのことからくる攻撃的行動の頻度が高くなる。また、この攻撃的行動に報酬が与えられる頻度が高いほど、攻撃的行動の頻度が高くなる。
　⑥行為者の予期以上の報酬が得られる場合（あるいは予期した罰が与えられない場合）には、得た報酬（あるいは免れた罰）の価値（の絶対値）が大きいほど、彼はより大きな喜びを感じ、そのことからくる是認的行動の頻度が高くなる。また、この是認的行動に報酬が与えられる頻度が高いほど、是認的行動の頻度が高くなる。
2) さらに、嫌いな相手が好んでいるものを自分が嫌っている状態は、自分がそれを好んでいる状態よりも、自分にとって（相手にとっても）気分が良く、むしろ交換理論における「報酬」よりも広い意味で、報酬と考えることもできる。均衡理論によれば、この例は安定的均衡状態を表している。均衡理論に即した論述の中にも、この例のような2人は、均衡状態に達し

てから交際を中止するとするものがあるが、そのまま安定した相互作用を続ける例を身近に見出すことも難しくない。しかし、自分が相手に対して自分の好みを行動で表現しているときに当の相手から同意、同感を得られないことは自分にとって罰となるから、ホーマンズの命題①～③によれば、互いに相手から罰を受ける行動すなわち相互作用の頻度は必ず小さくなってしまう。

引用文献

青井和夫『小集団の社会学』東京大学出版会、1980 年

Alderfer, C. P. and Smith, K. K., "Studying Intergroup Relaions Embedded in Organizations," *Administrative Science Quarterly,* 27, 1982, pp. 35-65, in : Gersick, C. J. G. (ed.), 1994.

Asch, S. E., "Effects of Group Pressure upon the Modification and Distortion of Judgements," in : Guetzkow, H. (ed.), *Groups, Leadership, and Men,* 1951. (Cartwright, D. et al. (eds.), *Group, Dynamics,* (2nd ed.), 1960, 三隅・佐々木訳『グループ・ダイナミックス』Ⅰ、10 章に転載)

Barnard, C. I., *The Functions of the Executive,* Harvard Press, 1938. (山本安次郎・田杉競・飯野春樹訳『新訳・経営者の役割』ダイヤモンド社、1968 年)

Bavelas, A., "A Mathematical Model for Group Structure," *Applied Anthropology,* 7, 1948, pp. 16-30.

Bavelas, A., "Communication Patterns in Task-oriented Groups," *Journal of the Acoustical Society of America,* 22, 1950, pp. 725-730, in : Cartwright, D. et al. (eds.), 1960. (三隅・佐々木訳、Ⅱ、35 章)

Bettenhausen, K. and Murninghan, J. K., "The Emergence of Norms in Competitive Decision-Making Group," *Administrative Science Quarterly,* 30, 1985, pp. 350-372, in : Gersick, C. J. G. (ed.), 1994.

Blau, P. M., *Exchange and Power in Social Life,* John Wiley & Sons, 1964. (間場寿一・居安正・塩原勉訳『交換と権力』新曜社、1974 年)

Cartwright, D. and Harary, F., "Structual Balance : A Generalization of Heider's Theory," *Psychological Review,* 63, 1956, pp. 277-293, in : Cartwright, D. et al. (eds.), 1960. (三隅・佐々木訳、Ⅱ、37 章)

Cartwright, D. and Zander, A. (eds.), *Group Dynamics : Research and Theory,* (2nd ed.), Harper & Row, 1960. (三隅二不二・佐々木薫訳『グループ・ダイナミックス』Ⅰ、Ⅱ、誠信書房、1969 年)

Cox, T. H., Lobel, S. A. and McLeod, P. L., "Effects of Ethnic Group

Cultural Differences on Cooperative and Competitive Behavior on a Group Task," *Academy of Management Journal,* 34, 1991, pp. 827-847, in : Gersick, C. J. G. (ed.), 1994.

Deal, T. E. and Kennedy, A. A., *Corporate Cultures,* Addison-Wesley Publishing, 1982. (城山三郎訳『シンボリック・マネジャー』新潮社、1983 年)

Eisenhardt, K. M., "Making Fast Strategic Decisions in High-Velocity Environments," *Academy of Management Journal,* 32, 1989, pp. 543-576, in : Gersick, C. J. G. (ed.), 1994.

Festinger, L. and Aronson, E., "The Arousal and Reduction of Dissonance in Social Context," in : Cartwright, D. *et al.* (eds.), 1960. (三隅・佐々木訳、II、12 章)

Fiedler, F. E., *A Theory of Leadership Effectiveness,* Mc Graw-Hill, 1967. (山田雄一訳『新しい管理者像の探求』産業能率短期大学出版部、1970 年)

French, Jr., J. R. P. and Raven, B., "The Bases of Social Power," *Studies in Social Power,* Ann Arbor, Mich. : Institute for Social Research, 1959. (Cartwright, D. *et al.* (eds.), *Group Dynamics,* (2nd ed.), 1960, 三隅・佐々木訳『グループ・ダイナミックス』II、32 章に転載)

Gersick, C. J. G. (ed.), *Group Management,* Dartmouth Publishing, 1994.

Guetzkow, H. and Simon, H. A., "The Impact of Certain Communication Nets upon Organization and Performance in Task-Oriented Groups," *Management Science,* 1, 1955, pp. 233-250.

Heider, F., "Attitudes and Cognitive Organization," *Journal of Psychology,* 21, 1946, pp. 107-112.

Hilgard, E. R. and Bower, G. H., *Theories of Learning* (3rd ed.), Meredith Publishing, 1966. (梅本堯夫監訳『学習の理論』(上) 培風館、1972 年)

Homans, G. C., *The Human Group,* Harcourt, Brace & Co, 1950. (馬場明男・早川浩一訳『ヒューマン・グループ』誠信書房、1959 年)

Homans, G. C., *Social Behaviour : Its Elementary Forms,* Routledge & Kegan Paul, 1961, Harcourt Brace Jovanovich, 1974 (2nd ed.), (橋本茂訳『社会行動：その基本形態』誠信書房、1978 年)

Jackson, J. M., "Reference Group Processes in a Formal Organization," *Sociometry,* 22, 1959, pp. 307-327, in : Cartwright, D. *et al.* (eds.), 1960. (三隅・佐々木訳、I、6 章)

Kiesler, S. and Sproull, L., "Group Decison Making and Communication Technology," *Organizational Behavior and Human Decision Processes,* 52, 1992, pp. 96-123, in : Gersick, C. J. G. (ed.), 1994.

Lanzetta, J. T. and Roby, T. B., "Group Performance as a Function of Work

Distribution Patterns and Task Load," *Sociometry,* 19, 1956, pp. 95-104.

Leavitt, H. J., "Some Effects of Certain Communication Patterns on Group Performance," *Journal of Abnormal and Social Psychology,* 46, 1951, pp. 38-50.

March, J. G. and Simon, H. A., *Organizations,* John Wiley & Sons, 1958. (土屋守章訳『オーガニゼーションズ』ダイヤモンド社、1977 年)

Newcomb, T. M., *Social Psychology,* The Dryden Press, 1950. (森東吾・萬成博訳『社会心理学』培風館、1956 年)

Schachter, S., Ellertson, N., McBride, D. and Gregory, D., "An Experimental Study of Cohesiveness and Productivity," *Human Relations,* 4, 1951, pp. 229-238, in : Cartwright, D. *et al.* (eds.), 1960. (三隅・佐々木訳、I、8 章)

Shaw, M. E., "Communication Networks," in : Berkowitz, L. (ed.), *Advances in Experimental Social Psychology,* Academic Press, 1964.

Shaw, M. E., "Acceptance of Authority, Group Structure, and the Effectiveness of Small Group," *Journal of Personality,* 27, 1959, pp. 196-210.

Shea, G. P., "Quality Circles : The Danger of Bottled Change," *Sloan Management Review,* 27, 1986, pp. 33-46, in : Gersick, C. J. G. (ed.), 1994.

Simon, H. A., "Administrative Behavior," *A Study of Decision-Making Processes in Administrative Organization* (3rd ed.), The Free Press, A Division of Macmillan Publishing, 1976. (松田武彦・高柳暁・二村敏子訳『経営行動：経営組織における意思決定プロセスの研究』ダイヤモンド社、1989 年)

Snadowsky, A. M., "Communication Network Research," *Human Relations,* 25, 1972, pp. 283-306.

Sonnenfeld, J. A. (ed.), *Concepts of Leadership,* Dartmouth Publishing, 1995.

Watson, W. E., Kumar, K. and Michaelson, L. K., "Cultural Diversity's Impact on Interaction Process and Performance : Comparing Homogeneous and Diverse Task Groups," *Academy of Management Journal,* 36, 1993, pp. 590-602, in : Gersick, C. J. G. (ed.), 1994.

White, R. and Lippitt, R., Leader Behavior and Member Reaction in Three "Social Climates," in : Cartwright, D. *et al.* (eds.), 1960. (三隅・佐々木訳、II、28 章).

参考文献

大渕憲一編著『紛争解決の社会心理学』ナカニシヤ出版、1997 年

狩野素朗編『対人行動と集団』ナカニシヤ出版、1995 年

R. ブラウン著（黒川正流・橋口捷久・坂田桐子訳）『グループ・プロセス：集団内行動と集団間行動』北大路書房、1993 年
T. E. ディール・A. A. ケネディ著（城山三郎訳）『シンボリック・マネジャー』新潮社、1983 年
G. C. ホーマンズ著（馬場明男・早川浩一訳）『ヒューマン・グループ』誠信書房、1959 年

第III章

組織構造

　企業組織はヒト・モノ・カネ・情報という経営資源の集合体としてみることができる。しかし、これらの経営諸資源も、経営者によって適切に管理・調整されなければ、ただの資源の塊にすぎない。これらの経営諸資源から有効なサービスを引き出し、適切な体系的関係のもとに結びつけ、一定以上の能率と有効性を達成できるようにするのが組織である。ここで組織とは「2人以上の人々の意識的に調整された諸活動・諸力の体系」(Barnard, 1938) である。このような諸活動・諸力が経営資源に作用して、それらから適切なサービスを引き出すことに成功する場合にのみ、企業は優れた業績をあげることができる。このような意味で企業は、経営資源の集合体という側面と管理組織という側面とを合わせもつ社会的制度なのである (Penrose, 1959)。

　この章では、現代企業の典型的な姿である株式会社を前提とし、その組織構造がどのようにつくられているのか、それはなぜ、どのように機能するのかを学習していく。

1　組織構造の意味と概念

1　組織構造の概念

　「組織構造」には、広義の概念と狭義の概念がある。広義の「組織構造」とは、社会体系における「人間行動の連結パターンのうち比較的安定した側面」を意味する (March and Simon, 1958)。ここで「比較的安定した側面」というのは、規則的にもしくは繰り返し同じ行動パターンが観察されるという

ことを意味している。

そもそも私たちが一般に物理的システムについて「構造」という概念を用いる場合、そのシステムにおける構成要素間の連結パターンを意味する。物理的な建造物を例にとれば、天井、壁、梁、窓、柱等の要素が連結しているパターンが異なれば、その「構造」もまた異なることは自明だろう。人間の行動を要素とする社会的組織では、人間行動の連結パターンが構造を意味することになるが、人間行動は物理的構造物と違って柔軟性が高いため、そこには偶然に発生する相互作用もふくまれてしまう。そこで、人間行動の連結パターンのうち偶発的なものを除いた「比較的安定した側面」のみについて考えるのが、広義の「組織構造」の概念なのである。

企業組織の中を観察すれば、ある人に誰が何を命令するか、仕事はどのように進めるか、仕事の成果を誰にどのような様式で報告するか、いつどこで誰とともに働くか、などについて、きわめて安定的・規則的なパターンがあることに気づくだろう。こうした相互作用の全体のパターンが、組織構造なのである。

2　組織構造と組織文化

ところで組織において人々の行動の相互作用に安定的なパターンがみられるのは、組織メンバーが何らかの意味であらかじめ決められた体系的な規則や手続き、メンバー間に共有された信念やコードなどにしたがって行動するからである。すなわち、あらかじめ決められたこれらの規則・手続きの体系があるからこそ、組織は広義の構造をもつ。

こうした規則・手続きなどの体系には、公式に文書化されているものと、文書化されておらずメンバー間に暗黙に共有されているものとがある。そこで、公式に文書化された規則・手続きの体系を、狭義の「組織構造」といい、一方、メンバー間に暗黙に共有された信念・コードなどの体系を「文化構造（組織文化）」という。狭義の「組織構造」のうち、主要な機関・部門の相互関係パターンを「組織形態」といい、それを鳥瞰図的に示したものが「組織

図」である。

　この章では、狭義の組織構造、組織形態そして組織の文化構造を順に取り上げていこう。

3　組織構造の構成要素

　公式に文書化された規則の体系としての組織構造は、その構成要素である職務と、職務間の関係によって記述することができる。

（1）　職務・権限・責任

　公式の組織構造を構成する基本的な単位は「職務」である。職務は、個人に割り当てられた仕事内容を意味し、各個人が何を、いつ、どのような状況の下で、いかなる方法で行うべきか、その判断の結果を誰に報告すべきかなどを規定している。具体的な職務の内容は、「職務明細書」や「標準業務手続」とよばれる文書に記載されている。

　職務には必ず権限と責任が伴っている。一定の自由裁量をもって行動する権利を一般に「権限」という。企業組織では、職務につく個人の権限と、組織が個人に対してもつ権限の2種類がある。

　第1に組織構成員が職務を遂行するには、それに必要な資源を自由に使用することができなければならない。会社の机やコンピュータなどの備品、紙やペンなどの消耗品、そして部下という人的資源を使用することができなければ、職務を遂行できないだろう。こうした組織内の資源を自由裁量をもって使用する権利を「権限（職務権限）」という。

　第2に組織は、個人がどのような職務を担当するのかを決める必要がある。個人がもつ職務権限は、組織メンバーにどのような職務を割り当てられるかによって変わる。このように組織は個人に対し、担当する職務を割り当てる権利としての「権限」をもっている。この組織が個人に対してもつ権限は、一般に組織と個人の間で結ばれる雇用契約を前提としている。雇用契約とは、企業に採用される時点で結ばれる契約の1つで、個人がどのような職務を担当するのかを、一定の制約の範囲内で企業が決定する権利をもつことに同意

する契約なのである。

権限が権利であるのに対し、責任とは、職務を遂行する義務である。したがって、もし課せられた職務を遂行できない場合には、すなわち責任を果たすことができない場合には、何らかの罰を受けることになる。

（2）会　議

組織において職務・責任・権限を担うものには、個人の他に「会議」がある。会議は、複数の人間による対面的な意思疎通を特徴とする共同意思決定機関であり、その意思決定のしかたによって、次の3つの型に分類できる。

第1の型は「委員会」で、最終意思決定が多数決によって行われる会議である。これに対して、最終意思決定が全会一致で行われる会議は「交渉会議」とよばれる。第3の型は「指示伝達会議」とよばれるもので、最終決定が特定の1人の意思決定によって行われる会議をいう。いずれの型の会議であっても、最終意思決定はその会議としてなされるものであり、責任・権限も会議が担うことになる。それぞれの会議に割り当てられた職務によって、適した型式が選択される必要がある。

（3）責任―権限関係

個人もしくは会議に割り当てられた職務が、組織構造を構成する部品だとすれば、それらは責任―権限関係によって相互に関係づけられる必要がある。組織構造を構成する権限関係には、①ライン関係、②並列関係、③スタッフ関係の3つの基本型がある（稲葉，1979）（図Ⅲ-1参照）。

1．ライン関係

ライン関係とは、いわゆる管理者―部下の関係である。ある職務を与えた管理者が、部下という経営資源を使ってその責任を果たすわけであるから、管理者は少なくとも次の5つのライン権限をもつ必要がある。すなわち、

①役割に適した部下を選択すること

②遂行すべき部下の職務を定義すること

③仕事の環境条件を整備すること

④仕事の結果について評価すること

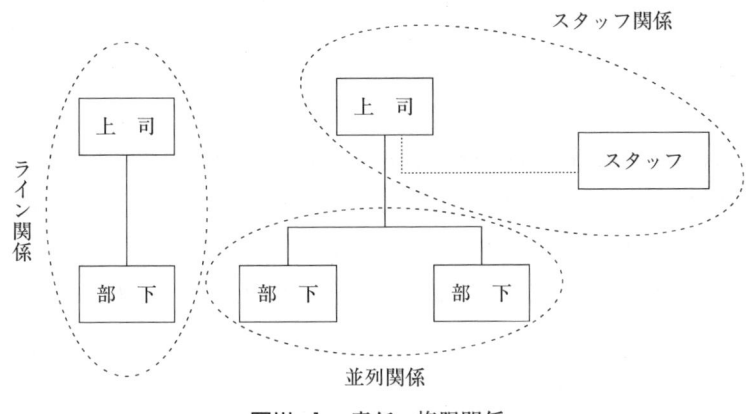

図Ⅲ-1　責任—権限関係

⑤賞罰を与えること

である。ライン関係とは、このようにライン権限によって特徴づけられる関係である。ライン権限をもつ上司は、その部下が行った仕事の結果に対して責任を負うことになる。

2．並列関係

　並列関係とは、相互依存関係をもっているが、お互いに他方に対して何の権限ももたない関係である。一般には同列の管理者と考えられる者相互の関係で、製造企業において営業部長と製造部長の関係などは、これに該当する。組織は分業をするため、多かれ少なかれ並列関係に置かれる職務をもつが、それらの間の調整は、それぞれに対してライン権限をもつ共通の上位管理者によってのみ行われるため、並列関係は上位管理者の調整負担を増加させる可能性をもつ。この上位管理者による並列関係の調整の限界が、統制の幅 (span of control) とよばれるものである。

　たとえばある商品の売上高が目標を達せられない場合、その第一義的な責任は営業部長が負うが、もしかすると製造部門での品質に問題があるために、商品が売れなかったことも考えられる。その場合、営業部長は製造部長に何の権限ももたないため、両者の調整は両者共通の上司たる事業部長や社長が

行うことになる。

3．スタッフ関係

スタッフ関係とは、ある役割担当者が、定められた範囲内で、他の人に対してライン権限以外の権限をもつ関係をいう。たとえば、ある管理者が新しい情報技術を導入して部下の仕事のしかたや勤務形態を変更するために、情報技術や法律などの専門領域を利用する場合、このようなスタッフ関係が生じる。この場合、スタッフは、指示した相手に対して、その仕事の結果責任をもたない。

組織は分業、専門化を基準としているから、各個人もしくは会議体の職務は、以上に述べたような3つの責任—権限関係のいずれかによって、互いに関係づけられている。

2　トップマネジメント組織と主要機関

企業のトップマネジメント組織は、法律によって規定される部分が大きく、株式会社であれば基本的に共通の構造をもっている。これに対し、部門組織以下は、各企業が独自にデザインすることが可能な部分である。この節では現代企業の典型的な形態として「株式会社」を前提として、まずそのトップマネジメント組織を検討していく。

ところで「会社」とは、営利を目的とし、商法の規定により設立された社団を意味し（商法52条）、法律上、権利・義務の主体となりうるという意味において「法人格」をもつ。したがって会社は、それ自体が独立・固有の意志をもち、活動を展開するものとして認識される。しかし現実には「会社」という実在が、それを構成する人々とは独立して存在するわけではない。会社の意思や活動は、一定の地位にある人間の意思または行為によって実現される。そこで法律上、会社の意思あるいは行為と認められる意思決定または行為を行う組織上・構成上の存在を「機関」という。組織理論では、個人が組織人格と個人人格という二重の人格をもつと考えるが、法律的には、この

```
                    ┌──────────┐
                    │ 株主総会 │
                    └────┬─────┤
                         │     │┌────────┐
                         │     ├┤ 監査役 │
                         │      └────────┘
  ┄┄┄┄┄┄┄┄┄┄┄┄┄┄┄┄┄┄┄┄┄│
受託経営者層          ┌────┴─────┐
                      │ 取締役会 │
                      └────┬─────┘
  ┄┄┄┄┄┄┄┄┄┄┄┄┄┄┄┄┄┄┄┄┄│
執行経営者層          ┌────┴─────┐
(全般管理)            │  社  長  │
                      └────┬─────┘
                      ┌────┴──────┐
                      │  常 務 会 │
                      │(経営委員会)│
                      └────┬──────┘
  ┄┄┄┄┄┄┄┄┄┄┄┄┄┄┄┄┄┄┄┄┄│
部門管理者層      ─────┴─────
```

図III-2　トップマネジメント組織と主要機関

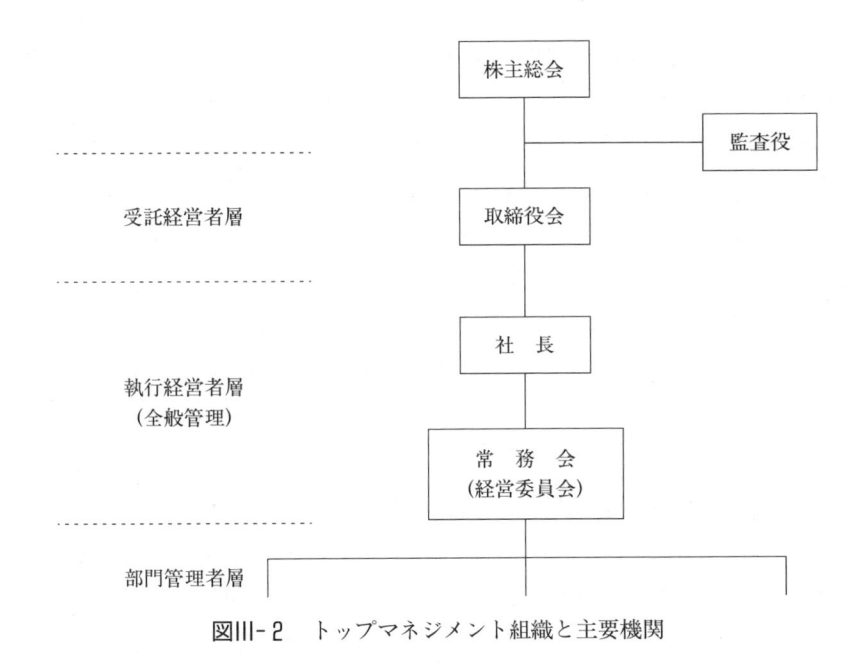

組織人格にもとづく意思決定・行為が、「機関」の意思決定・行為に相当する。

株式会社におけるトップマネジメント組織を構成する主要機関には、(1)会社の基本的意思決定を行う株主総会、(2)業務執行および会社代表機関としての取締役会ならびに代表取締役、(3)業務監査・会計監査を担当する監査役などがある(図III-2参照)。これらはそれぞれ国家統治における国会、内閣、司法に相当する三権分立の思想に影響されて、機関相互間のチェック・アンド・バランスによる調整の実現が期待されている。

1　株主総会

株主総会は、株主によって構成される最高の法定議決機関である。株主総会はその議決が、議決権のある株式数を基礎に多数決にもとづいて権威づけされる委員会型式の会議体である。毎年1回、決算確定後に開催される定時

株主総会と、必要に応じて開催される臨時株主総会があり、いずれも取締役会が招集する。

　株主総会の権限は、商法ならびに定款に定められた事項に限られている。元来は企業の所有者たる株主によって構成される株主総会は、会社に関するすべての意思決定を行うことができるはずである。しかし、所有と経営が分離してきた現代においては、所有者である株主の権限が大幅に制限されてきている。株主総会の基本的な権限は、取締役の選任と計算書類の承認を中心としたものになっている。すなわち株主の利益は基本的に彼らが選任する取締役に託され、決算書類を通じて実際に経営を行う取締役の業績評価をするのである。

　株主総会の決議事項には、普通決議事項と特別決議事項がある。普通決議事項には、取締役・監査役等の選任、計算書類等の承認、配当可能利益の資本組入、会計監査人の選任・解任などがふくまれる。総会の定足数は発行株式総数の過半数にあたる株式を有する株主とし、出席株主の過半数の議決権の行使をもって決定する事項であるが、この定足数は定款で変更できるため、多くの大企業では単に出席株主の議決権の過半数で決めることにしている。これに対し特別決議は、定足数を定款をもってしても緩和することができず、出席株主の議決権の3分の2以上の多数をもって決する決議である。法定の特別決議事項には、定款の変更、株式の併合、取締役・監査役の解任、会社の解散・合併などがふくまれる。

2　取締役会

　取締役会は、株主総会において選任された取締役（任期2年）を構成員とする会社機関である。取締役会は、全取締役の過半数を定足数とし、各取締役は1人1議決権をもち、出席取締役の過半数をもって決議を行う会議体である。株主総会と取締役会は、ライン関係によって結びつけられている。取締役会は株主の利益を代表して企業経営に関する基本方針を決定し、代表取締役ならびに業務担当取締役の業務執行の評価をするとともに、資産の保護

表Ⅲ-1　取締役会の付議基準

1．株主総会に関する事項
　①株主総会の招集および
　　その議題ならびに議案
　②株主名簿の閉鎖または基準日の設定
2．決算に関する事項
　①計算書類およびその付属明細書の作成
　②会計監査人との監査契約の締結
3．役員に関する事項
　①代表取締役および役付取締役の選任
　②担当業務の決定
　③取締役社長に事故あるとき
　　株主総会の議長となる取締役の決定
　④取締役会規則の改正
　⑤競業取引の承認
　⑥取締役と会社の取引の承認
　⑦常勤取締役の他会社役員等への
　　就任の承認
　⑧取締役報酬・賞与の配分
　⑨常務会規則の改正
4．株式に関する事項
　①新株の発行
　②準備金の資本組み入れおよび
　　これによる新株の発行
　③株式の分割
　④額面・無額面株式間の転換
　⑤中間配当の実施とその配当額の決定
　⑥株式取り扱い規則の改正
　⑦株式名義書換代理人および
　　その事務取り扱い場所の選定
5．人事・組織に関する事項
　①部長以上の人事
　②新規従業員採用計画
　③従業員の給与および
　　賞与の支給に関する基本方針
　④重要な労働協約の締結・変更
　　もしくは就業規則の重要な変更
　⑤部長以上の賞罰
　⑥部以上の組織単位の新設・改廃
　⑦本社または営業所・工場・研究所の
　　新設・変更
6．営業に関する事項
　①長期および年間の事業計画
　②年間予算案
　③新規事業計画
　④経営上重要な業務提携または共同事業
　⑤1件金○百万円以上の出資
　⑥経営上重要な契約の締結
7．資産に関する事項
　①1件金○百万円以上の資産の
　　取得または譲渡
　②1件金○百万円（簿価）以上の
　　資産の貸与もしくは用益権の設定
　③1件金○百万円（簿価）以上の
　　資産の担保権の設定（年間借入計画
　　で承認されたものを除く）
8．資金に関する事項
　①社債（転換社債および新株引受権付
　　社債をふくむ）の発行
　②取引銀行その他の金融機関の決定・変更
　③年間資金計画
　④年間借入計画および借入限度額の設定
　⑤1件金○百万円以上の貸付または他
　　人の債務の保証（手形保証をふくむ）
　⑥短期保有有価証券の取得限度額の
　　設定およびこの限度を超える取得
9．その他
　①経営上重要な訴訟および和解
　②経営上重要な紛争についての解決
　　方針および示談（民事調停法による
　　調停をふくむ）
　③顧問または相談役の委嘱
　④その他業務執行上重要または異例な事項
　⑤株主総会から委任された事項

出所：稲葉（1990）pp. 23-24。

と効果的活用に責任を負う、「受託経営層 (trusteeship management)」を構成する。

　取締役会は基本的に必要に応じて開催される。現実には企業は、取締役会規則によって特定の日時に開催される定例取締役会（たとえば、毎月第2木曜日）と、随時開催される臨時取締役会を定めている場合が多い。

　取締役会の職務権限は、法令および定款に定められたものの他、取締役会規則によって定められている。株主の利益に直接影響を与える、株式の発行や登記に関する事項、利益処分や資本構成に関する意思決定、会社の成長・発展にかかわる経営戦略や組織構造の決定、それを執行する主要管理者の選任・解任ならびにその業績評価と報酬の決定などがふくまれる。より具体的に取締役会に付議すべき事項の例としては、表Ⅲ-1のようなものがふくまれる。

3　代表取締役

　代表取締役とは業務執行機関として、対外的に会社を代表する常置機関であり、また取締役会が決定した経営の基本方針にしたがって業務の執行責任を負う機関である。代表取締役は、取締役の中から取締役会において選任され、また取締役会で解任される。代表取締役は複数置くことができ、一般には社長の他、副社長、専務・常務、会長などの全般管理者がこれにあたることが多い。

　ここで「代表」とは、法人の機関の行為が、法律上、法人そのものの行為としてみなされることを意味する。また「対外的に」というのは、政府機関、労働組合、各種市民団体、金融機関、同業他社、供給業者、顧客、一般消費者などと交渉する場合に、組織を代表する権限をもつことを意味している。

　代表取締役が会社を代表するためには、当然に業務執行権限をもつことが不可欠である。したがって、代表取締役は、株主総会や取締役会で決められた経営の方針にしたがって業務執行するとともに、取締役会から委任された

範囲で自ら意思決定し、これを執行する権限をもつ。

　代表取締役の法定の職務権限には、定款・株主名簿等の備え置き、株主総会・取締役会議事録の備え置き、計算書類・付属明細書の作成および取締役会・監査役・会計監査人への提出および監査報告書の備え置き、計算書類の株主総会への提出および貸借対照表・損益計算書の公告、株券その他の証書への署名、商法上登記すべき事項の登記などがふくまれる。その他、代表取締役の一般的な職務内容には、取締役会で決定した経営方針にもとづく事業計画の作成、各業務活動の組織・指揮・統括・調整、予算管理、重要な契約の処理、部門管理者以下の人事・賞罰の決定、労働組合との団体交渉などがふくまれる。

4　全般管理者会議

　現代の大企業では、取締役会は月に１、２回程度しか開催されず取締役の数も多いため、機動的に経営意思決定することが困難になっており、一方で、代表取締役だけでは複雑かつ多様な専門領域にわたる経営問題を処理することも難しい。そのため多くの企業では、取締役会メンバーの一部（たとえば、社長、副社長、専務取締役、常務取締役など）によって構成される全般管理者会議を組織している。一般には、「常務会」、「経営委員会」などとよばれ、週に１、２回開催されている。

　全般管理者会議は法定の機関ではないが、常務会規則などによって運営される企業の公式の機関である。その制度上の性格は、代表取締役社長の諮問機関あるいは協議機関である場合、また合議決定機関である場合もある。この全般管理者会議の一般的な職務には、以下のようなものがふくまれる（稲葉，1979）。

　①職務、責任、権限を明確に定めかつ適正に配分することによって、能率的で有効性のある組織構造を維持すること。
　②すべての職位に真に適材の人員を配置すること。
　③全般的目標を将来まで見通して計画すること。

④資本支出、要員、給与、製品、価格等のごとき全般的業務活動に対し効果的な制御方式を維持する。
⑤取締役会から委任された権限内ではあるが、部門の長に委任した権限を超えた範囲の主要な設備予算、収支予算、任命および俸給の変更を、規定されたそれらの制御方式にしたがって審査し承認すること。
⑥取締役会に対して、その決議を必要とする事項について勧告すること。
⑦主要な業務遂行計画の総括的調整をなすこと。各部門の業務およびその実績を監査すること。

全般管理者会議は、多くの場合、取締役会に対しその決議を必要とする事項について勧告する実質的権限をもっている。これは、全般管理者会議のメンバーの方が、その企業の実務について詳しい情報と知識をもっているからである。しかし、そのために、本来は取締役会によって監督されるべき執行担当経営者や全般管理者たちによって、取締役会の意思決定が左右されてしまい、株主の利益を受託するという取締役会の本来の機能が損なわれることもしばしばおこる。このことを、「取締役会の形骸化」という。適切なコーポレートガバナンスを確保するために、最近では執行役員制などを導入して、取締役会と全般管理者会議の機能分担を明確化し、構成員が重複しないようにする企業も増えている。

5 監査役・監査役会

監査役は、取締役の職務執行を監査する常設の機関である。監査役は株主総会において選任され、任期は3年である。任期中でも、株主総会の特別決議によって解任されうるが、不当であると思えば株主総会で意見を述べることができ、その意味では監査役の地位は、法的に保護されている。大会社（資本金5億円以上または負債総額200億円以上）の場合、3人以上の監査役が必要で、うち1人以上は社外監査役でなければならない。中小会社の場合には、監査役は1人でもよい。

ここで監査とは、会社の業務執行に関する取締役の行為およびその活動の

結果である財産状態について、それに利害関係をもつものの要請に応じて、当事者以外の第三者が調査し、その結果を報告することを意味する。前者を業務監査、後者を会計監査という。

　監査役は、基本的に業務監査・会計監査の両方の権限をもつ。大会社の場合には、公認会計士または監査法人を会計監査人として選任し、これによって決算監査をさせなければならないため、監査役の権限は相対的に業務監査に重点が置かれることになる。しかし、会計監査人は、会社とは事務委託契約を行うものであり、監査役のような会社の機関ではない。

　監査役の権限には、次のようなものがふくまれる。第1に、監査役は取締役およびその他の使用人に対し、いつでも営業の報告を求めることができ、また会社の業務・財産の状況を調査する権限をもっている。第2に、取締役会が違法ないし著しく不当な決議をすることを防止するために取締役会に出席して意見を述べることができ、また取締役の違法措置の可能性を認めた場合には、取締役会に報告することを必要とする。そのため監査役は、取締役会の開催を請求できるとともに、場合によっては自ら招集することもできる。第3に会社と取締役の間で訴訟がおきた場合には、監査役が会社を代表する。会社が取締役に対して訴訟をおこすか否かも監査役が決定することになり、株主が代表訴訟の請求をする相手方も監査役となる。

　なお、大会社の場合、監査役全員で監査役会を組織しなければならない。監査役会は基本的に多数決で決議する委員会であるが、会計監査人の解任決議は全員一致で行う。監査役会は、各種の書類や報告を受ける権限の他、監査報告書の作成に関する権限をもっている。

3　部門組織の形態

　トップマネジメント組織は、法律によって定められた機関によって構成されるため、どの企業も基本的には共通の構造をもっている。これに対し、部門以下の組織構造はそれぞれの企業によって自由に設計できるため、その企

業が展開する経営戦略や直面する経営環境によって異なる。ここでは、基本的な組織形態を紹介するとともに、今日重要性を増してきている国際化への組織的対応について説明していこう。

１　機能部門別組織

　組織構造デザインの基本形は、機能部門別組織である。これが基本形であるというのは、組織が構造をもつ根本的理由である「専門化の利益」を基礎として、効率性を達成するようデザインされているからである。その意味では、他のあらゆる組織構造にも、多かれ少なかれこの機能別組織編成がみられる。

　本社と部門との垂直的分業関係は、本社が戦略的意思決定と部門間の管理的意思決定を担当し、それぞれの部門は業務的意思決定を担当する。部門間の水平的分業関係は、類似の専門能力を基礎とする職能をグループ化し部門とするものである（図Ⅲ-3）。具体的には、財務、製造、研究開発、営業など、ビジネスプロセスを専門能力別に分断したものと、人事・労務、法務などの専門能力を必要とするスタッフ部門を構成することが一般的である。

　この組織の長所は、まず第1に専門化の利益を得られることであり、第2にそれに伴う規模の経済を達成できることにある。その結果、非常に高い効

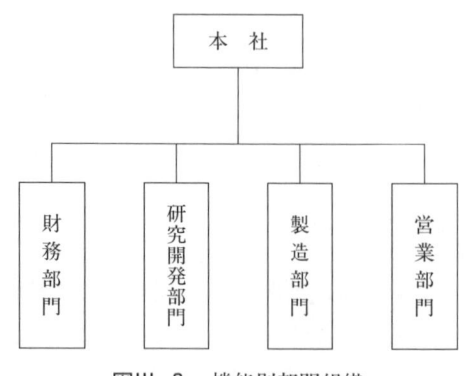

図Ⅲ-3　機能別部門組織

率性を得ることが可能になる。

　機能部門別組織がこのような長所を十分に発揮できるためには、第1に専門化の前提としての環境の安定性があることが必要である。環境の変化が激しくなると、専門化の基礎となる行動プログラムが急速に陳腐化してしまう。第2に部門間調整コストが、専門化の利益から得られる効率性を超えるほど大きくならないことが必要である。そのためにはまず、専門分化を行うのに十分な規模を実現することが必要であろう。一方、製品ラインを多様化したり、複数の異なる市場分野に進出したりすると、専門化した部門を超えた調整の必要性が高まるため、本社の情報処理負担が増加してしまう。本社が部門間の調整に追われると、いわゆる「計画におけるグレシャムの法則」が働くため、本社が戦略的意思決定をできなくなってしまう。またこの組織の場合、部門の長が基本的に特定業務分野のスペシャリストとなっているため、次世代の本社要員、とりわけ複数の異なった部門の調整を行い戦略的意思決定を行えるジェネラリストを育成することが困難になる。

　実際この機能部門別組織の上記のような限界は、企業が製品面であるいは地理的に多角化したり、技術革新など環境変化の速度が非常に速くなってきた場合にあらわれてきた。たとえばデュポン社の場合には、火薬専業メーカの段階では、機能部門別組織を採用していた。機能部門別組織のまま、製品多角化戦略を採用した結果、高い専門化の利益は得られたものの部門間調整のコストが飛躍的に増大し、トップマネジメントは「どうして利益があがらないのかわからない」という状況に置かれてしまったのである。その結果、デュポン社は次に述べる事業部制組織を開発するにいたったのである (Chandler, 1962)。

2 事業部制組織

　事業部制組織における本社と部門との垂直的分業関係は、本社が戦略的意思決定を担当し、各事業部門は管理的意思決定と業務的意思決定を担当する。事業部門間の並列的分業関係は、類似の製品—市場分野ごとに関係する複数

```
                    ┌─────────┐
                    │  本 社  │
                    └────┬────┘
        ┌────────┬───────┼────────────┬─ ─ ─ ─ ─
    ┌───┴──┐ ┌───┴──┐ ┌──┴─────┐ ┌────┴────┐
    │財務部門│ │基礎研究所│ │A製品事業部│ │B製品事業部│
    └──────┘ └──────┘ └──┬─────┘ └────┬────┘
                    ┌──────┼──────┐ ┌──────┼──────┐
                   研究  製造  営業 研究  製造  営業
                   開発  部門  部門 開発  部門  部門
                   部門              部門
```

図Ⅲ-4　事業部制組織

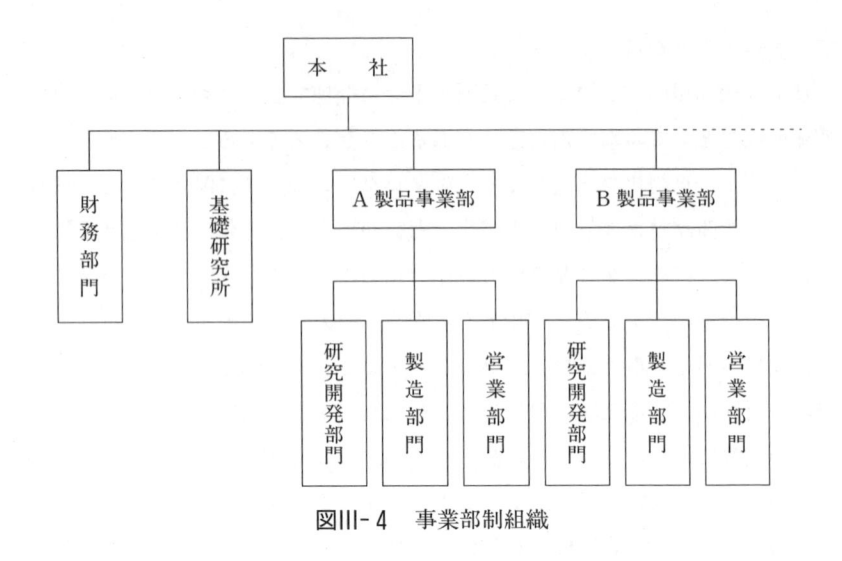

の職能をグループ化し部門とするものである（図Ⅲ-4）。したがって各事業部は、担当する製品—市場分野に権限が限定された生産、研究開発、営業などの諸機能を統合している。また財務、人事・労務、法務など、特定の製品—市場分野とは独立した専門能力を必要とする機能は、本社内または事業部と並列に構成されるのが一般的である。事業部の中は、機能別部門編成になっている。その意味では、各製品事業部は、それ自体があたかも小さな企業のようなかたちになっており、そこで収入と費用が計算できる「利益責任単位（profit center）」として管理される。

　事業部制組織の主な長所は、第1に各事業部の内部が機能別に編成されていることから、事業部レベルでの効率性・規模の経済が達成されることである。第2に事業戦略や機能間の調整が事業部レベルで行われ、事業部ごとに独立した利益計算が可能となるため、本社への情報処理負担を増加させることなく、広範な製品—市場分野へ多角化した企業の経営が可能になる。その結果、本社は長期的な経営戦略の決定に集中することができる。第3に各事業部長はあたかも小さな会社の社長のような権限をもつため、責任を明確にすることができるとともに、利益責任単位の長として動機づけでき、効果的

に全般管理者の育成を行うことができる。第4に、本社と事業部の間には、通常の資本市場メカニズムとは異なる内部資本市場が形成されるため、外部の資本市場では資金調達できないような新規事業や利益率の低い事業にも傾斜的な資本の配分が可能になる。

　事業部制組織が有効に機能するには次のような条件が必要である。第1に、各事業部内部は機能別に組織されているため、事業環境がある程度安定しており、また一定以上の規模をもっていることが必要である。第2に、会社全体として一定以上の製品—市場分野のバラエティーをもっている必要がある。そうでなければ事業部に分割することによる、機能の重複のコストの方が大きくなってしまうからである。第3に、本社に分権化した事業部を統制する能力が要求される。多くの会社では、投資利益率を基準とした、デュポン式財務統制方式が用いられている（図III-5）。

　このような事業部制組織にもいくつかの弱点がある。第1に、事業環境の変化が激しい場合、とくに既存の事業構造が変わってしまうような変化がおこる場合には、事業部レベルでの適応はできなくなる。事業部レベルで、当

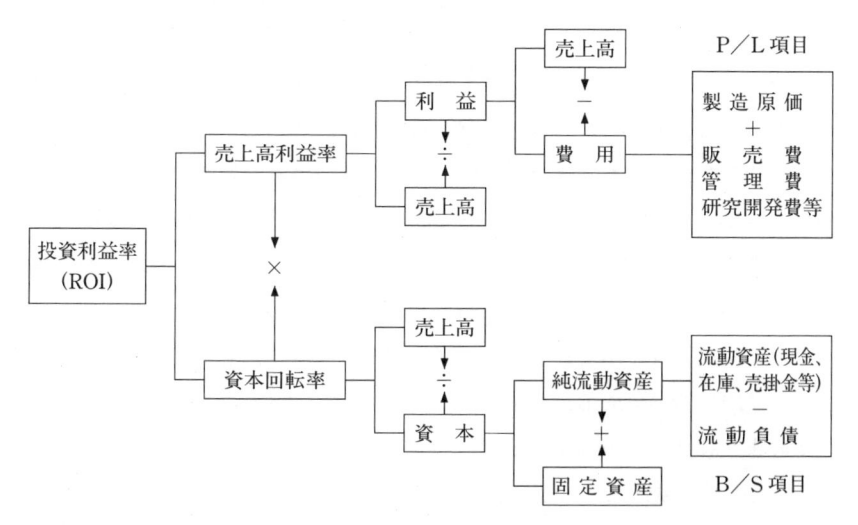

図III-5　デュポン式財務統制方式

該事業部の存在意義を否定するような意思決定はできないからである。第2に、各事業部は自部門の利益を優先するため、他の事業部との連携がとりにくい。この組織のカベが存在すると、複数の事業部にまたがる事業プロジェクトや新規事業がおこりにくくなる。第3に、事業部の数が増えるにしたがって、それらを調整したり共通業務の量が増えるために、本社組織が肥大化する傾向がある。こうした弊害を除去するために、関連した事業部をグループ化して事業本部制をしく場合がある。しかしその場合には、事業部と事業本部および本社との権限関係があいまいになる可能性をもっている。

　以上のように事業部制組織は、多角化した事業群を利益責任単位ごとに事業部として管理する点に特徴がある。この利益責任単位を構成する基準については、上で述べた製品―市場分野の他に、顧客別（大口顧客・小口顧客、政府公官庁等）や地域別（国内・海外、アジア・アメリカ・ヨーロッパ等）に分類する基準がある。それぞれ製品事業部制、顧客別事業部制、地域別事業部制などとよばれている。

　また事業部の数が多くなると、本社の管理負担・情報処理負担が大きくなってしまう。そのような場合、関連する複数の事業部を束ねるように事業本部を設置する事業本部制がとられることがある。

　このように事業部制もしくは事業本部制は、いずれも既存の事業群を本社がどのように管理するかという視点から設計される。しかし多角化の程度が高くなり事業部・事業本部の数が増えてくると、本社が複数の事業部本部を統合するような戦略的意思決定を効果的に作成することは困難になる。このような場合、事業部もしくは事業本部に、担当する事業もしくは事業群に関する戦略的意思決定権限を与える必要が生じる。このように、本来管理目的のために編成された事業部もしくは事業本部に戦略的意思決定権限を与えたものをSBU（Strategic Business Unit：戦略事業単位）ということがある。

　このように多角化が進み、SBUが戦略的意思決定権限までもつようになると、それらは独立した企業に近い自律性をもつことになる。この自律性・独立性をより進めた組織が「社内カンパニー制」とか「社内分社制」とよば

れるものになる。さらに法的にも独立した会社形態にすると、本社は「持ち株会社（holding company）」となる。

3 横断的組織と変化への適応

　機能部門別組織や事業部制組織の問題点は、多角化戦略の採用や環境の変化、並列関係にある複数部門にまたがる調整や革新の必要性が増すにしたがって、より深刻になる。それぞれの部門は互いに他の部門に対する権限をもっていないため、調整・問題解決は基本的に本社が行うことになり、本社が過剰な情報処理負担を負うことになるからである。

　横断的組織とは、関連する並列部門間に横断的なコミュニケーションと意思決定プロセスを導入することを通じて、同レベルの管理者同士が連絡をとり、協力をしつつ自分たちで問題解決を志向していく組織形態である。この種の組織は、製品市場の需要動向の変化や製品イノベーションなど、変化・革新を目的として採用される。ここでは、横断的組織の例として、プロジェクトチーム制組織とマトリックス組織を紹介していこう（Galbraith, 1977）。

　（1）　プロジェクトチーム制組織

　プロジェクトチーム制組織は、基本的には機能部門別組織の構造をもちながら、実際の業務はプロジェクトチームによって行う組織である。プロジェクトチームは事業または課題ごとに編成され、そのメンバーは各機能部門から派遣され、プロジェクトリーダーによって管理される。したがって、戦略的意思決定の権限は本社に属するが、管理的決定・業務的決定権限はプロジェクトマネジャーに属する。特定の課題解決や新製品開発などを目的とする場合、あるいはプラント輸出などを行うエンジニアリング会社などがこの組織形態をよく採用する（図Ⅲ-6）。

　プロジェクトが終了すると、メンバーは各機能部門に戻ることになる。そのため、機能分野別の専門能力は蓄積されやすいが、プロジェクトとしてのノウハウの蓄積が必ずしも有効に行われるとは限らない。また時系列の中でプロジェクト間の学習が進まず、ノウハウの蓄積が難しいという問題がある。

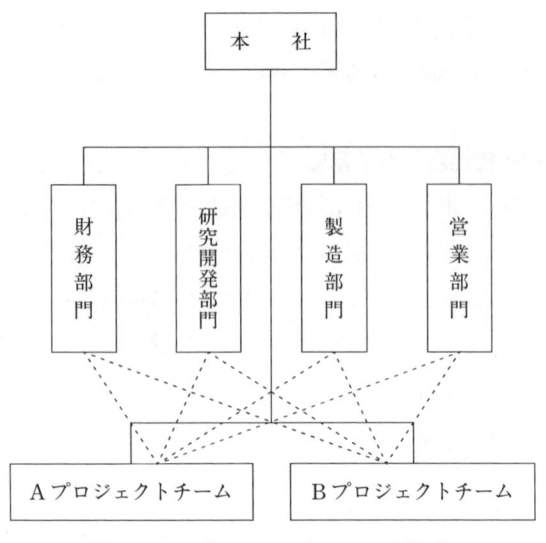

```
                    ┌─────┐
                    │本 社│
                    └──┬──┘
      ┌────────┬───────┼───────┬────────┐
   ┌──┴──┐ ┌──┴──┐ ┌──┴──┐ ┌──┴──┐
   │財務 │ │研究 │ │製造 │ │営業 │
   │部門 │ │開発 │ │部門 │ │部門 │
   │     │ │部門 │ │     │ │     │
   └─────┘ └─────┘ └─────┘ └─────┘
```

図Ⅲ-6　プロジェクトチーム制組織

したがって規模の経済性を犠牲にしてでも、各回のプロジェクトにおける柔軟性や革新性を確保することが最優先される場合に採用される。

（2）　マトリックス組織

　マトリックス組織は、変化の速い環境のもとで、機能部門別組織や事業部制組織がもつ弱点を克服し、機能別専門化の利益と事業としての柔軟な環境適応という利点を同時に追求するためにデザインされる組織である。複数の多角化事業をもつ企業で、各事業部が完全に独立した事業単位ではなく、技術やマーケティングといった機能面での調整の必要性が高い場合に、機能別のマネジャーを置き、事業部に横串を刺すような横断的関係を築くことが必要になるからである（図Ⅲ-7）。

　一般にマトリックス組織の基本構造は、機能別に組織を管理する軸と、事業もしくはプロジェクト別に管理する軸の2つの軸によって編成される。したがって組織成員は、同時に2人の上司、すなわち機能別管理者（ファンクショナルマネジャー）と事業別管理者（プロジェクトマネジャー）の権限に服して

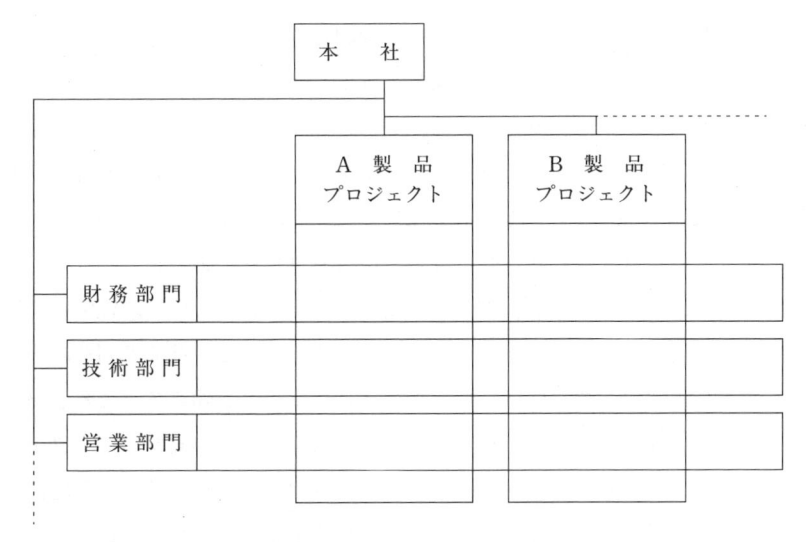

```
            ┌─────────┐
            │  本 社  │
            └────┬────┘
        ┌────────┼─────────────┐
        │   ┌────┴────┐   ┌────┴────┐
        │   │ A 製 品 │   │ B 製 品 │
        │   │プロジェクト│  │プロジェクト│
        │   └─────────┘   └─────────┘
   ┌────┴────┐
   │ 財務部門 │
   └─────────┘
   ┌─────────┐
   │ 技術部門 │
   └─────────┘
   ┌─────────┐
   │ 営業部門 │
   └─────────┘
```

図III-7　マトリックス組織

職務を遂行することになる。トップマネジメントは、機能別管理者と事業別管理者とのパワーバランスを適切にとり、彼らが情報を共有し調整を行えるよう配慮する必要がある。

　マトリックス組織は責任―権限関係の一元性が維持されていないため、機能別管理者と事業別管理者との権力争いやコンフリクトがおこる可能性がある。そうしたコンフリクトを意図的に発生させること自体はマトリックス組織の目的でもあるのだが、コンフリクトが適切に管理されないと、トップマネジメントに過剰な情報処理負担をかけてしまうか、トップマネジメントの目からビジネスの現場の問題を隠蔽してしまうという問題を生む可能性がある。

4　混合型組織形態とグローバル組織

（1）　混合型組織形態

　現実に存在する多くの企業は、純粋に規模の経済性や能率性だけを追求しているわけでもなければ、変化への適応やイノベーションを追求するだけの

目的で操業しているわけではない。一定期間以上長く存続する企業のほとんどは、一方で安定的かつ能率的な操業を確保しつつ、同時に新規事業の創出や革新を追求している。そのために、上に述べてきた機能部門別組織や事業部制組織と、マトリックス組織やプロジェクト型組織等を組み合わせた混合型組織形態（hybrid structure）を採用している。図Ⅲ-8 は事業部制組織とプロジェクト型組織を組み合わせた混合型組織形態の例である。

図Ⅲ-8で、既存の事業部内は機能部門別に組織され、規模の経済や専門化の利益を最大限発揮できるように管理される。一方で、技術革新や新規事業の創造など変化への対応は、新規事業プロジェクトを組んで、これを既存の事業部から独立して管理できるようにしている。新規事業プロジェクトはそれが成功して一定以上の売上高もしくは利益目標を達成すると、安定的な操業の段階に入り、事業部に昇格するか既存の事業部のいずれかに組み込まれる。

このような新規事業プロジェクトは、トップマネジメントの公式な決定によりトップダウン的に設置される場合と、既存の組織に属する従業員の非公式なネットワークを基礎に「社内ベンチャー」などとよばれるチームがボト

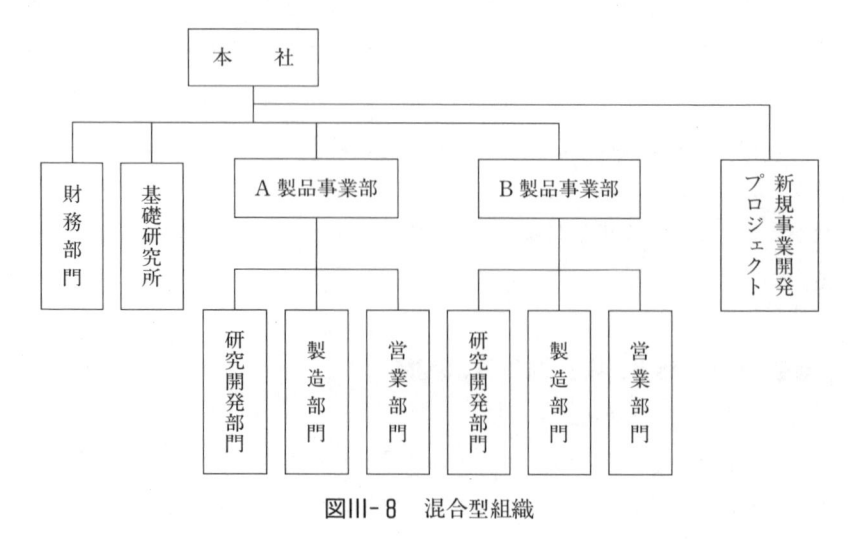

図Ⅲ-8　混合型組織

ムアップ的に形成され、それが一定の条件を満たす過程で正式なプロジェクトとして認められていく場合とがある。いずれの場合も、新規事業プロジェクトが成功するか否かは、既存の事業部などから優秀な人材を新規事業プロジェクトに集めることができるか、彼らに新規事業にコミットして職務遂行できる体制が整えられるかにかかっている。既存の事業部長は、自部門の業績が低下することを危惧して必ずしも優秀な人材を提供してくれるとは限らないし、新規事業は失敗するリスクを負っているために、プロジェクトメンバーの処遇を十分に保証しないと、それにコミットしてもらえないからである。このため、とりわけ新規事業プロジェクトのリーダーには、十分なライン権限が与えられる必要がある。

(2) グローバル組織

現代の大企業の多くは、国際的な事業展開をしている。企業が国際的な戦略をとると、政治的にも経済的にも、また文化的にも社会的にも異なる国々で活動を展開することになり、その結果、国内だけで活動をしている企業とはまったく異なる経営問題を処理しなければならなくなる。EUのように異なる通貨圏の統合によるブロック経済圏の形成、東南アジア諸国の急速な経済発展による市場の拡大と低コスト高品質メーカーの台頭、国家主権とグローバル企業の行動原理との対立、社会文化的・宗教的な衝突の激化とさまざまな面でのカントリー・リスクの増加など、企業経営のグローバリゼーションの原因でもあり結果でもある諸問題を適切に処理することができなければ、グローバルな競争環境の中で企業は生き残っていけない。

グローバルな組織デザインの基本的問題は、一方でいかにして進出した各国市場へのローカルな適応を促進し、同時にグローバル企業としての統合をいかに競争優位へと結びつけていくかという問題でもある (Daft, 1992)。ここで注意すべきは、国際化は必ずしも単純な現地適応を推進すればよいというものではない、ということである。なぜならば、本国で培った競争優位の源泉を、グローバルなレベルで共通に移転・展開できなければ、グローバルに競争優位を確立することは困難だからである。こうした問題を処理するた

```
                    ┌─────────┐
                    │  本 社  │
                    └────┬────┘
         ┌───────────────┼───────────────┐
    ┌────┴────┐    ┌────┴────┐    ┌────┴──────┐
    │ 人事部門 │    │ 財務部門 │    │ 研究開発部門│
    └─────────┘    └─────────┘    └───────────┘
         ┌───────────────┼───────────────┐
  ┌──────┴────┐  ┌──────┴────┐  ┌───────┴──────┐
  │ A製品事業部│  │ B製品事業部│  │  国際事業部   │
  └───────────┘  └───────────┘  └───────┬──────┘
                       ┌───────────────┼───────────────┐
                  ┌────┴────┐    ┌────┴─────┐    ┌────┴────┐
                  │ 北米担当 │    │ヨーロッパ担当│    │ アジア担当│
                  └─────────┘    └──────────┘    └─────────┘
```

図Ⅲ-9 国際事業部制組織

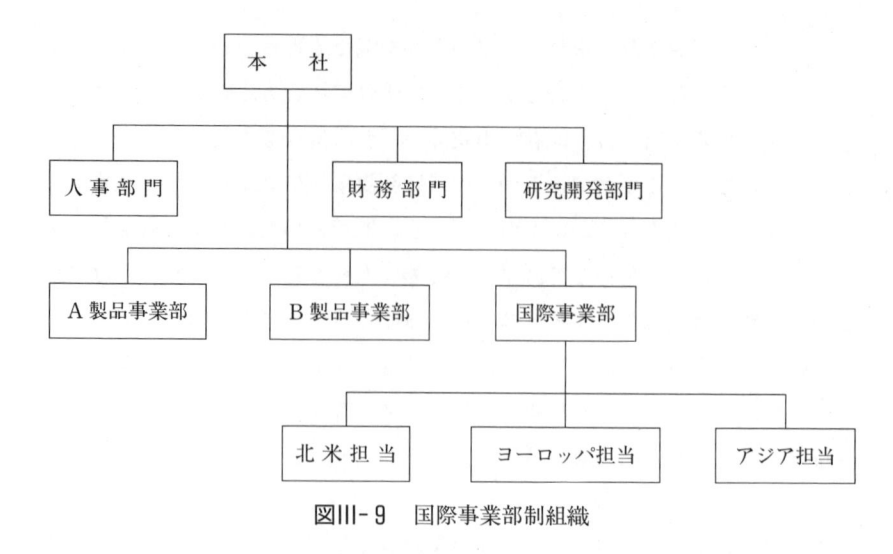

めに、それぞれの企業の国際戦略に適したグローバルな組織構造を採用することになる。

　企業が海外におけるビジネスの機会を開拓していく際、典型的にはまず商品の輸出からスタートするだろう。国内で生産したものを商社や現地国の代理店などを通じて輸出し、販売していく。国際化の初期段階からしだいに成長していくと、企業は現地国に直接投資を行い自前で流通・販売業務や生産業務を行うようになる。海外直接投資の結果として外国に資産をもつようになると、企業はその資産を管理し、有効に活用するよう計画をたて、従業員の人事管理などの諸課題を解決しなければならなくなる。こうした問題を解決するには、進出先国の政治・経済・社会情勢などに精通した専門家が必要になるため、国際事業部が形成される（図Ⅲ-9）。国際事業部は、さまざまな進出先国の状況に合わせ事業展開を計画したり、国内の事業部門と海外子会社の調整や連携をはかったり、現地子会社の人事管理や海外での利害関係諸組織との調整を行う。

　海外での事業活動がより広く展開されるようになると、国際事業部と国内の既存事業部との調整の必要性が高まるとともに、国際事業部内でも複数の

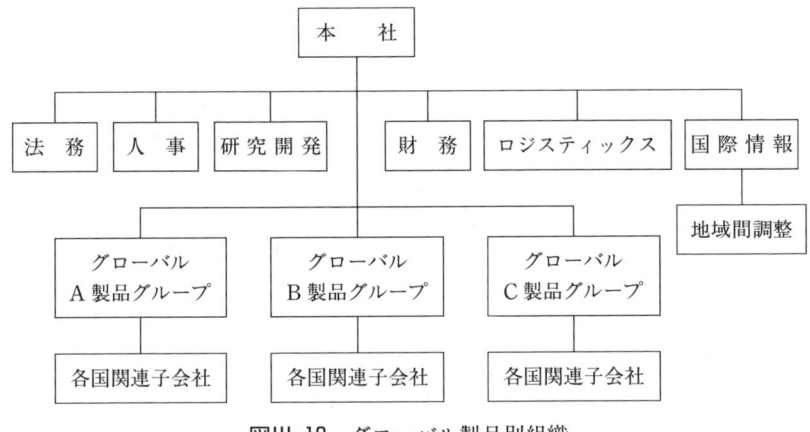

```
                        ┌─────┐
                        │ 本社 │
                        └──┬──┘
   ┌──────┬──────┬────────┼────────┬──────────┬──────────┐
┌──┴─┐ ┌──┴─┐ ┌──┴───┐ ┌──┴─┐ ┌────┴─────┐ ┌──┴───┐
│法務│ │人事│ │研究開発│ │財務│ │ロジスティックス│ │国際情報│
└────┘ └────┘ └──────┘ └────┘ └──────────┘ └──┬───┘
                                              ┌──┴─────┐
                                              │地域間調整│
                                              └────────┘
   ┌──────────────┬──────────────┬──────────────┐
┌──┴──────┐  ┌────┴────┐  ┌────┴────┐
│グローバル │  │グローバル│  │グローバル│
│A製品グループ│ │B製品グループ│ │C製品グループ│
└──┬──────┘  └────┬────┘  └────┬────┘
┌──┴──────┐  ┌────┴────┐  ┌────┴────┐
│各国関連子会社│ │各国関連子会社│ │各国関連子会社│
└─────────┘  └─────────┘  └─────────┘
```

図III-10　グローバル製品別組織

　国や地域にまたがる調整の必要性が高まり、もはや企業全体として国際事業戦略を策定しなくてはならない段階になる。海外に展開した資産をふくめて、グローバルレベルでの統一のとれた戦略計画や、組織構造をデザインする必要性が出てくる。グローバル製品別構造は、その企業の製品ポートフォリオが、世界のどこでも同じように販売できる標準化された製品群からなっている場合に有効な組織構造である（図III-10）。製品戦略、資源配分計画・組織・コントロール、ロジスティックスなどは、各製品事業部ごとにグローバルレベルで最適化される。一方で、グローバル地域別組織構造は、その企業の製品やサービスの競争優位が、進出国のローカルな要因に依存して決定される可能性が高く、そのためにそれぞれの進出先ごとに文化や社会・政治状況に適応していく必要性が高い場合に採用される。

　製品や技術面でのグローバル化が進む一方で、地理的なローカライゼーションに対するきめ細かい対応を追求していくと、製品事業部門や機能部門と国別・地域別部門との調整の必要性が高くなる。事業領域別管理者と各地域・国別管理者は、それぞれマトリックスマネジャーとなり、海外子会社は事業マネジャーと地域マネジャーの権限のもとに服することになる（図III-11）。

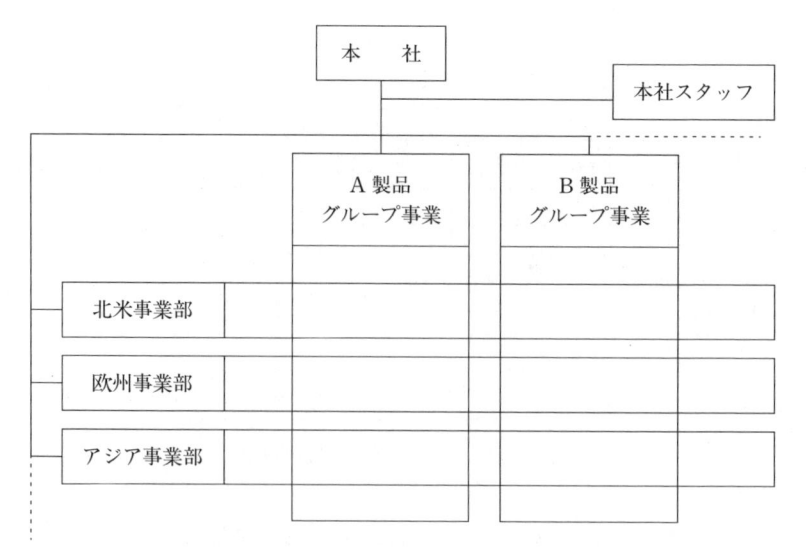

図III-11　グローバルマトリックス組織

4　組織の文化構造

　組織はこれまで述べてきた公式の組織構造の他に、メンバーが暗黙のうちに共有している非公式の「組織文化 (organizational culture)」構造をもっている。一般に「組織文化」といわれるものには、組織内で観察される行動の規則性やパターン、ホーソン工場実験で発見されたような集団メンバーのもつ社会的規範、その組織が表明する支配的価値、さらに組織メンバーが現実を認識したりものごとを解釈するプロセスを支配している一連の信念など、さまざまな内容のものをふくんでいる。

　組織文化は、必ずしも文書化されているわけではないが、通常、「社風」、「わが社のやり方」、「伝統」、「経営理念」、「風土」などさまざまな名称でよばれている。たとえ同じような公式組織構造をもっていても、その組織内の雰囲気が違っていたり、同じ客観的環境を企業によって異なるしかたで理解したり、異なる行動パターンでそれに適応しようとするのは、組織によって

その「文化構造」が異なっているからに他ならない。

1 組織文化のレベルと構造

エドガー・シャインによれば、組織文化とは、「ある集団が、外部適応と内部統合に関する諸問題の解決を学習する際に、発明・発見・開発してきた根源的仮定のパターンであり、良く機能するがゆえに現在でも有効だと考えられており、したがって新しいメンバーにもそうした問題に接したときの正しい認識の仕方、思考方法、正しい感じ方として教え込まれるもの」(Schein, 1985) と定義される。

組織文化は、根源的仮定の基礎に、次のような3つのレベルからなる構造をもつと考えられる（図III-12参照）。

組織文化の第1のレベルは、最も容易に観察しうるレベルで、組織メンバーの行動パターンや、組織内でのみ通用する特異な (idiosyncratic) 言語・コード・シンボル、物理的空間配置などがふくまれる。たとえば、われわれが見たり聞いたり感じたりできるこのレベルには、たとえば、その組織メンバーの服装が紺・グレーのスーツを着ている者が多いとか逆にカジュアルな服

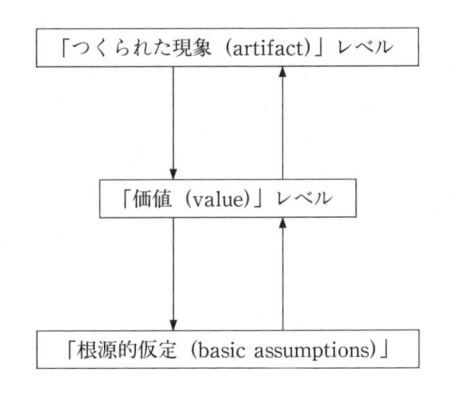

「つくられた現象（artifact）」レベル	組織メンバーの行動パターン、組織内で使用される特異的言語・コード・シンボル、物理的空間配置、組織の部門編成のしかたなど
「価値（value）」レベル	文化現象は、誰かによってつくられた「価値」、つまり「いかにあるべきか（should）」についての信念や知識を反映している
「根源的仮定（basic assumptions）」	組織メンバーにほとんど前意識的レベルで「当然のこと」として考えられていて、彼らの知覚や思考、感じ方を根源的に規定している根源的仮定

図III-12　組織文化のレベル

装の社員が多いといったこと、会話の形式がフランクで上司との会話でも友人と話すように「〜さん」とよび合う会社もあれば、必ず役職名をつけて敬語で話さなければならない組織もある。その組織で期待される役割行動を象徴するような、伝説となった人々の逸話が研修などを通じて話されたりする。またオフィスもオープンスペースの構造をもつ会社もあれば、個室を中心としたレイアウトの組織もある。

　このような組織メンバーの行動パターンやその組織に特異な現象は、誰かによってつくられた「価値」、つまり「いかにあるべきか (should)」についての信念を反映していたり、そうした価値や戦略を実現するためにつくられたもの、すなわち「人工的につくられた現象 (artifact)」レベルの組織文化である。

　この人工的現象レベルの組織文化を理解するためには、そうした現象や人々の行動が生み出される前提としての「価値 (value)」、すなわち第2のレベルの組織文化を解明する必要がある。組織は外部環境に適応し、また組織内部の統合をはかるために、一連の目標・価値を形成している。これらの価値は、たとえば「顧客志向」とか「チームワーク重視」など組織内でしばしば表明される戦略・目標や、理念、ビジョン、哲学、企業倫理などによって表現されている。

　シャインによれば、こうした組織価値の根底には第3のレベルの組織文化、すなわちその組織メンバーがほとんど暗黙のうちに共有していて、「あたりまえのこと」として考え、彼らの知覚や思考、感じ方を根底から規定している根源的仮定 (basic assumptions) の集合がある。この根源的仮定の集合には、
　①人間と環境との関係についての考え方
　②真実・現実についての考え方
　③人間の本性についての考え方
　④人間の行動についての考え方
　⑤人間関係についての考え方
がふくまれる。

組織文化とは、この根源的諸過程の集合が生み出す価値・人工的現象の全体的パターンである。たとえば、「人間のアイデンティティは他者との相互依存的関係の中でのみ決まる」とか、「個人の能力には限界がある」が、「複数の人間の共同によってそうした限界を克服できる」といった根源的仮定をもつ組織では、チームワークとか集団志向の価値を生み出しやすいだろう。このような組織では、個室よりはオープンスペースのオフィスレイアウトが好まれるとともに、チームや集団をベースとした活動が重視され、またそれに応じた業績評価システムが導入されたり、「われわれ」といった言語が多用されるだろう。もし人間が秩序や一貫性を追求する認知的性向をもっているならば、この基礎的諸仮定の相互間、根源的諸仮定と価値・人工現象レベルの間には、ある程度の安定的な一貫性がみられる。このような意味でこれらの一貫した体系を、「文化構造」という。
　ここで注意すべきことは、組織文化の本質は根源的仮定レベルにあるが、その根源的仮定の一部分だけとか、表明された価値の一部だけを用いて、組織文化を分類することは必ずしも適当ではない。もしこれらのレベルの間に一貫性がみられないならば、むしろその組織は複数の異なる文化をもつサブ組織からなる複合組織であるか、あるいは組織文化の形成過程にあると考えるべきである。

2　組織文化の形成、機能、管理

　公式の組織構造が経営管理者によるプランニング・プロセスを通じてデザインされるのに対し、組織文化は組織の誕生以降の歴史的過程の中で非公式かつ自生的に形成されてくる。組織文化は、環境でおこった問題に対しどう対処したか、組織内のプロセスをどう管理統合してきたかなどについて、組織の学習過程を通じて形成されてくるのである。
　（1）　組織文化の形成と歴史の共有
　組織文化が歴史を通じて形成され、保持され、発展していくということは、その組織が歴史を共有する人々から構成されていることを意味する。ここで

歴史を共有するとは、まず第1にその組織が一定期間以上存続して環境適応や内部統合に関する重要な諸問題を共有し、第2に組織メンバーはそれらの諸問題を解決する努力をするとともに、その解決策を実施した成果を観察する機会をもち、第3に新しいメンバーを組織に迎え入れていく、という条件である。このような意味で、歴史を共有するメンバーがいなければ、組織文化もまた存在しないということができる。

　この歴史を共有する集団のメンバーの同質性と安定性が高ければ高いほど、またその歴史の中で共有された経験が長く強烈であればあるほど、その集団はより「強い」組織文化をもつことになるであろう。

（2）　組織文化の学習メカニズム

　組織文化は上のような意味で歴史を通じて「学習された解」をその主要な構成要素としている。組織文化が学習されるプロセスには、「積極的問題解決学習」と「不安除去学習」という2つの異なるタイプがある。積極的問題解決学習とは、現状よりプラスの目標・成果を達成するための問題解決活動を通じて行われる学習で、ある問題解決に有効な行為や思考様式が、同様の問題に対して繰り返し適用されるようになることをいう。これに対して、不安除去学習とは、現在のネガティブな状況を解消することに主眼が置かれる学習で、苦痛を取り除いたり、不安を解消したりするのに役立つ思考様式や感じ方、行動様式の学習を意味する。

　積極的問題解決学習を通じて獲得された思考・行動様式は、それらが対応する問題解決に役立つ限りにおいて強化される。これに対して、不安除去学習を通じて獲得された思考・行動様式は、不安や苦痛の原因が見あたらない状況でも、一種の「社会的防衛メカニズム（social defensive mechanism）」として自動的に強化されていく傾向がある。これは、もしその行為を取りやめてしまうと、再びもとの不安な状況に陥ってしまうのではないかという、恐怖感があるからである。その意味では、人間が認知的・社会的不安を回避しようとする性向をもつ限り、不安除去学習にもとづく文化要素は、積極的問題解決学習によって得られるものよりも安定性が高いと考えられる。

このような学習プロセスを経て獲得された思考・行動パターンは、それが組織の存続に有効である限り繰り返し利用される可能性が高くなる。その結果、問題に対する解が学習される過程で、それらの解が「認知的変換（cognitive transformation）」を経て根源的仮定に変換され、その結果「組織文化」が形成される。そしてひとたび組織文化が形成されると、それはこれらの問題に対する解やアプローチのしかたを提供するという機能を果たすことになる。

（３）　組織文化の機能と認知的変換

　組織は一定期間以上存続するためには、外部環境への適応と内部プロセスの統合、という最も基本的な問題を解決する必要がある。外部環境に適応するために、組織文化は次のような問題に対する答えを与えてくれる。

①組織の使命：この組織はそもそも何のために存在するのか。

②より具体的な諸目標：使命を達成するための具体的な目標は何にすべきか。

③諸手段についての知識：その目標を達成するためにどのような手段をとるべきか。

④成果測定の尺度：目標の達成をどのような成果指標で測定すべきか。

⑤異常が生じたときの対処法、修正行動などの決定：目標が達成できなかった場合どうすべきか。

　一方、組織内部の統合問題を解決するためには、効果的なコミュニケーションや人と人との関係についての諸問題を解決しなければならないが、組織文化は次のような基準や合意を成立させる役割を果たす。

①共通の言語と分類概念：効果的なコミュニケーションのためにどのような言葉を用いるべきか。

②集団の境界と参加・退出の基準：誰をメンバーとすべきか。

③権力と地位に関する合意：どのような人が上位の階層につくべきか、誰がしたがうべきか。

④親交・友情・愛についての合意：仲間とはどのような人であるべきか。

⑤報酬と罰に関する合意：どのような人や行動が賞賛されるべきか、罰せられるべきか。

⑥イデオロギーや信仰などについての合意：理屈で解決できない問題に対しどう対処すべきか。

　このように組織文化は、組織の外部環境への適応と内部統合の諸問題の解決に対して、一定の解答を与えるという機能をもっている。その文化そのものが、過去におけるそうした諸問題の解決の過程から学習された産物でもある。すなわち、もともとある特定の環境下で特定の知識や期待から導かれた解でも、それが繰り返し有効に機能するといつの間にか「当然のこと」として考えられるようになり、その前提は忘れられ「事実」として受容されるようになる。「事実」がさらに繰り返されて有効に機能し続けると、それは逐には意識の底に沈み、注目されることはなくなる。このような「認知的変換」の過程を経て、組織文化の基礎的諸仮定は形成される。

（4）　組織文化の継承

　組織文化は人間活動を包括的にカバーしており、組織メンバーの知覚・思考・感情までも支配するようになる。それは組織メンバーに「世界がどのようになっているか」というパラダイムを提供する。そして、前述したように組織文化の学習は、積極的問題解決と不安除去の側面をもっているため、同じ文化の中に長くいればいるほど、またその文化が長く存続すればするほど、人々の知覚・思考・感情は、組織文化によってより強く影響を受けることになる。

　組織に新しいメンバーが加入した場合、メンバーの世代間で認識上のギャップがあっては、組織は有効に機能しない。したがって組織文化は、さまざまな儀式やシンボル、組織構造や歴史などを通じて、新メンバーに正しい知覚・思考・感情のあり方として教え込まれることになる。一方新規加入メンバーも、彼を取り巻く社会的環境に適応し、不安を除去するために積極的に組織文化を学習しようとする。こうして組織文化は継承されていく。しかし、一方で新しいメンバーが組織にもち込んでくる新しい考え方や行動様式が、

組織文化の変容に与える影響も決して無視できない。

5　組織構造と経営者の役割

　組織構造や組織文化のデザイン・形成に対し、経営者はきわめて本質的な役割を果たしている。経営戦略を策定し、それを実現するための組織構造を設計するのは、経営者の最も基本的な役割である。企業が成長していく過程で、外部適応や内部統合に関するさまざまな諸問題を解決し、組織文化の要素となるものを最初に生み出すのは、多くの場合、その組織の創設者もしくは創業期のリーダーであろう。なぜならば、そうした変動期にこそこれらの諸問題は、きわめて重要なかたちであらわれるからである。

　いかに優れた組織構造・組織文化でも、それが形成された瞬間から陳腐化が始まる。組織構造や組織文化は、基本的にそれがデザインされた時点での経営戦略や組織環境を反映しているからである。また組織構造や組織文化は、すでにみてきたように権限や地位のシステムによって支えられている。その意味では、組織構造や文化の変革は、しばしばそうした既得権益や地位を守ろうとする人々によって激しい抵抗にあう。同様に組織メンバーの認知態度そのものが、組織構造や文化の影響を受けているために、なかなか既存の構造や文化を変革する必要性を認識できないこともある。したがって、既存の組織構造や組織文化が有効性を失い、急速な変化が要求される場合に、組織変革の必要性を説き、変化に対する組織メンバーの不安を取り除き、新しい状態に適切に移行させていくことは、経営者の最も重要な役割である。

引用文献

Barnard, C. I., *The Functions of the Executive,* Harvard University Press, 1938.（山本安次郎他訳『新訳　経営者の役割』ダイヤモンド社、1968年）

Chandler, Jr., A. D., *Strategy and Structure,* The MIT Press, 1962.（有賀裕子訳『組織は戦略に従う』ダイヤモンド社、2004年）

Daft, W. R., *Organization Theory and Design,* 4th ed., West Publishing, 1992.

Galbraith, J. R., *Organization Design,* Addison Wesley, 1977.

稲葉元吉『経営行動論』丸善、1979 年
March, J. G. and Simon, H. A., *Organizations,* John Wiley and Sons, 1958.（土屋守章訳『オーガニゼーションズ』ダイヤモンド社、1977 年）
Penrose, E. T., *The Theory of the Growth of the Firm,* Basil Blackwell, 1959.
Schein, E. H., *Organizational Culture and Leadership,* Jossey-Bass, 1985.（清水紀彦・浜田幸雄訳『組織文化とリーダーシップ』ダイヤモンド社、1989 年）

参考文献
稲葉元吉『経営行動論』丸善、1979 年
稲葉元吉『現代経営学の基礎』実教出版、1990 年
桑田耕太郎・田尾雅夫『組織論』有斐閣、1998 年
エドガー・シャイン『組織文化とリーダーシップ』ダイヤモンド社、1989 年
ジェイ・ガルブレイス『組織設計のマネジメント』生産性出版、2002 年

第IV章

組織過程

1 はじめに

　一般に"過程"(=プロセス)という概念は、一見わかりやすそうで実はわかりにくい概念である。

　まず最初に、過程に対する具体的なイメージを喚起してもらうために、ややメカニカルなイメージからスタートすることにする。以下、自動車のアナロジーを使って過程の一般的な説明を行うことにしよう。

　一般に自動車は、(1)物理的に離れた地点に迅速に移動するという基本目的を有し、(2)ボディ、ステアリング、エンジン、トランスミッション、シャフト、ホイール、サスペンション、ブレーキをふくむさまざまな制御系統といった基本的な構造を有する。では、自動車はどのようなメカニズムで動くのであろうか。また、どのようにして安全に目的地に着くのであろうか。エンジンキーにキーを差し込むと電機系統が作動し、エンジンに点火される。コンロッド、クランクシャフトを通じてピストン運動が回転運動に変換される。その回転運動がクラッチ、トランスミッション(変速機)を経て、シャフト経由で車軸、ホイールに伝えられ、自動車は動くことになる。そしてこれらの動きをサポートするメカニズムもある。たとえば路面からの衝撃を吸収するサスペンション系のメカニズム、安全な走行を可能にするためのブレーキ系のメカニズムなどがそれにあたる。

　このように自動車の動くメカニズムとその行動フローのことを一般に「過程」とよぶ。その際に最も重要なことは、①各パーツがしっかり、それぞれ

の役割を果たすと同時に、②各パーツ間の関係が円滑に調整され、全体がスムーズに動いていくことである。

　以上の説明からわかるように、たとえ車の目的、車の構造がわかったとしても、車を理解したことにはならない。その目的の達成をめざして、構造の各部分がどのように関連しているのか、また人間が関与することで、それらの間の関係をどのように円滑に制御していくか、を理解することが不可欠である。言い換えるならば車が動くメカニズムの理解と円滑に動かすための知識とノウハウが理解されて、初めて"乗りもの"としての車を理解したことになる。"過程"を理解することの重要性のゆえんもそこにある。

2　組織過程とは

　さて話を組織に戻すことにしよう。自動車のアナロジーからもわかるように、組織の目的と構造を理解することは、重要ではあるが、組織を理解したことにはならない。組織という"ビークル"が動くメカニズム——具体的には、その中で展開されるメンバーの各行動がどのように生み出され、それがどのように持続的に調整された行動になり、成果（目的達成）につながっていくのか——を理解することが重要である。

　以下あらためて、組織過程について、以下のような定義をしておこう。組織過程とは、「組織を通じて展開される相互的な行動のメカニズムと行動フロー」を意味する。そしてこれらの相互行動は、さまざまな視点から捉えられる。そこでコアとなるのは、意思決定とコミュニケーション、動機づけ、リーダーシップ、パワー、協同と競争、コンフリクト、コントロール、調整と統合といったおなじみの概念である。ただし組織過程には、自動車のアナロジーには存在しない固有の特徴が3つある。

　その第1は、組織が、人間の集合であるところから派生する特徴である。いうまでもなく、人間は、機械とは異なり、自らの意志と感情を有し、1人ひとりがその欲求構造、認知のしくみ、能力等において、異なっているとい

うことである。ある負荷をかければ、自動的に動くというメカニカルな存在ではなく、また同じ状況にあっても1人ひとりの反応は、異なるということである。「決められたことをやる」以上のことをやる存在でもあり、以下のことをやる存在でもあり、しかも個人差は大である。したがって、その管理・コントロールは、ある意味で複雑かつ多面的であり、また大変にデリケートなプロセスということになる。

　その第2は、であるがゆえに、人間の行動を完全に予測したり、制御したりすることは不可能である。時として予期しない、意図しない行動とその集積が自然発生的に生じたり、それ自体が、自生的に新しい意思決定のフローをかたちづくっていくことになる。マーチら (March, 1976) は、組織の意思決定プロセスを、さまざまなものが投げ込まれるごみ箱になぞらえてガーベージ・カン・モデルを提唱したが、それは、そうした流れに沿う代表的なモデルである。

　その第3は、人間には、機械にはない学習能力があり、さまざまの経験と学習機会を通じて自らの能力アップをはかり、自らの行動パターンをより望ましい方向へ変更することができる。加えて、通常は与件とされる目標、組織構造そのものを変容していく能力も有しているということである。自動車を動かしている運動エネルギーの一部が部品とか自動車全体の構造を動きながら変えてしまうといったことは、こうしたメカニカルな世界では、一般的におこらないことである。"組織進化論" (Weick, 1979)、"オートポエシスの理論" (Maturana and Verela, 1980) はそうした流れに沿う代表的な組織モデルである。

　では、次にそれらの相互行動の連鎖フローを組織全体の中に位置づけてみていくことにしよう。

　図IV-1に示すように、何らかの組織目標と組織構造を前提に、組織過程が展開され、さまざまな環境の介入と制約を受けつつ、それが組織成果を生み出し、その成果がさまざまなかたちでフィードバックされるプロセスとして理解される。なお、ここにいう組織目標とは、組織の全体にかかわる目標

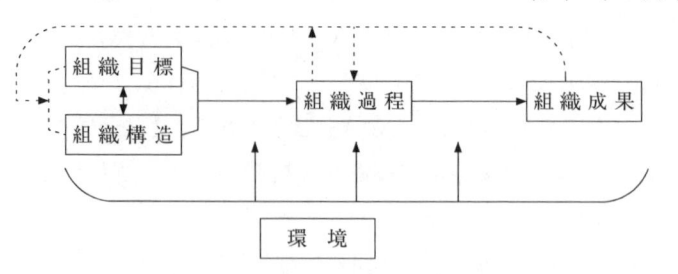

```
                              (フィードバック)
        ┌─────────────────────────────────────┐
        │  ┌──────┐                            │
        ↓  │組織目標│──┐                        │
     ┌─────┤      │  │   ┌──────┐      ┌──────┐
     │     └──────┘  ├──→│組織過程│─────→│組織成果│
     │     ┌──────┐  │   └──────┘      └──────┘
     │     │組織構造│──┘      ↑              ↑
     │     └──────┘           │              │
     └────────────────────────┼──────────────┘
                              │
                          ┌──────┐
                          │ 環 境 │
                          └──────┘
```

図IV-1　組織全体のフロー

であり、より規範的、抽象的な目標から、売り上げ、利益等、具体的な数値目標までをふくむ幅広い概念と考えることにする。また組織構造については「役割・地位の安定的パターン」と定義され、具体的にはいろいろなルール・階層および組織文化（みえざる構造）等がふくまれる。最後に組織成果については、組織が環境に対して生み出すアウトプットであり、さまざまな経営成果（実際の売上高、利益、シェア等）に加え、社会から評価（信頼や評判等）と支持等をふくめて考えることにする。

3　組織過程の具体的な説明を行う前に——さまざまな理論モジュールをつなぐための4つのプラグ&ソケット

さて、こうした組織過程を理解するためのキーワードは、前述のごとく、意思決定とコミュニケーション、動機づけ、コンフリフト、調整と統合、リーダーシップとパワーといった概念である。それらをめぐる理論研究については、すぐれた多くの先行研究と知的蓄積があることは確かであるが、それぞれは、やや独立になされてきたきらいがある。組織過程を説明しようとする際に、それぞれの概念は、どのような意味をもち、どのような関係と関連を有するのであろうか。それは、先程の自動車のアナロジーでいうならば、たしかに各パーツはそれぞれ異なった機能を有しているものの、運動エネルギーという太い連鎖でつながり、有機的に作動している。ここにいう運動エ

ネルギーは、その場その場でかたちを変えつつも、モジュール化した部分と部分、部分と全体をつなぐ重要なプラグ＆ソケットの役割を果たしている。では、組織過程分析に登場する重要なキー概念を結びつけるプラグ＆ソケットないし、運動エネルギーにあたるものは、何であろうか。これに答えることは、なかなかに困難である。その理由の1つは、"組織とヒト"をめぐるさまざまな言説の存在とイメージの広がりに起因しているように思われる。ここで"組織とヒト"を理解するための最もベーシックだと思われる4つの視点――運動エネルギーに対応する組織過程を貫くプラグ＆ソケット（連結概念）――を提示することによって上記の問題に対する解答らしきものを考えてみよう。

　さまざまな視点、見方がありうるように思われるが、図Ⅳ-2に示されているように、その1つは「貨幣」であり、2つは「権力」であり、3つは、「感情、情動（センチメント）」であり、4つは、「知と意味」である。われわれはこの4つの媒体のいずれかないしその組み合わせを用いて、組織内外に対してさまざまのメッセージを発信し、コミュニケーションを行っている。

　第1の「貨幣」は、すべて財・サービスのフロー、労働などを測定・評価する代表的尺度であり、メルクマール（指標）である。加えて、貨幣自身が富の貯蔵手段として、また富の象徴として、人々の欲望の対象となりうる。人々の重要なインセンティブとして機能することになる。それは一方で、組織を「カネ（＝経済的な利害関係）のネットワーク」と捉えていこうという視点につながる。

　次に、第2の「権力（＝パワー）」については、ここでは「関係の非対称性

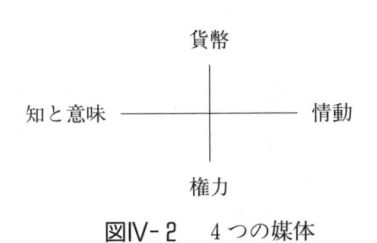

```
              貨幣
               │
  知と意味 ────┼──── 情動
               │
              権力
```

図Ⅳ-2　4つの媒体

を前提に、他者に物事をなさしめる能力」と定義しておこう。ヒトは1人ですべてのことをなしえない以上、他者の参加、協力が不可欠である。別言するならば、目的達成のためには、人々がルールに従い、上の命令に従うことが重要であり、それらのルール、命令が人々に支持され、人々がそれに従うという状況を一般的に権威が成立しているという。組織において予測可能な行動のネットワークをつくる上で、権力は重要な機能を担うことになる。一方で、さまざまな資源の依存性、不確実性の処理をめぐって、状況的な権力関係のダイナミックスが展開される。権力自身が、貨幣と同様に重要なメルクマールであり、人々の欲望の対象でもある。いずれにしても2つめの視点は、権力とか権威というものを「プラグ&ソケット」とみなし、組織を「権力のネットワーク」と考えようという試みである。

第3は「情動」である。これは人間の感情的側面であり、自分自身に対する理解と自己コントロール、他者に対する感情、配慮をふくむ概念である。前述のごとく、人間は機械ではない。人間関係論以降、動機づけ理論、行動科学の進展の中で、これらをめぐってさまざまな仮説が提示されてきた。これもまた、動機づけの重要な要因であり、組織を「人々の感情、情動のネットワーク」とみなそうという考えにつながる。

最後は「知と意味」であるが、これは人間を、意味に生き知と意味を生み出す存在だという視点に立つ。そこでは、認知メカニズムとその文脈、そしてそこから生み出される意味と物語が分析の中心となる。いうまでもなく、人間は、さまざまな現実をそのまま受け容れるのではなく、認知のための枠組み（何らかの準処枠）をもち、現実の抽象化、意味化を行う。それらの意味の連鎖をここでは物語とよぶ。いずれにしても、人々は、組織にかかわる意味と物語を理解し、また他者との共有化を通じて組織のルーチンをこなしていくことになる。一方で、組織における問題発見―解決のプロセスは、新しい意味が誕生し、新しい物語が展開され、それが内外に普及していく組織過程としてみることもできる。したがって、人間にとって自分の前の現実ならびに自分のなすべきことが、自分にとってまたは組織にとって、時には社会

にとって、いかなる意味があるか、——その有意味性と1つ1つの意味の連結のシナジーが重要となる。これは、知と意味を組織過程のプラグ&ソケットとみなし、組織を「知と意味のネットワーク」と考えようという試みである。加えてこうした視点は、組織の歴史、文化的な側面を重視する立場につながることも忘れてはなるまい。

　以上、4つの基本媒体について述べてきたが、この4つのキー概念の1つを取り出して、その1つを中心に、組織過程を捉えていくという視点は可能であるし、またそうした視点に立った多くの試みがなされてきた。しかしよく考えてみると、この4つは、参加する個人にとっても、組織全体にとっても、存続と成長の基本要件といえる。たとえば、個人からすれば、①自分が人間らしく扱われ、②チームの一員として自らの役割と立場を理解し、自らの置かれている状況を正当とみなし（権威の成立している状態）、③リスクに見合うリターンを確保でき、そして何よりも、④新しい知と意味を付加ないし創造していくことが、自らの存続と成長の条件である。

　また、この4つの基本媒体は、さまざまに結びついている。たとえば、知の創造にはリスクが伴う。それに対するリターンは、重要な知の探求のインセンティブとなりうる。また、1人での知の創造には限界があり、チームとしてまとまり、チームとしての知の創造が不可欠である。また、その創造のプロセスは人間が人間らしく生き、扱われるプロセスでなければうまくいかない。これらのプロセスを別言するならば、①知の創造プロセスは、②あるリスク下でのリターン（たとえば、貨幣）獲得のプロセスでもあり、③権威が成立し、それが維持されていくプロセスでもあり、④人間が人間らしく生きていくプロセスでもある。このように組織過程は、4つの媒体が相互に影響を与えつつ、重層的に展開されていく場に他ならない。したがって、組織過程がうまくいくためには、この4つの基本要件が満たされていくことが重要となる。

　いずれにしてもこれらの4つの視点の必然性は、組織が本源的に有する多面的でかつ多重なる存在であることに起因しているように思われる。ここに

いう"本源的"という言葉の意味は、この4つのアプローチの理論的なコアは、それぞれに対して代替不可能であり、固有の存在理由を有しているということである。それは、人間のもつ多義性、複雑性と人間を取り巻く状況の不確実性に由来するものであり、この4つのせめぎあい、バランスが、組織過程を理解する上で重要なポイントとなろう。

以下では、それらの4つのプラグ&ソケットの視点をその背後に置きつつ、組織過程の各論として独立に研究されてきたさまざまな理論分野をつなげる中で、「組織過程」全体に関する理解を深めることにしたい。

4　具体的な組織過程の展開

それでは、組織過程の具体的な内容を示すことにしよう。

ここでは、以下のようなステップで組織過程が展開されていくとみなすことにする。

①組織目的の分解・細分化のプロセス

　組織目的を部門目標に分解し、さらに個人の具体的な仕事、アクションに連結されるまで目標の細分化が行われる。

②必要な経営資源の調達、確保と各部、各個人への割り当て

　とくに重要なのは人々の動機づけと仕事に対する理解を深めることである。

③各部門の円滑なオペレーションの確保

　チームづくりとチーム・マネジメントの強化がなされる。

④各部門間の関係づくりとその調整

　各部門の利害は時として対立するが、部門間の協力は重要である。

⑤リーダーシップ

　いうまでもなく、これらのプロセスのあり方を基本的に規定しているのは、目的と組織構造であるが、一方で全体を管理・統括するのは、リーダーとよばれる人々であり、その役割はきわめて大きい。

```
        目 的 ←→ 組織構造
              ⇓
         ⑤ リーダーシップ

① 目的・問題の   ② 個人の動機   ③ チームづく   ④ 各部門間の   ⑥ 環境との
  分解と細分化    づけと仕事    りとそのマ    調達と部門    マッチング
              の把握       ネジメント    間マネジメ
                                  ント
```

　　　　　　　　　　　　　　　　　　　　　　　…フィードバック

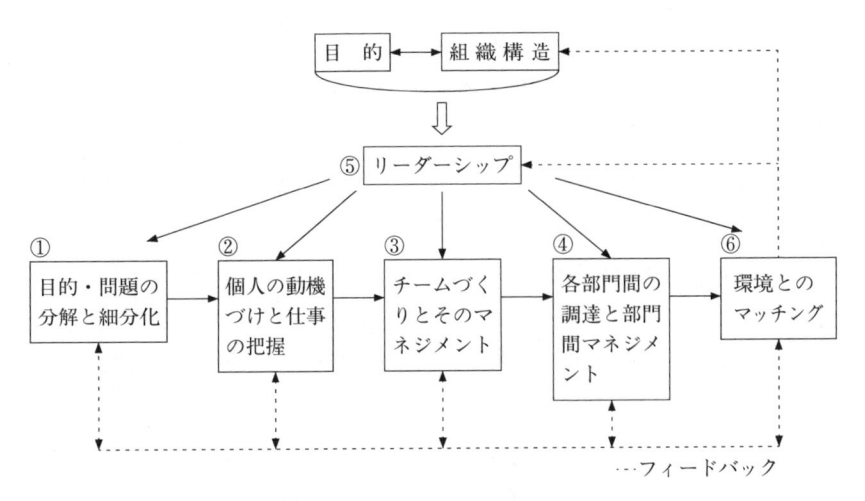

　　　　　　図IV-3　組織過程の全体フロー

⑥組織と環境とのマッチング

　組織は、環境とインプット、アウトプットを通じてさまざまな環境と相互作用を行っており、環境から受け容れられ、支持され、円滑な関係を構築・維持していくことが重要である。

　以上、組織過程の全体の流れについて簡単なスケッチを行った。6つのそれぞれの要素間の関係は、一方的ではなく、相互作用的であり、またそれぞれのフィードバック・プロセスを想定しておく必要がある（図IV-3を参照のこと）。それでは、あらためて組織過程の6つのキー・プロセスのそれぞれについて説明を試みることにする。

1　目的・問題の分解・細分化のプロセス

　いうまでもなく、組織目的が達成されるためには、通常それをいくつかの下位目的に分解し、各部門の担う役割を明確にし、最終的にはメンバー1人ひとりの具体的な仕事の目的と内容までブレイク・ダウンする必要がある。そうしたケースでは、目的―手段分析を用いることが一般的であるが、それは分業とか専門化といわれるプロセスでもある。まず、大目的を達成するた

めには、どんな問題が存在し、それらの解決の手段としてどんなことが考えられるか、そしてそれらの手段の達成を下位目的として同様のプロセスが繰り返されていくことになる。こうしたプロセスは、知的なプロセスとして展開されるが、最後は、1人ひとりの人間が具体的な仕事（タスク）を担うことになる。そこでは、各人の能力、やる気がどの程度あるのか、またそれらに伴って各人の裁量権の範囲（権限）をどうするかといったことが問題になる。

そこで参考になるのが、サイモン（Simon, 1977）の一般的問題解決（general problem solving, GPS）の仮説である。

これは、合理性に限界のある諸個人が、未知の問題に直面したときに目的─手段分析を活用して、問題解決をめざすものである。具体的には、次のような内容である。

「このように手段─目的分析は、目標を設定し、現状と目標との間の差異を発見し、これらの差異を減少できるような手段や処理方法を探し出し、そしてこの手段や処理方法の適用を次の下位目標として設定し、この下位目標を達成するために以上の操作をさらに繰り返し行っていく。

問題解決過程は、手段─目的分析によって当初の問題を、解決プログラムがすでに蓄えられているような下位問題に突き当たるまで、つぎつぎにより下位の問題へと分解していく。そして、これらの下位問題を順次解いていくことによって、最終的に当初の問題解決に達するという過程である。

人間有機体の問題解決過程の複雑さは、『実はきわめて単純な基礎的諸要素が、比較的単純に多数相互作用しあっているところから生じた複雑さ』である」（稲葉・大森, 1983, pp. 29-30）。

いずれにしても、試行錯誤的な対処法であり、一見複雑にみえる問題も基本的には単純なものの組み合わせであり、問題をいくつかの単純な問題に分解することになるが、そこでは、①逐次的アプローチ、②フィードバック、③満足原理といった考え方が活用される。問題の分解は、組織における分業、

専門化と分化に対応し、ここにいう既存の解決プログラムのプールは、組織構造の一部を構成することになる。

2 人々からの貢献の獲得

(1) 基本的な問題意識

人々は、なぜその仕事を引き受け、さまざまのルールに従い、またリーダーの命令に従うのであろうか。また、組織の一員として進んで組織の問題解決にあたるのであろうか。ここでは、統制（動機づけと参加意欲を確保し、組織成果に結びつく行動と貢献を引き出す）のメカニズムという視点を中心にみていくことにする。ここでは、それらの領域を3つに区分し、整理をしてみよう。

第1は、そもそも参加する人々はどんな欲求、動機をもち、またどのようなスタンスで組織に参加するのかという問題である。

たとえばマズロー（A. H. Maslow）は、人間の欲求は段階をなしており、それぞれの欲求が満たされ、飽和状態になると、当該欲求（ただし、最後の自己実現の欲求は除く）を満たすためのいかなるインセンティブももはや動機づけ要因にはならないと考えた。それぞれの欲求は以下の通りである。

・生理的欲求 　　　　　（生存への基本欲求）

・安全・安定への欲求 　（安全、秩序に対する欲求）

・社会への欲求 　　　　（良好な人間関係等を得たい）

・自尊の欲求 　　　　　（周りから評価と尊敬を得たい）

・自己実現の欲求 　　　（生きがい・成長の追求）

さまざまな動機づけ理論——人間関係論、マクレガー（D. Mcgregor）のX・Y理論、ハーツバーグ（F. Herzberg）の衛生—動機づけ理論等——が存在するが、このマズローの仮説はそれらの仮説を包含する位置にある。

第2は、それらに対して、組織はどのようなインセンティブおよび制裁の仕組みを有するのか。別言するならば、どのようなアメとムチを有し、発動するのかということである。それは、金銭的なインセンティブにとどまることなく、フリンジ・ベネフィット、地位、名誉、魅力的な同僚とリーダーの

下で働きたい、成長の機会の提供、仕事自体の魅力等が考えられる。この中のいくつかは、組織を通じてしか提供されないインセンティブであることに注意を要する。また、制裁の仕組みとしては、叱責、指導、さまざまな罰則規定から仲間外れにすることまでふくめると、これも多様である。

そして第3は、メンバーの行動と、それらのインセンティブ、制裁の仕組みの間には、どのような関係があると考えられるか。以上の3つである。これらに対しては、以下の4つのマネジメント仮説を示すことにする。

（2）　いくつかの個人に関するマネジメント仮説

【バーナードの権威仮説】

バーナード（Barnard, 1938）によれば、人間は何らかの誘因と引き換えに自らの裁量権の一部を組織に提供するという。それは、無関心圏とよばれ、さまざまなルール、上からの命令がその範囲内であれば、したがうと見なした。そしてそこに"権威"が成立することになるが、その権威は状況と提示される報酬と制裁の内容に依存すると考えた。しかし人間は、そうした状況にあっても機械と同じようには行動しない。行動レパートリーの範囲内での本人の裁量的領域は、必ず残る。組織にとって望ましい行動が選択される保証はない。それらの問題を取り上げたのが、次のエージェンシー理論である。

【エージェンシーの理論仮説】

これらの欲求充足の中で、とくに測定可能で、比較可能なインセンティブである貨幣—賃金、給与に着目したのがエージェンシーモデルである。また、エージェンシー理論によれば、人間はそれぞれが異なった利害得失の構造をもち、またリスクに対しても、さまざまな態度で仕事をしており、自らの裁量の範囲の中で、自らの利得が最大になるように行動する。その行動が、組織全体の利害と一致する保証はどこにもない。

"もし本当に正確に事をなしたければ、他人にまかせず自分でやれ"という有名なことわざがあるが、それほど、他者に意図通りの行動と成果を実現してもらうことは、たやすいことではない。その解決策の1つは、プリンシパルと同じ利得構造をエージェンシー（代理人）に与える（たとえば、経営者に

ストック・オプションを与えることで、株主と同じ利害状況をつくり、株主の利害に沿ったかたちで、問題に対処していく状況をつくるとか、メンバーの報酬を部門利益に連動させるなど）。また一方で仕事を進める際に必ずリスクの問題がつきまとうことになる。そのリスクを組織として引き受けるのか、また当事者だけがそのリスクを負うのかによっても（それは完全固定給［これは、リスクをすべて組織側ないし経営側が負うことを意味する］か業績に連動した歩合給にするかといったおなじみの問題である）、メンバーの貢献のしかたは変わる。たとえば、固定給の場合は、環境要因が、成果達成にマイナスに作用したとしても、そのリスクはエージェントにはいかず、プリンシパルがそのリスクを負うことになる。加えてそのような状況では、上記のモラル・ハザードも生じる可能性がある。一方で、成果に100％連動した歩合給は、リスクをすべてエージェント側が負うことを意味する。これは、エージェント側からすれば、その仕事に対して、二の足を踏むということにつながる。

　このように、報酬の与え方によって、プリンシパルとエージェントの間でリスクシェアのあり方は変わってくることになる。現実には、本人の能力、リスクの状況、モニターの可能性、成果の測定・評価の可能性等によってさまざまな「一部固定給＋一部変動給」の組み合わせがありうる（これらの詳細については、Milgrom and Robert, 1992 等を参照されたい）。

【競争仮説】
　また、競争メカニズムの視点からは、メンバー間の昇進や昇給について、競争原理を導入するという方法もある。たとえば、トーナメント方式の採用が考えられる。メンバー間の相対比較を前提とした勝ち残りゲームである。もちろん、小人数のグループだと、馴れ合いや談合などが行われ、競争が消滅してしまう可能性があるので、ある程度の人数が必要である。もう1つ問題なのは、メンバーが自らの利害を最優先するため、チームワークがないがしろにされ、足の引っ張り合いが起きるという問題点もある（Lazear, 1998）。

【ハックマンらによる仕事そのものにもとづく動機づけ仮説】

しかし、金銭的インセンティブならびに昇格・昇進だけが動機づけになるのだろうか。ハックマンら（J. R. Hackman and G. R. Oldham）は、次のような仮説を考えた（田尾, 1991）。

彼らによれば人は、金銭的報酬や人間関係といった外的な要因よりむしろ仕事そのものの魅力、面白さ、意味といった内的、直接的な要因の方が動機づけに大きく寄与すると考えた。具体的には、仕事の特性を以下のような次元で把握し、

①多様性
②自律性
③アイデンティティ
④有意味性
⑤フィードバック

これらを同時的に満たすようなジョブ・デザインこそが、人間を強く動機づけ、高いパフォーマンスが得られるとみなした。アメリカの最近の調査もこの仮説を支持しているように思われる。その調査によれば、会社を辞めない理由の第1位は、社内にやりがいのある仕事があること、そして第2位は、自分が成長する機会があることだそうである。ちなみにペイは、第5位ということであった。

また、成功したリーダーに着目したマクレランド（McClelland, 1961）も、次のような欲求仮説を提示した。マクレランドの3つの欲求理論によれば、

①達成欲求＝困難を克服し、基準となる目標、業績を達成しようとする欲
②権力欲求＝他者に対して何らかの影響力を行使したいという欲求
③親和欲求＝友好的で濃密な人間関係を構築したいという欲求

の3つの欲求を満たすことが重要であり、とくに達成欲求と権力欲求の強い人は、高業績をあげる傾向が強く、これらの欲求を満たすような目標と仕事、そしてインセンティブの提供が重要となるという。

加えて、自らの利害得失を乗り越えて他者との共同によるシナジーと喜び

がいかに大きいかを説得するといった手法もありうる。

3　集団づくり

（1）　基本的な問題意識

次に各メンバーの行動を、まとまりをもった行動のネットワーク、調整された行為の連鎖に変えていかなければならない。ここでは、組織目的を達成するための要となる部門、ないし集団に着目する。ここでは、集団づくりの全体を明らかにする。

1．集団とは何か

ここでは、「特定の目的を達成するために集まった、互いに影響を与え合い依存しあう複数の人々」（Robbins, 1997）と定義しておこう。

2．集団のメリット

まず参加するメンバーにとっては、前述の欲求―充足に対応させると、次のような4つのメリットがある。

i ）1人ではできないことを、集団は可能ならしめる。

ii）安心感の源泉となる――集団に参加することにより、人は「孤立」の不安から解放され、安心の源泉となる。

iii）親密さ――人との交流から得られる喜び、社交的欲求を満たしてくれる。

iv）ステータスと自尊心――集団の一員となることで、内外の人々に自らの地位、立場を認知せしめ、自尊心を高めることができる。

また組織全体にとっては次のようなメリットがある。

i ）目的・問題を実行可能な下位目的に変換したときの組織上の受け皿となることによって、組織目的の達成の要となる。

ii）組織に比べてコミュニケーション密度が高く、高い凝集性、まとまりの良さを醸成しやすく、効果的な行動のネットワークの形成につながる。

（2）　チームのマネジメントのいくつかの仮説

集団であるがゆえに発生する問題としては、3つのメカニズムに関連づけ

て、次のようなことが考えられる。その克服のアイデアとともに、以下に示すことにする。

1．いわゆるフリーライダー（ただ乗り）の発生の可能性

"共同責任は、無責任"という格言があるように、とくにチームで仕事を進める場合、それらの問題が、顕在化する可能性がある。もし誰からもモニター（監視）されていなければ、さぼろうとするのも人間の悲しい性である。自分1人くらいさぼってもわからないだろう、しかし集団の成果の分け前にはちゃっかりあずかろうという人々の存在（一般にそれらの人々は、ぶら下がりとよばれたり、フリーライダーとよばれる）である。そこではメンバーの間で著しい2つのモラール・ダウンがおきることになる。1つは、一生懸命やっている人が、やってもやらなくても一緒なら、さぼってしまおうという気持ちになってしまうという問題である。もう1つは、さぼっている人にとっては、さぼったままでもちゃっかり分け前にありつけるので、ますますさぼってしまうという問題である。そうした事態に対する対処法としては、メンバー間の相互監視の仕組みを導入したり、監視を専門とするヒトを導入したりすることが考えられる。これらには当然コストがかかるが、どの程度の対処法でいくかは、対処法を導入することで皆がさぼらずに働くことによって生み出された追加的な貢献利益との比較裁量によって決まることになる。

2．凝集性の逆機能

凝集性が高まり、メンバーの行動を左右する規範（メンバーに共有され容認された行動基準）は、いったん形成されると、外部からコントロールするのが困難となり、時として組織目標の達成に相反する行動の引き金になることがある。

3．集団浅慮

またそれは、集団浅慮（集団圧力によって自由なコミュニケーションが困難となり、十分な検討を経ず、一方的な結論が導かれること）につながる可能性もある。

2、3のようなデメリットを最小限に抑えるためには、たとえば、ブレーン・ストーミング活用などが考えられる。また、リーダーにじっくりとオー

プンに議論するスタイルを堅持してもらう。加えて集団の一部については、定期的にメンバーの入れ替えを行い、異質な視点と目をたえず注入し続ける等が考えられる。

いずれにしても、集団マネジメントのキーワードとしては、
① 集団目標に対する深い理解とコミットメント——チームメンバーとして自覚をもたせること。
② 1人ひとりが具体的に何をやればよいかまで集団目標のブレイク・ダウンがなされ、しかもそれらの目標は測定可能となっており、明確な報酬体系と結びついていること。
③ メンバー間またリーダーとメンバーの間で高い相互信頼関係を持続的に醸成していく必要がある。

4 部門間関係の調整と統合

（1） 基本的な問題意識

次に問題となるのは、これらの部門間の関係が、スムーズに調整され、全体として効果的な組織的行動のフローになることである。とりあえずここでは、部門間の基本的な関係を以下の3つのパターンに分類しておこう（Tompson, 1967）。

ここで重要なことは、この3つの関係は、A、B部門の間で同時的におきているということである。たとえば、A部門は部品をつくり、その部品のユーザーであるB部門に納めているというような一般的なケースを想定してみよう。第1にB部門はA部門の部品の供給に依存している。第2にそれは逆にA部門はB部門の部品の購入に依存しているともいえる。どちら

```
ⅰ） 一方的な依存関係    A ⟶ B
ⅱ） 相補的な関係        A ⇌ B
ⅲ） ゼロサム的な関係    A     B
                        ↳ C ↲
```

図Ⅳ-4 部門間関係のパターン

が依存しているかは、A、Bの外部資源活用能力および外部の状況にかかっている。第3にヒト、モノ、カネ等は、希少であり、それらをめぐってA、B両部門は対立ないし、競合状態にある（図IV-4を参照のこと）。以上3つの重層関係について述べたが、どんな視点で捉えるか、またいかなる内外の状況にあるかによってその関係性は変わりうる。しかし実際には、部門間でさまざまな葛藤がおき、最悪の場合は部門間のトラブルのために、また特定部門の利益優先主義等によって全体の仕事がストップしてしまったり、全体の利益を損ねてしまうといったことが生じている。言い換えるならば、部門エゴ、セクショナリズムをどう乗り越えていくかが、組織過程がスムーズに展開されていくかどうかを理解する上で大きなポイントとなろう。ここではとりあえずコンクリフトを「2つ以上の部門の間に生じる緊張的ないし、対立的な関係」と定義しておこう。もちろん、実際には目に見えるかたちで顕在化している場合もあれば、目には見えないけれど、ある種の緊張関係を予想させる潜在的なコンフリクトもありうる。それでは、なぜそのようなコンフリクトが生じるのであろうか。その理由の第1は、資源と時間の希少性から生ずる。ヒト、モノ、カネ、情報、権力、時間は限られているため、それらをめぐってコンフリクトがおきることが多い。第2の理由は、認知的なコンフリクトである。これは、それぞれの置かれた立場、状況の違いによって規範、ものの見方、考え方、何を重視するかなどが異なることから生じるものである。

　たとえば、組織における分化―統合仮説を提示したローレンス＝ローシュ（Lawrence and Lorsh, 1967）は、それぞれの部門は、それぞれの直面する環境に適応すべくそれぞれ独自の構造と状況認知のパターンを生み出すという。それらの認知上の差異―分化の程度は、4つの尺度―目標志向、時間志向、対人志向、構造上の差異で測定される。

　（2）　部門間のマネジメントのいくつかの仮説
　1．統制メカニズムによるアプローチ
　①ルールや部門の目標を設定し、それらの徹底と遵守をめざす。

②部門長に対して、昇進、魅力的な報酬（部門業績連動給等）の提供等、また部門長へのストック・オプションの提示、株主、経営者と同じ利害状況をつくり出すことによって、部門長から望ましい行動を引き出す。
③さまざまな不確実性の存在と経営資源の動員力の視点であり、たとえばヒクソンらは、資源依存的なポリティカルアプローチにもとづく戦略的なコンティンジェンシー理論を展開している。彼らは、不確実性がパワーの主要な源泉だとするトンプソンらの考え方を受け継ぎながら、「戦略的コンティンジェンシー理論」を展開していった（内野，1989）。いわく「他の部門の要求を満たす能力があればあるほど、またその能力を独占できればできるほど、またそれが組織にとってクリティカルであればあるほど、他の部門に対してその部門は権力をもつ」と。そして、その権力の説明変数として、①不確実性とその処理、②処理の代替可能性、③中心性（重要性）を挙げている。①は、他の諸下位単位のために当該部門が、不確実性を処理することができる程度、②は、当該部門の不確実性の処理のための活動が、組織の内外の他の部門によって代替されることの可能性の程度、③は、その処理をどのくらい多くの部門が必要とするか、またその機能の停止が相手方の活動にどのくらい影響するか、を示す変数である。

以上3つの変数の相乗作用によって、各部門の行動が他の諸部門の行動によってどの程度戦略的に重要な条件となるかが決定され、他の部門にとって重要な条件となればなるほど当該部門は相手部門から強く依存されることになり、相対的に大きな権力をもつことになるというものである。

したがって、これらの依存関係を上手にマネジメントすることがここでの基本戦略となる。

④最後は統合メカニズムの活用である。

ローレンス＝ローシュは、前述の分化の議論を前提に、次のような仮説を提示した。部門間の分化の程度が高くなればなるほど統合は困難になるが、より高度なコンフリクトの解決メカニズム、統合のメカニズムが必要となる。

分化の程度が低ければ、計画、ルール、階層関係による部門間調整で対応可能であるが、分化の程度が高くなる、すなわち部門間の認知的、構造的な違いが大きくなるにつれて、コンフリクトも深刻になる可能性がある。そこでは、階層関係よりも、むしろ専門的知識・能力にもとづく討議による問題解決、新たな水平関係を調整するチームないしは統合部門の設置等が重要となる。

　２．協同メカニズムの活用

　両者の利害を超えた共通の目的を創出し、win－winの関係を再構築していこうとするものである。そのためには①当事者間の情報開示と信頼関係②お互いの立場とニーズを理解する努力③交渉において率直さと柔軟さをもつことが、ポイントといえよう。

　３．競争メカニズムの導入

　・事業部門で何かのルール（売り上げ、利益、シェア等）を決めて、そのルールのもとで競争させる。

　・各部門に対して、①内部の部門間の取引において、外部の市場価格の使用を認める。加えて、②内部取引よりも有利な条件がある場合には、外部からの調達または、外部への販売を認める。こうしたやり方によって、企業内に市場原理がもち込まれ、競争によって、組織全体の効率化を進めることが可能となる。

　また、市場の取引コストが、ITの進展、規制緩和などによって劇的に下がってきており、従来１つの企業内に保持されるのが当然だと考えられていた、販売、R&D生産（インフラ）等の機能部門のアンバンドル化（機能別に解体し、別会社化する。たとえば、生産部門のEMS［electric manufacturing service：生産受託会社］化等である。事業部制をカンパニー制、分社化するのも同様に考えることができる。

5　リーダーシップ

　巷間、あの組織はやはりリーダーをかえなきゃだめだとか、逆にあのリー

ダーがいる限り、あの企業は大丈夫だといった言説を時々耳にする。それほど、組織にとってリーダーの存在は大きい。また集団のマネジメント、メンバーの動機づけ（やる気にさせる）においても現場リーダーの役割は重要である。不確実な環境、本来的に不備のある諸制度（目的―手段のツリー組織構造等をふくむ）のもとで、複雑でデリケートかつ、合理性に限界のある人間たちが、調整された行動のネットワークを形成していくことには、大きな困難が予想される。そうした悪状況にあってさまざまな問題に対処し、切り抜けていくさまざまな仕組みの最後のよりどころが、ここで取り上げるリーダーシップである。それはちょうどしっかりした構造と高性能の自動車であったとしても、豊かな経験をもったドライバーが必須であることと同義である。このドライバーの役割を担うのが、リーダーに他ならない。それでは、いかなるリーダーの資質が重要なのか、いかなるリーダーのスタイルと行動パターン、ノウハウがありうるのか（リーダーシップの理論全体の流れについては、金井, 1991を見よ）。

（1）　リーダーシップとは――その定義と役割

ここでは「目標達成に向けて他者に対し、影響力を行使する能力」と定義しておく。基本的には、リーダーは、前述の4つの媒体を活用しつつ、次の2つの大きな役割を果たしていくことになる。

第1にリーダーは、目標、方針、ルールといったものに息を吹き込み、実効ある制度として機能させるという役割である。

具体的には、次のことを意味する。

①目的を個人の仕事と行動のレベルまでブレイク・ダウンし、リスクを勘案しつつ、インセンティブを決定する。

②それと同時にルールやそれらの目標を個人に権威あるものとして受容させる（⇒制度化）。

③人間の連帯を確保する。

④あるまとまりをもった意味の体系（⇒物語）として、メンバーに理解せしめる。

第2の役割は、不確実性への対処の最後のよりどころとしてのリーダーの役割である。前にも述べたように、制度が想定していない事態の出現（環境不確実性）か、制度自体に本来的に内在する不確実性は、人間——とりわけリーダー——の知と力で対処する以外に道はない。

　バーナードも指摘しているように、さまざまな構造的矛盾は、結局は、上に立つ人々が引き受けるしかない。

　具体的には、
　①新しい目標、仕事、ルール、インセンティブの創出
　②新しい物語の創造と浸透
　③求心力を高めることによる危機の克服、等
　④具体的なコンクリフトの処理
が考えられる。

　以下、トップ・リーダーと現場のリーダーに区分し、それぞれについてみていく。

　（2）　リーダーシップⅠ——トップ・リーダーの理論

　基本的な役割としては

①価値（経営理念）の体現者としてまたその象徴的な存在として、重視すべき価値を明確にし、内外に対して組織の進むべき方向を示すとともに、それらの価値の制度化を行い、さまざまな制度を実効あるものに変えていく（Selznick, 1957）。

②組織内のさまざまな矛盾、部門間のコンフリクトに対処するとともに組織全体のオペレーションが円滑に進む推進力となる。

③一方で目的、構造の自己点検を行い、必要だと判断した場合、タイミングよくそれらの構造革新に乗り出さなければならない。

　またこれらのトップ・リーダーに望まれる資質としては、
　①先見力
　②ビジョン・理念
　③勇気と決断力そして実行力

④リーダーとしての人間性と品格

などを挙げることができる (Robbins, 1997)。

（3）　リーダーシップⅡ——チーム・リーダーの理論

チーム・リーダーの役割としては

①メンバーを動機づけ、チームの一員として貢献できる状態にし、またメンバーの育成を行う。

②集団目的の達成をめざし、集団内で生じるさまざまな問題に対処し、チームとしてのまとまりを保持し、状況の変化に柔軟に対応できるチームの体制の構築をめざす。

③上位ないし他部門の競争と協力のマネジメントを行い、対外的な関係をスムーズにいかせる。

そのためには、いかなるリーダーシップがありうるかについては、以下の3つの理論グループがある。

1．資質論（または特性論）

すぐれたリーダーの資質・特徴を明らかにするアプローチ

2．行動論（リーダーシップ・スタイル論）

これは、リーダーの行動に着目し、どのような行動がよい成果につながるかを、行動科学的な視点に立ち実証研究を通じて明らかにしようとしたアプローチである。たとえば、その代表例としては、オハイオ州立大学、ミシガン大学の研究が有名であるが、彼らは、「人への配慮」と「生産への配慮」という2つのカテゴリーが存在することを明らかにした。その中でミシガングループは「人への配慮」（従業員志向といわれる）を重視するリーダーの方が良い結果を得られるという仮説を提示した。しかし、他の研究の結果は、この仮説を支持するものではなく、必ずしも、行動スタイルと成果の間に一貫した関係は、見出し得なかった。

3．状況理論

そこで次に登場してきたのが、フィードラー（F. E. Fiedler）を嚆矢とする状況理論である。その基本的な考え方は、どんなリーダーの行動スタイルが

```
┌─────────────────────┐
│ 環境的条件即応要因      │
│ ●タスク構造           │
│ ●公式の権限体系        │
│ ●ワーク・グループ       │
└─────────────────────┘
           │
┌──────────────┐       ↓        ┌──────────┐
│ リーダーの行動  │                │ 結果      │
│ ●指示型       │ ──────────→  │ ●業績    │
│ ●支援型       │                │ ●満足度  │
│ ●参加型       │                └──────────┘
│ ●達成志向型    │
└──────────────┘       ↑
           ┌─────────────────────┐
           │ 部下の条件即応要因     │
           │ ●ローカス・オブ・コントロール │
           │ ●経験                │
           │ ●認知された能力        │
           └─────────────────────┘
```

図IV-5　パス・ゴール理論

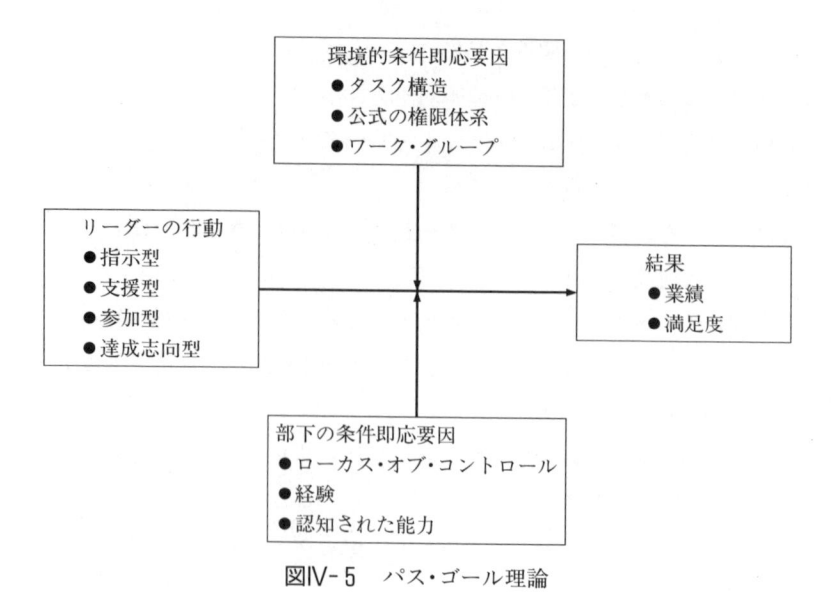

出所：ロビンズ（1997）p. 227 より。

よい成果を生むかは、状況によって依存するというものである。つまりリーダーシップの有効性は、状況によって変わるという仮説が提示された。ここでは、フィードラー・モデルをより精緻化したといわれているロバート・ハウス（R. J. House）の開発したパス・ゴール理論を紹介しておく（Robbins, 1997）（図IV-5を参照のこと）。

　ここにいうパス・ゴールという言葉は「有能なリーダーは、道筋（パス）を明確に示して、従業員の業務目標（ゴール）達成を助け、障害物や落とし穴を少なくすることにより、その道筋を歩きやすくする」ということに由来している。そして具体的に以下の4つのリーダーシップ・スタイルが示され、それぞれどのような状況（この場合の状況とは、①環境的条件②個人的特徴の2つの変数からなる）下でメンバーのそれぞれのスタイルが有効であるかを明らかにした。

　たとえば、
　①タスクがあいまいでコンフリクトも多く、ストレスが大であるとき→指

示型のリーダーシップ
　②タスクが明確であるとき→支援型リーダーシップ
　③高い能力とプライドを有するメンバー→参加型リーダーシップ
　④タスクがあいまいなとき→達成志向型リーダーシップ
とされる。
　いずれにしても従業員、環境に欠けているものをリーダーが補うような場合に、高い満足と成果が得られる可能性が高いという。

6　組織と環境のマッチング

　最後は、組織的行動が環境の要求、ニーズに応えているかどうか、マッチングしているかどうかというフェイズである。組織の存続は、環境とのさまざまなやりとりの中で、環境にとって有効な財、サービス、意味、物語を提供（ないしは、調達）できているか、また環境から自らの存続について正統性を付与されているか支持されているか、が問われなければならない。

　組織は真空の中に存在しているわけではない。たとえば、競争的市場に直面している企業にとっては、自らの提供する財またはサービスが、顧客に支持され、受け容れられていく必要がある。他の企業との厳しい競争の中で、価格上の優位性、差別化など、他社にはない優位性を生み出していくことが、勝ち残るポイントとなる。それは、売り上げ、利益、シェア等の増減として日々刻々と変化していく。そして、それらの成果（その予測もふくめて）は、たえずモニターされ、フィードバックというかたちで組織過程に影響をもたらすことになる。たとえば、売り上げ増というシグナルは、購買部門、生産部門、販売部門の人々の働き方とチームのあり方を変え、部門間協力のあり方と全体の意思決定のあり方を変えていく可能性がある。一方で、それらのシグナルは、企業内経営資源ならびに不確実性の分布を変化させ、企業内の権力関係を変化させていく可能性もある。

　また、企業は、さまざまな経営資源の購入、提供を通じて社会に対して、ある種のメッセージ、さまざまな意味、物語を提供する主体であると同時に、

時代や社会の意味やメッセージ、物語を実現していく主体である。そうしたメッセージ、物語が、社会に受容されていくことないしはマッチングしていくことを通じて企業の存続が可能となるが、それは同時に、企業の目的、ビジョン、企業文化が、刷新されていく契機となることも忘れてはならない。それ以外にも、さまざまな法的規制、競争ルール、企業に対する測定ルールないし情報開示ルールの変更も、組織過程に大きな変化をもたらすことになる。こうした視点に立つならば、組織と環境のマッチングの過程は、きわめて重要なプロセスということになる。

　最後にフィードバックが作動しない2つの理由を示しておく。1つは、成果についての測定の把握が困難な状況にある場合であり、事態を掌握するための具体的な測定手段を探す努力が重要である。もう1つは、把握されたとしても解決策へのアクションの引き金が引かれないケースである。その理由としては、①組織内の支配的な物語とギャップがあり、外部からのメッセージの重要性に気づかない、②そのメッセージに反応することによって、組織内の既得権益のネットワークが大きく揺らぐ可能性がある、③行動のためのインセンティブが存在しない、などが考えられる。これらについては、問題の重要性を組織的に認知せしめる努力、またそのための新しいインセンティブの導入などが必要となる。

5　2つの組織過程

　最後に、それらの組織過程の2つの基本類型について、簡単にふれておこう。

　第1の過程は、既存の組織目的と組織構造を前提に組織メンバーのおりなす意思決定と行動連鎖、またそれが生み出す組織成果のフィードバックをふくむ概念(前述の①〜⑥のフロー)として組織過程を理解するものである。ここでは、こうした側面を定常的ないしはルーチル型の組織過程とよぶことにする。

第2の過程は、革新的な組織過程であり、以下の2つの視点が考えられる。
　ⅰ）1つは、「組織過程それ自体が、大きく変化することを意味し、個人、集団、集団間の関係を貫く4つの媒体が、変容していくことを重視する視点」である。具体的には、①新しい物語のネットワークが生まれる、②新しい経済的利害関係のネットワークが生まれる、③新しい人間関係のネットワークが生まれる、④新しい権力関係のネットワークが生まれる。等が考えられる。これらの関係は、単独で生じる場合もあれば複数で生じる場合もある。また同時に生じる場合もあれば、タイムラグをもって生じる場合もある。まず、革新の生じる契機を示し、そのプロセスについて、組織学習および知識創造の立場に立つ理論をみていくことにする（詳細については大月ら，2001をみよ）。
　第1は、組織過程の前提となる組織目標、組織構造が、変化することを契機とする。具体的には、既存の戦略の見直し、新しい戦略の導入、組織の仕

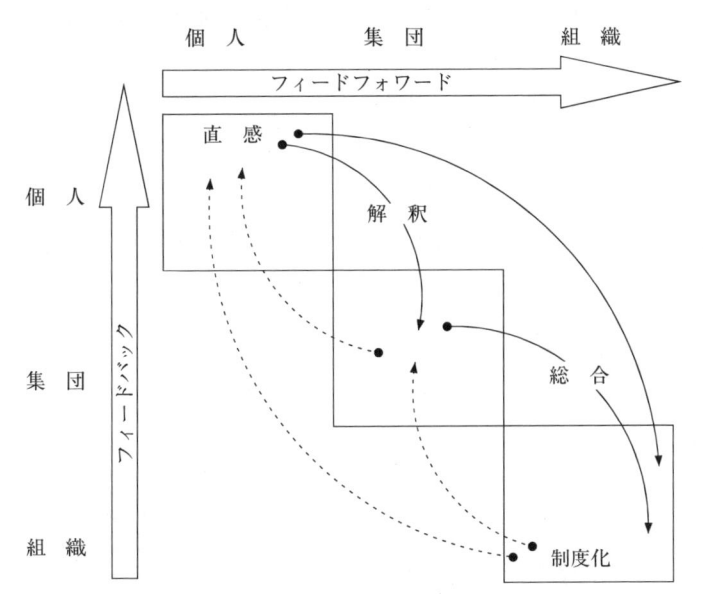

図Ⅳ-6　ダイナミック・プロセスとしての組織学習
出所：Crossman, Lane and White（1999）p. 532.

組みルールの変更（事業部制の見直し、新しい職位の導入、行動ルール、評価ルールの変更）、組織カルチュアの変容、等がふくまれる。

第2は、環境からのフィードバックを契機とするものである。

第3は、組織自らの学習—知識創造を契機とするものである。たとえば、クロスマン、レインとホワイト（Crossman, Lane and White, 1999）は個人、集団、組織の各レベルにおける学習が、フィードバックとフィードフォワードのプロセスを経て連結され、知の形成、組織学習が進むとみなした（図IV-6を参照のこと）。まず個人レベルの直感、集団レベルの解釈を経て、組織においてそれらがより全体的に統合され、制度化すなわち、目的、構造、ルール、ルーチンに変化をもたらし、それらに組み込まれ、組織全体に波及していくことになる。

同様に野中郁次郎（1999）は、組織における知識創造のプロセスを、暗黙知と形式知の相互作用、循環プロセスとみなした。知識創造は、以下の4つのプロセス、①共同化（暗黙知→暗黙知）②表出化（暗黙知→形式知）③結合化

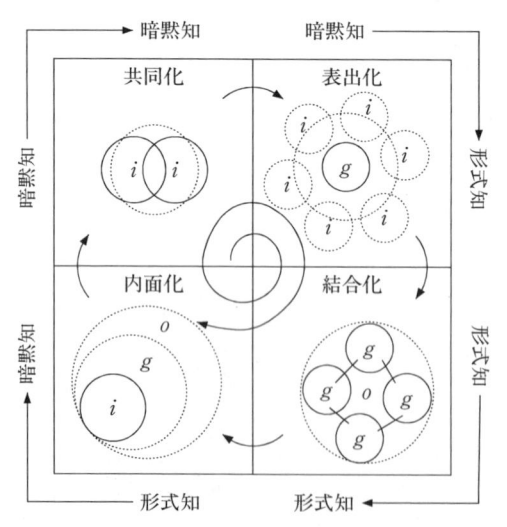

図IV-7　知識変換のプロセス
出所：野中・紺野（1999）p. 122 より。

（形式知→形式知）④内面化（形式知→暗黙知）からなる（図Ⅳ-7を参照のこと）。
　これらの知識変換は、独立になされるわけではなく、個人から集団、集団から組織、組織から組織間へとスパイラルに知の増幅がなされていくことになるという。以上の契機を通じて、革新的な組織過程が展開されていくことになる。
　いずれにしても、革新的な組織過程は、4つのネットワークのそれぞれの変容とそれらのネットワークの重層的な関係そのものが、大きく変容していくプロセスとして理解される必要がある。
　ⅱ）加えて革新的な組織過程の2つめの視点は、「組織過程それ自体の変容が引き金となって、また組織過程を通じた成果のフィードバックによって、所与と思われていた組織の目的と組織構造そのものが変容していくこともある」というものである。これもまた組織過程の重要な側面であり、ここではそうしたダイナミック（動態的）な側面もふくめて「革新的な組織過程」とみなすことにする。
　いうまでもなくⅰ）とⅱ）の2つの過程は、完全に分離されるものではなく、実際のケースでは同時に進行する場合もあるし、その区別が困難であるケースもあろう。ここでは、分析のための理念型として理解されたい。

参考文献

Barnard, C. I., *The functions of the executive,* Harvard University Press, 1938.（山本安次郎・田杉競・飯野春樹訳『新訳　経営者の役割』ダイヤモンド社、1968年）

Crossman, M. M., Lane, H. W. and White, R. E., "An organizational learning framework : From intuition," *Academy of Management Review*, 24 : pp. 522-537, 1999.

稲葉元吉・大森賢二『現代の経営組織』春秋社、1983年

稲葉元吉『コーポレート・ダイナミックス』白桃書房、2000年

金井壽宏『変革型ミドルの探求』白桃書房、1991年

金井壽宏『経営組織』日本経済新聞社、1999年

桑田耕太郎・田尾雅夫『組織論』有斐閣、1998年

Lawrence, P. R. and Lorsh, J. W., *Organization and Environment,* Harvard

University, Graduate School of Business Administration, Division of Research, 1967.（吉田博訳『組織の条件適応理論』産業能率短期大学出版部、1977年）

Lazer, P. E., *Personnel Economics for managers,* John Wiley, 1998.（樋口美雄・清家篤訳『人事と組織の経済学』日本経済新聞社、1998年）

March, J. G. and Olsen, J. P., *Ambiguity and choice in organizations,* Universitetsforlaget, 1976.（遠田雄志・アンリ・ユング訳『組織におけるあいまいさと決定』有斐閣、1986年）

McClelland, D. C., *The Achieving Society,* Van Nostrand, 1961.（林保監訳『達成動機』産業能率短期大学出版部、1971年）

Maturana, H. R. and Varela, F. J., *Autopoiesis and cognition : The realization of the living,* R. Reidl, 1980.（河本英夫訳『オートポイエーシス―生命システムとはなにか』国文社、1991年）

Milgrom, P., and Roberts, J., *Economics, organization and management,* Prentice-Hall, 1992.（奥野正寛・伊藤秀史・今井晴雄・西村理・八木甫訳『組織の経済学』NTT出版、1997年）

野中郁次郎・紺野登『知識経営のすすめ―ナレッジマネジメントとその時代』ちくま新書、1999年

大月博司・藤田誠・奥村哲史『組織のイメージと理論』創成社、2001年

Picot, A., Dietl, H. and Franck, E., *Organization,* Schäffer Poeschel Verlag, 1997.（丹沢安治・榊原研互・田川克生・小山明宏・渡辺敏雄・宮城徹訳『新制度派経済学による組織入門』白桃書房、1999年）

Robbins, P. Stephen, *Essentials of Organizational Behavior,* (5th ed.) Prentice-Hall, 1997.（高木晴夫監訳『組織行動のマネジメント』ダイヤモンド社、1997年）

境忠宏「集団間の葛藤」『紛争解決の社会心理学』所収、ナカニシヤ出版、1997年

Selznick, P., *Leadership in administration,* Harper & Row, 1957.（北野利信訳『組織とリーダーシップ』ダイヤモンド社、1963年）

Simon, H. A., *The New Science of Management Decision,* revised ed., Prentice-Hall, 1977.（稲葉元吉・倉井武夫訳『意思決定の科学』産業能率大学出版部、1979年）

田尾雅夫『組織の心理学』有斐閣、1991年

Thompson, J. D., *Organizations in action,* McGraw-Hill, 1967.（高宮晋監訳『オーガニゼーション・イン・アクション』同文舘、1987年）

内野崇「ポリティカル・アプローチによる組織分析」『現代経営学説の系譜』所収、有斐閣、1989年

Weick, K. E., *The social phychology of organizing,* Addison-Wesley, 1979.
（遠田雄志訳『組織化の社会心理学』（第 2 版）文眞堂、1997 年）

第Ⅴ章

組織と外部環境

1 外部環境と経営戦略

1 組織―環境関係についての見方

　組織は真空状態の中に存在しているわけではない。組織は、その外部に存在するさまざまな環境主体から影響を受けながら、またその環境主体に対して影響をおよぼそうとしている。環境主体もまた、単に組織から影響を受けるだけでなく、それぞれが独自の意図によって行動し、組織が制御できない結果を生み出すこともある。

　経営学の分野において、このような組織と外部環境の相互依存関係や相互影響関係が取り上げられるようになったのは、1940年代になってからである。40年代までの科学的管理法にしろ初期管理過程論にしろ、組織は外に向かって閉じたシステム（closed system）であり、外部環境によって組織内部の職能や部門間の関係が変化すると仮定していなかった。そうした組織内の活動や関係は外部環境に関係なく一定であり、変化するとすれば組織内部の要因によるものと考えられた。そして内部効率性をいかに高めるかが組織の機能的要件であり、外部環境への適応という問題が取り上げられることはなかった。

　しかし40年代に入ると、システム論やサイバネティックスの影響もあり、組織はオープン・システム（open system）として捉えられるようになった。すなわち組織は、外部から原材料・部品、人材や資金、情報などをインプットし、内部での転換過程を経て、外部に製品・サービス（さらには廃棄物）を

アウトプットする。そしてオープン・システムとしての組織は、内部効率性だけでなく、外部環境との適合性を要件とし、環境条件にいかにフィットした戦略や組織をつくり出すかが重要な問題になった。

　組織と環境の関連についての考え方は、これまで主に3つの領域で展開されてきた。まず第1は、50年代から60年代にかけてバーンズ＝ストーカー（T. Burns＝G. M. Stalker）やローレンス＝ローシュ（P. R. Lowrence＝J. W. Lorsch）らによって展開されたコンティンジェンシー理論である。彼らの基本的立場は、あらゆる状況に普遍的に適用可能な組織原則があるわけではなく、組織づくりの唯一最善の方法（one best way）は存在しないという命題である。換言すれば、環境状況と組織構造がフィットすることが組織成果につながるという命題である。

　たとえばバーンズ＝ストーカーは、英国の製造業20社の実証研究から、マネジメントの実践は有機的システムから機械的システムまでの連続体によって分析することができるという。一方の極の有機的システム（organic system）は、フレキシブルな構造をもち、あらかじめ決められた課業もゆるやかで、コミュニケーションも水平的で命令よりも協議や相談という色彩が強い。片方の極の機械的システム（mechanistic system）は、課業や責任が明確で、コミュニケーションの内容も命令や指示が多く、それぞれの機能別の専門性を活かすようなシステムである。ただ現実のマネジメントシステムは、純粋に有機的システムとか純粋に機械的システムというケースはほとんどなく、むしろ2つのシステムの特徴が混在している。彼らは、どちらのシステムが適切かは、その組織の置かれた環境次第であると主張している。すなわち有機的システムは変化する環境に適合し、機械的システムは安定的環境に適合する。

　コンティンジェンシー理論で捉えられた外部環境は、組織に不確実性を与える源泉であり、単純で安定的な外部環境から複雑で変動的な外部環境に進化するにつれて、環境不確実性は高くなると仮定される。この意味では、外部環境は組織の外に客観的に存在しながらも、圧倒的なパワーによって組織

に影響し続ける顔のみえない要素の集合であるかのようである。コンティンジェンシー理論が環境決定論であると批判される所以である。

　70年代になると、組織は外部環境に影響されるだけの脆弱な主体ではなく、外部環境を独自に知覚したり選別したり、さらには操作するだけの能力を有している主体であるという理解が広まってきた。こうした流れは戦略的選択論とよばれている。

　たとえばチャイルド（J. Child）は、組織内意思決定者は外部環境を創造する（enact）だけのパワーを有していると主張し、マネジャーの戦略的選択（strategic choice）過程を重視している。さらにワイク（K. Weick）は、人間は環境に反応するのではなく、環境を創造すると述べ、マネジャーによって創造された環境を「創造環境（enacted environment）」とよんでいる。

　さらにマイルズ＝スノー（Miles and Snow, 1978）は、環境創造（enactment）が組織構造や組織過程についての一定のパターンを生み出しているかどうかを出版業界他で調査する中で、以下の4つの安定的で統一的なパターン（戦略パターン）を抽出した。この戦略パターン類型化の背景には、マネジャーにはその組織が適合する環境適応のパターンを創造するだけの能力があり、その環境適応のパターンは戦略と組織の適合した状態であるという考えがある。

①防衛型（defender）──狭いが安定した市場で限定された製品サービスを、コスト効率的に生産販売するための戦略と組織を使うことで生き延びるパターン。

②先取り型（prospector）──変化する広範な市場に果敢に進出することで、多角化と事業部制によるメリットを享受しようとするパターン。

③分析型（analyzer）──防衛型と先取り型の中間形態で、安定した市場では防衛型のような戦略と組織、変化する市場では先取り型のような戦略と組織を併用するパターン。

④反応型（reactor）──戦略は先取り型でありながら組織は防衛型のように、戦略と組織が統一されていないパターン。

また後述するフェッファー＝サランシク（Pfeffer and Salancik, 1978）の資源依存モデルも戦略的選択論である。戦略的選択論の捉える外部環境は、コンティンジェンシー理論が考えるような一方的に組織に影響を与える怪物でもなければ、組織の管轄下に置かれ統制可能な要素の集合である死んだ環境でもない。組織によって息吹を与えられ活性化するような、主体としての意図をもった準統制可能な要素の集合である。

　続いて70年代後半には、同じ組織形態をもつ組織の集合である組織個体群（organizational population）に対する外部環境の影響を考えるアプローチが誕生してきた。この3番目の流れであるアプローチを総称して個体群生態学（population ecology）とよんでいる。

　まずハナン＝フリーマン（M. T. Hannan＝J. Freeman）は、目標、技術、組織構造、市場などの面で共通する特徴を組織形態（organizational form）とよぶ。各個体群での組織形態の違いを示す次元の1つが、スペシャリストとジェネラリストという区別である。スペシャリスト（specialist）は、限定された市場や顧客を対象に、限定された製品サービスを提供するような組織個体群であり、ジェネラリスト（generalist）はより広い市場や顧客をターゲットに、広範な製品サービスを提供する組織個体群である。

　組織形態の違いを示すもう1つの次元は、あるニッチにおいて組織個体群が資源を利用するしかたに関する次元である。すなわち、市場一番乗りで競争優位を確保し、利益をあげるような戦略をとる組織個体群（r－戦略）と、新たな市場がある程度形成された後にゆっくりと進出していく戦略をとる組織個体群（K－戦略）である。

　たとえば米国のコンピュータ業界の例でいえば、たえざる研究開発によりスーパーコンピュータで競争したクレイ・コンピュータはr－スペシャリストであり、パソコン、ワークステーション、周辺機器など多くの分野で革新的製品開発をもとに競争するヒューレット・パッカード（HP）はr－ジェネラリストである。またパソコン市場をターゲットに安い価格と品質で競争するコンパックはK－スペシャリストであり、パソコンから大型のスーパー

コンピュータまでを手がけ、価格と品質で競争するIBMはK－ジェネラリストである。

さらに個体群生態学理論が重視する概念が個体群ニッチ（population niche）あるいはニッチという概念である。ニッチは組織個体群が存続できる資源のスペースであり、資源の利用可能性や市場の機会をもとに組織個体群はそれぞれのニッチを決める。1つの業界は複数のニッチで構成されていることから、あるニッチにおいて複数の個体群が競合する。組織個体群の間での競争の程度は、それぞれのニッチがどの程度重複しているかによる。

こうした概念をもとにある業界の生成や発展過程を考えると、まず業界の生成初期の段階では、r－スペシャリストやr－ジェネラリストが共通の組織形態であるが、一度業界そのものが成立すると新規参入者が増加し、多くのK－スペシャリストやK－ジェネラリストが参入するようになる。そして個体群密度が増大するにつれて、K－戦略をとる個体群に有利になってくる。そしてr－戦略をとる個体群が新たなニッチを発見できない限り、K－戦略をとる個体群がr－戦略をとる個体群に取って代わることになる。

個体群生態学の考える環境は、同一の組織形態をもつ組織個体群の生成や死亡に影響をおよぼす、より大規模な環境状況であり、ある組織の集合の生死を決定する淘汰圧力として機能する。

2　外部環境と環境分類

外部環境は、「ある行為主体にとって部分的に制御不可能であり、その行為主体に直接的あるいは間接的に影響をおよぼす要素の集合」と定義できる。この定義に若干の説明を加えておくと、まず「行為主体」については、組織内部の特定個人である場合、組織内部門である場合、組織全体である場合、さらに複数組織の集合体である場合、などが考えられる。どのレベルで行為主体を捉えるかは分析目的によってさまざまであるが、行為主体がどのレベルかによって外部環境の意味も異なってくる。ここでは行為主体の中心を組織および組織メンバーと考えることにする。

次に「制御不可能性」については、行為主体にとってまったく制御不可能な要素の集合から行為主体の思うままになるような要素の集合までの連続体を考えることができる。環境要素のそれぞれが一時的かつ局所的にしか変化しない連続的で行動的変化の場合は、行為主体もある程度思うままの制御が可能になる。行為主体と環境要素の間に直接的関係があればなおさらである。しかし、環境要素のそれぞれが間断なく大規模に変化しているような非連続的で構造的変化の場合は、行為主体が制御できる範囲は非常に限られたものになる。さらに行為主体と環境要素との間に直接的関係がない場合、制御可能性はさらに限定される。

　最後に「直接的あるいは間接的」という言葉については、外部環境を行為主体に直接的に関係し、その行動がすぐにその組織にはねかえるような特殊環境あるいは直接環境と、行為主体と間接的にしか関係していないことでコントロールの範囲外であることが潜在的にはその組織の存続に大きな影響をおよぼすことになる一般環境あるいは間接環境に区分することが多い。前者の環境については第2節の対利害者集団関係で、後者の環境は第3節の対社会環境関係で詳述するつもりであるが、ここでは外部環境の変化あるいは進化について考えることにする。

　まず外部環境の因果連関的変化についてみてみよう。エメリー＝トリスト (Emery and Trist, 1971) は、組織と環境との相互作用を次の4つに区分している。図V-1にみるように、L_{11}は組織内部の関係であり、L_{21}は外部環境から組織への影響関係であり、L_{12}は組織から外部環境への影響関係である。最後のL_{22}は、外部環境を構成する要素間の関係である。なおLは関係 (relationship) を示しており、1は組織を表し2は環境を表す。

　そして彼らは、環境要素間の結びつきの強さ (strength of interconnectedness) と変化の度合 (rate of movement) という2つの次元によってL_{22}の環境進化を区分する。すなわち、低い因果連関 (low causal texture) から高い因果連関 (high causal texture) までの環境進化の連続体を4段階に区分し、現在の状況は乱気流状の環境に相応するという。なお環境進化の第1段階は平穏

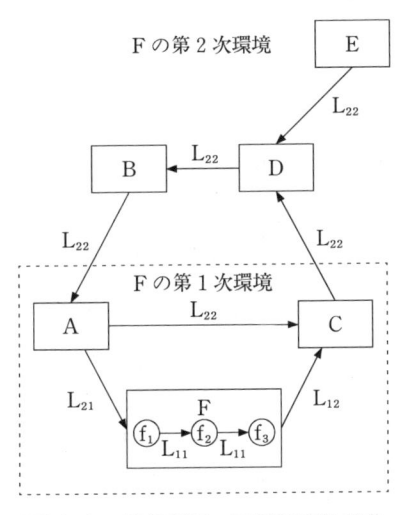

```
        Fの第2次環境      E
                          │
                          │L₂₂
                          ▼
            B  ◄──L₂₂──  D
            │             ▲
          L₂₂            L₂₂
            │             │
    ┌───────┼─────────────┼───────┐
    │       │ Fの第1次環境 │       │
    │       ▼             │       │
    │   A  ──────L₂₂─────► C      │
    │   │                  ▲      │
    │  L₂₁    ┌─── F ───┐ L₁₂     │
    │   │    │ f₁→f₂→f₃ │  │     │
    │   └───►│  L₁₁ L₁₁ │◄─┘     │
    │        └──────────┘         │
    └─────────────────────────────┘
```

図V-1　外部環境の因果連関的変化
出所：Miles（1980）p. 202（一部追加）．

でランダムな環境、第2段階は平穏で群化した環境、第3段階は撹乱し反応的な環境、そして最後の第4段階が乱気流状の環境である。

　乱気流状の環境では、環境を構成する要素間の結びつきが強く、さらにそれが刻々と変化することから、環境のある部分の変化が環境全体にすぐに波及する。そしてこの環境変化は、中心になる組織のコントロールの範囲を超えたところでおこっていることから、中心となる組織にとっては思わぬ結果を引きおこすこともある。こうした意図せざる結果を引きおこす可能性が高くなるということが、高い因果連関という言葉の意味である。

　環境要素間の結びつきの強さと変化の度合という次元は、後に環境分類の主要次元の2つになった。すなわち、第1は静態的な環境次元、第2は動態的な環境次元である。たとえば、環境構成要素の複雑性、環境構成要素への対処のルーチン性、環境構成要素間の相互依存の程度、などが静態的な環境次元として提起された。また環境構成要素の変化の度合、変化の予測可能性、などが動態的な環境次元として提起された。

環境分類の最も一般的な次元は、環境を構成する要素の数の大小と種類の多様さではかられる単純―複雑という静態的軸である。もう1つの次元は、その環境構成要素がほとんど変化しないか、あるいは時間とともに大幅に変化するかに関係する安定―変動という動態的軸である。

　この2つの次元をもとに外部環境は次の4つのセルに類型化できる。（Ⅰ）安定―単純環境、（Ⅱ）安定―複雑環境、（Ⅲ）変動―単純環境、（Ⅳ）変動―複雑環境の4つである。セルが進むにつれて組織（メンバー）が知覚する環境不確実性は高くなり、組織内部での対応も複雑化し高度化せざるをえなくなる。

　なお外部環境の単純―複雑および安定―変動という次元が、行為主体にとっての客観的環境次元であるのに対して、外部環境の不確実性の程度という次元は、行為主体が主観的に知覚し認識した主観的環境次元である。客観的と主観的という区分を前提にすると、客観的には環境進化が進んでいても（たとえばⅣの変動―複雑）、行為主体が主観的に認知する環境の不確実性は低いかもしれない。また逆に客観的環境が進化していない場合（たとえばⅠの安定―単純）でも、行為主体は高い環境不確実性として認知することもある。こうした認識ギャップは、環境変化の知覚や解釈に影響する個人的要因や組織的要因によって説明できる。

　客観的な環境進化と主観的に知覚された環境不確実性と組織デザインの関連は、図Ⅴ-2のようにまとめることができる。最も適切な対応関係は、客観的環境進化Ⅳ→主観的に知覚された環境不確実性Ⅳ→組織デザインⅣのような関係である。ただ多くの企業は、タイムラグ（対応の遅れ）や個人的組織的要因によって、客観的環境進化Ⅳ→主観的に知覚された環境不確実性Ⅲ→組織デザインⅡあるいはⅢのような、後追い的で反応的（reactive）対応関係にならざるをえない。しかし一部の革新的企業では、むしろ客観的環境進化Ⅲ→主観的に知覚された環境不確実性Ⅳ→組織デザインⅣのような先取り的で先行的（proactive）対応関係をとる場合もある。このような企業間での対応関係の違いは、組織内部の過程に深く関係している。次にこの問題を扱う

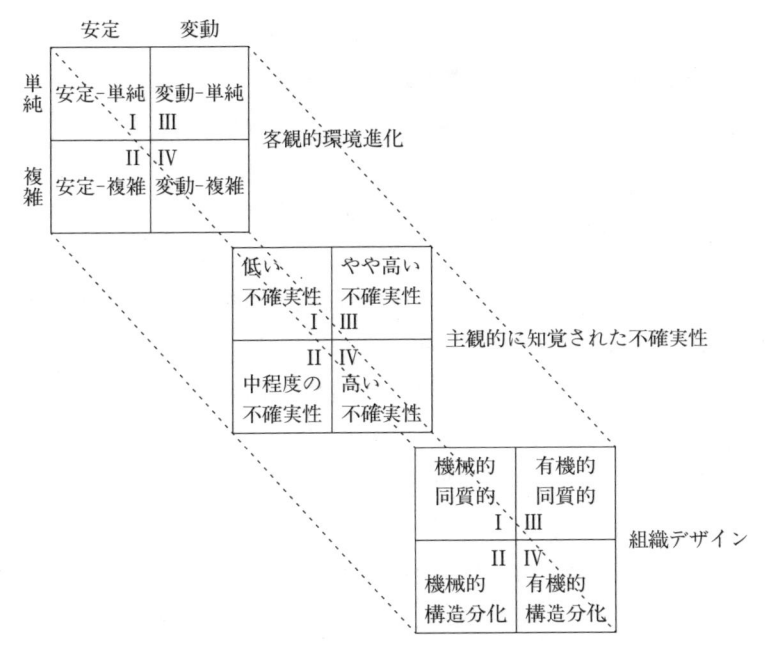

```
           安定  変動
    単   ┌─────┬─────┐
    純   │安定-単純│変動-単純│
        │   I  │ III  │
        ├─────┼─────┤ ＼  客観的環境進化
        │  II  │ IV   │
    複   │安定-複雑│変動-複雑│
    雑   └─────┴─────┘
              ┌─────┬─────┐
              │低い  │やや高い│
              │不確実性│不確実性│
              │   I  │ III  │
              ├─────┼─────┤ ＼ 主観的に知覚された不確実性
              │  II  │ IV   │
              │中程度の│高い  │
              │不確実性│不確実性│
              └─────┴─────┘
                       ┌─────┬─────┐
                       │機械的 │有機的 │
                       │同質的、│同質的 │
                       │   I  │ III  │
                       ├─────┼─────┤ 組織デザイン
                       │  II  │ IV   │
                       │機械的 │有機的 │
                       │構造分化│構造分化│
                       └─────┴─────┘
```

図V-2　環境進化―不確実性―組織デザイン

出所：Miles (1980) p. 275 (一部修正).

ことにする。

3　組織の環境認識モード

　客観的環境の変化は、組織内メンバーに環境不確実性として知覚され、その不確実性を削減し処理するさまざまな過程が生じる。この組織内部の環境適応過程を大別すると、次の4つが挙げられる。

①ドメイン設定―環境全体から特定の活動領域を自らのドメインとして選び、そのドメインと環境部分との合意を形成する過程。

②環境スキャニングと環境解釈―組織と環境の境界に位置する境界担当者による外部環境のスキャニング（走査）と、組織の認知システムやメモリーによる環境情報の解釈過程。

③戦略的選択—経営者によって外部環境を戦略的に選択したり、自らの思うままに操作しようとする戦略的選択過程。

④組織学習—組織の行為結果について外部環境からのフィードバックにより、新たに学習する過程。

　こうした過程は、どのような組織も一様ではなく、それぞれの組織の組織的個人的要因によって異なる。たとえば、組織構造が集権的で官僚主義的な組織文化をもつ組織と、組織構造が分権的で企業者精神的な組織文化をもつ組織では、ドメイン設定—環境スキャニングや解釈—戦略的選択—組織学習の過程は異なる。このような、それぞれの組織に固有の環境スキャニング過程や環境解釈過程をパターン化しようとする研究がある。たとえば、前述のマイルズ＝スノーは、4つの戦略タイプごとの経営者知覚（managerial perception）を以下のようにまとめている。

①（ドメイン）防衛型—トップは外部環境の変化や不確実性をほとんど知覚しないことから、組織の構造や過程の微調整以外は何にも手をつけようとしない。

②（消極的）反応型—トップは外部環境のある変化や不確実性を知覚するけれども、環境からの圧力があるまでは実質的な調整をまったくしない。

③（慎重な）分析型—トップは外部環境の変化や不確実性を十分に知覚するが、ライバル企業が手を打つまで待ち、その後は敏速に行動をおこす。

④（熱狂的）先取り型—トップは外部環境の変化や不確実性を常に知覚しさらに先取りし、新たな環境に対するさまざまな実験を試みる。

　ダフト＝ワイク（Daft and Weick, 1984）は、こうした組織の環境解釈に関するこれまでの研究を統合し、4つの解釈（認識）モードに再編成している。組織による解釈の違いを説明する要因の1つは、外部環境の分析可能性についての経営者の信念である。たとえば顧客のニーズをはっきりと分析することは可能であるという信念をもつ経営者もいれば、顧客ニーズはあいまいであり、新たに生まれたり変化することから、明確に分析することは不可能であるという信念をもつ経営者もいる。組織による解釈の違いを説明するもう

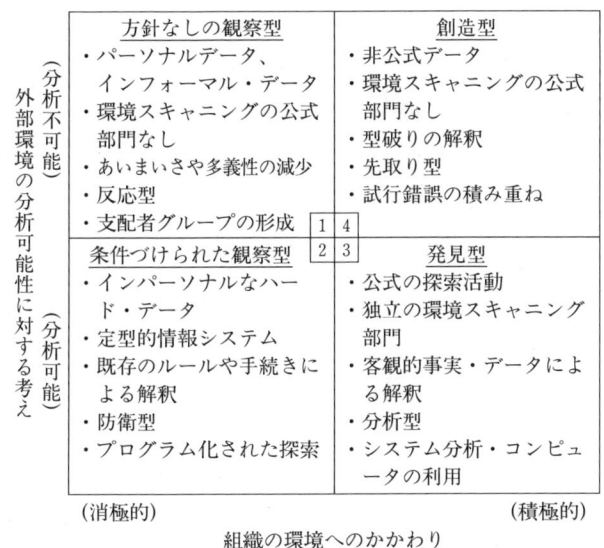

	（消極的）　　　組織の環境へのかかわり　　（積極的）	
（分析不可能） 外部環境の分析可能性に対する考え （分析可能）	方針なしの観察型 ・パーソナルデータ、インフォーマル・データ ・環境スキャニングの公式部門なし ・あいまいさや多義性の減少 ・反応型 ・支配者グループの形成	創造型 ・非公式データ ・環境スキャニングの公式部門なし ・型破りの解釈 ・先取り型 ・試行錯誤の積み重ね
	条件づけられた観察型 ・インパーソナルなハード・データ ・定型的情報システム ・既存のルールや手続きによる解釈 ・防衛型 ・プログラム化された探索	発見型 ・公式の探索活動 ・独立の環境スキャニング部門 ・客観的事実・データによる解釈 ・分析型 ・システム分析・コンピュータの利用

（中央に 1, 4 / 2, 3 のマトリクス）

図V-3　組織認識モード
出所：Daft and Weick (1984) p. 291（修正）．

1つの要因は、環境を理解するために組織が環境に押し入る度合（organizational intrusiveness）である。すなわち組織が環境に積極的にかかわるか、消極的にしかかかわらないかの次元である。彼らはこの2つの次元をもとに、図V-3のような4つの組織認識モードを提起している。

第1の組織認識モードは、経営者が外部環境は主観的にしか認識できず客観的分析ができないと考えており、その環境に対しても消極的にしかかかわりをもたない「方針なしの観察型（undirected viewing）」モードである。このモードでは、環境スキャニング担当の公式部門はなく、非定型的なインフォーマルなデータが重要視され、個人的ルートによって得られる噂話や虫の知らせのようなものが利用される。このようにデータがあいまいで環境についての多様な見方が可能であることから、解釈過程はあいまいさや多義性を減少することが中心になる。戦略タイプは反応型で支配者グループの意思決定が決定過程になる。

第2の組織認識モードは、経営者が外部環境は客観的に十分に分析できると考えており、かつその環境に対して消極的にしかかかわりをもたない「条件づけられた観察型（conditioned viewing）」モードである。このモードでも、環境スキャニング担当の部門はないが、定型的な情報システムを通じて報告書や刊行物など環境のハードデータが収集される。解釈過程は既存のルールや手続きを使うことから、伝統的枠組みの中での解釈が多く、環境情報の多義性を減少させることが中心になる。戦略タイプは防衛型で、プログラム化された探索が決定過程になる。

　第3の組織認識モードは、経営者が環境を客観的に分析できると考えており、かつその環境に対しては積極的なかかわりをもとうとする「発見型（discovering）」モードである。環境スキャニングのための独立部門を設置し、市場調査、アンケート、トレンド分析、機会と問題の予測など公式の探索活動を行う。さらに解釈過程は、思わぬ解釈や型破りの解釈が生じる余地はほとんどなく、客観的事実やデータに説明させるというパターンである。戦略タイプは分析型で、決定過程にはシステム分析やコンピュータが使用される。

　第4の組織認識モードは、経営者が環境を分析できないと考えており、かつその環境に対しては積極的なかかわりをもとうとする「創造型（enacting）」モードである。環境スキャニング担当の部門はなく、不定期の報告書や環境からのフィードバックなど非公式的データが利用される。さらにこれまでの伝統や慣例にとらわれない型破りの解釈を積極的に行おうとする。また実験やテストや実行による学習などを通じて自らの思い込みや確信を組織に押しつける。戦略タイプは先取り型で、決定過程は試行錯誤の積み重ねである。

2　対利害者集団関係

■1　利害者集団の意味と種類

　これまでは外部環境を単純―複雑、安定―変動という2つの次元で類型化

し、環境不確実性の大小を中心に議論してきた。しかし外部環境を環境不確実性から分析するだけでは不十分である。なぜなら、外部環境の構成要素は、消費者、競争企業、原材料部品納入企業、株主、債権者、労働組合、地域社会、消費者団体や企業評価団体などの非営利組織、政府機関、業界団体など多様であり、そうした組織の要求を一括して環境不確実性という次元で説明するには無理がある。とりわけ、地域社会、消費者団体や企業評価団体などの非営利組織（NPO）、業界団体などからの要求は不確実性という次元では捉えきれない。

　こうした問題に対処するために、資源の稀少性やアウトプットの受容可能性など外部環境の反応性（receptiveness）という次元を付け加えることもある。前者は、組織存続のために外部の組織から必要資源を獲得しようとするとき、外部環境の資源がどれくらい稀少かにかかわるものである。後者は、アウトプットとしての製品サービス、さらには廃棄物の産出に対する外部環境の反応の敏感さにかかわるものである。しかし、ここでは外部環境を環境不確実性から考えるよりも、むしろ利害者集団あるいはステイクホルダーの集合と考えることにする。

　利害者集団（interest group）は、字句の通り組織と利害関係にある集団であり、組織活動に大きな影響力をもつ集団である。他方ステイクホルダーは利害者集団に比べ、より積極的に、文字通り賭け金（stake）をあずかる人や集団であり、組織の将来の成功を見込んで賭け金をつぎ込むという意味が加わる。ステイクホルダーは、組織に対する影響力の大小や中心になる組織との関係の強さなどによって第1次ステイクホルダーと第2次ステイクホルダーに区分できる。

　第1次ステイクホルダーは、組織の目標達成に直接関係する経済的な利害をもつ個人や集団であり、消費者、株主、従業員、供給業者、卸売業者、競争業者などが相応する。また第2次ステイクホルダーは、組織の目標達成に間接的にしか関係しないけれども、環境保全や社会貢献など非経済的な利害をもつ個人や集団であり、地域社会、消費者団体、企業評価団体、環境保護

団体、ボランティア組織、政府機関、行政機関、規制機関などがあてはまる。後述のグリーン・ステイクホルダーの一部もこの第2次ステイクホルダーである。

それぞれのステイクホルダーの相対的重要性は歴史的に変化してきたし、それぞれの国ごとにステイクホルダーの相対的重要性は異なっている。第1に注目すべき点は、経済的利害をもつ第1次ステイクホルダーと同等あるいはそれ以上に倫理的社会的利害をもつ第2次ステイクホルダーの比重が強くなってきていることである。とくに地球環境や企業倫理、社会的責任などについて影響力を行使する環境保護団体、企業評価団体、消費者団体などのステイクホルダーのパワーが強くなっている。

第2に注目すべき点は、ステイクホルダーから組織への影響関係だけでなく、逆に組織からステイクホルダーへの影響関係も考慮に入れなければならないことである。組織とステイクホルダーの間は、一方的な影響関係ではなく相互依存関係にもとづく相互影響関係にあることが特徴である。

また第3に、ある特定のステイクホルダーの間で、あるいは異なるステイクホルダー間で、これまでのように利害をめぐって対立したり競争する状況から、ステイクホルダー間での協同関係をつくりあげ共生をめざそうという動きがある点である。

2 ステイクホルダーとの組織間関係

組織はステイクホルダーとの利害を調整しながら、そうしたステイクホルダーから必要な資源や支持を獲得しなければならない。しかし組織が、自らの存続や発展のためにステイクホルダーに依存しているというだけなら、何も問題は生じない。たとえば、ステイクホルダーの1つである供給業者からの原材料や部品の調達が安定的に行われていれば何も問題は生じないし、それ以外の資源も継続的に外部のステイクホルダーから獲得できれば問題は発生しない。

組織にとって問題が生じるのは、組織が外部のステイクホルダーに資源獲

得の面で依存していながら、ステイクホルダー自体はその組織に依存していない場合である。新たなステイクホルダーが生まれ、一部のステイクホルダーが消滅するというように、外部のステイクホルダーは刻々と変化している。組織が存続のために必要な資源を外部ステイクホルダーに依存せざるをえず、そのステイクホルダー以外の代替先も見つからない状況の中で、ステイクホルダー自体はその組織に依存していないとき、組織間関係の問題が生じる。

　こうした組織間関係の問題を分析するための有効なモデルが、フェッファー＝サランシクによって体系化された資源依存モデルである。彼らは、組織がステイクホルダー（社会的アクター）の要求にしたがうかどうかは、次のような条件しだいであるという。

　①組織は、外部環境からのさまざまな要求を知覚している。
　②組織は、さまざまな要求をもつステイクホルダーから資源を獲得している。
　③その資源は、その組織の存続に決定的に重要な資源である。
　④ステイクホルダーはその資源の配分、アクセス、使用方法などを自由にコントロールできる。また組織は、その資源を他のステイクホルダーから獲得できない。
　⑤組織自体は、ステイクホルダーによる活動や資源の配分や使用、アクセスをコントロールできない。
　⑥組織の活動やアウトプットが可視的であり、ステイクホルダーが組織の行動が自らの要求を満たすかどうかを評価できる。
　⑦組織がステイクホルダーの要求を満たすことと、その組織が別のステイクホルダーの要求を満たすこととが矛盾しない。
　⑧組織は、ステイクホルダーの要求の決定や表明に関して何らコントロールできない。
　⑨組織は、外部からの要求を満たすだけの活動もできるし、成果を生み出す能力も有している。
　⑩組織は、存続そのものを望んでいる。

このような組織とステイクホルダーとの相互依存関係が生じる過程として、図V-4のように、まず3つの側面から外部環境の構造的特徴を考える。第1は前述した組織間の結びつきの多さや強さであり、第2はパワーや権限がステイクホルダー間に分散しているか、特定のステイクホルダーに集中しているかの側面である。第3は、決定的に重要な資源の豊饒さに関する側面である。

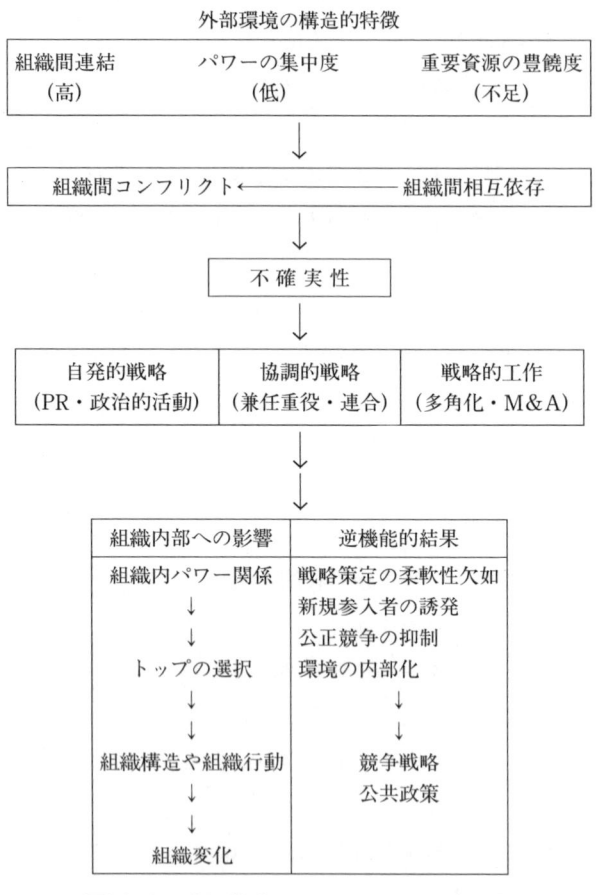

```
              外部環境の構造的特徴
   ┌─────────────────────────────────────┐
   │  組織間連結     パワーの集中度    重要資源の豊饒度  │
   │   (高)           (低)            (不足)      │
   └─────────────────────────────────────┘
                    ↓
   ┌─────────────────────────────────────┐
   │ 組織間コンフリクト ←──────── 組織間相互依存 │
   └─────────────────────────────────────┘
                    ↓
              ┌─────────┐
              │ 不 確 実 性 │
              └─────────┘
                    ↓
   ┌──────────┬──────────┬──────────┐
   │ 自発的戦略  │ 協調的戦略 │ 戦略的工作 │
   │(PR・政治的活動)│(兼任重役・連合)│(多角化・M&A)│
   └──────────┴──────────┴──────────┘
                    ↓
   ┌──────────────┬──────────────┐
   │ 組織内部への影響  │ 逆機能的結果      │
   ├──────────────┼──────────────┤
   │ 組織内パワー関係  │ 戦略策定の柔軟性欠如 │
   │     ↓       │ 新規参入者の誘発    │
   │     ↓       │ 公正競争の抑制     │
   │  トップの選択    │ 環境の内部化      │
   │     ↓       │     ↓        │
   │     ↓       │  競争戦略       │
   │ 組織構造や組織行動 │  公共政策       │
   │     ↓       │              │
   │  組織変化      │              │
   └──────────────┴──────────────┘
```

図V-4　資源依存モデルによる組織間関係
出所：Pfeffer (1982) p. 203などをもとに作成。

組織とステイクホルダー間の相互依存の程度が高くなるのは、ステイクホルダー間の結びつきが多く、パワーや権限がステイクホルダー間に分散し、中心的資源が稀少で利用可能性が低い場合である。組織とステイクホルダー間の、資源をめぐる相互依存のレベルが高くなると、コンフリクトの程度も高くなり、その結果、組織が直面する不確実性の程度も高くなる。この外部環境の不確実性を減少させるために、組織はステイクホルダーとの間に組織間関係を取り結ぶ。ステイクホルダーとの間に組織間関係を取り結ぶ方法は多様であるが、大別すると次の3つの方法が考えられる。

①第1の自発的戦略は、組織資源をもとにステイクホルダーの制御できる要素のみを意図的に操作することで不確実性を削減し、依存関係を解消しようとする方法である。

②第2の協調的戦略は、ステイクホルダーに対する依存を十分に認めた上で、その依存関係を調整するためのメカニズムを開発する方法である。

③第3の戦略的工作は、ステイクホルダーに対する依存そのものを回避し吸収し変革する方法である。

第1の自発的戦略としては、イメージアップによりステイクホルダーとの関係を改善するPR活動、地球環境や高齢者雇用などへの積極的取り組みを通じて社会的責任に関与していく自発的活動、政府の規制強化や規制緩和を目的にしたロビイングなどの政治活動、などがある。

第2のステイクホルダーとの依存関係を認めた上で、その依存関係を調整する方法としては、重役兼任制度（interlocking directorates）や外部重役の導入（cooptation）、ジョイント・ベンチャーやカルテルや業界団体の設立などの連合（coalition）、戦略的提携や契約の締結などがある。

第3のステイクホルダーに対する依存状況を回避する方法としては、他の代替的なステイクホルダーとの取り引きを新たに開拓したり、多角化（diversification）により新たな事業領域に進出することが考えられる。ステイクホルダーに対する依存を全面的に吸収する方法が水平的統合（horizontal integration）あるいは合併買収（M＆A）であり、部分的に吸収するのが垂直

的統合 (vertical integration) である。さらにまた依存状況を変更する方法が水平的拡大 (horizontal expansion) である。

　このようなステイクホルダーに対する働きかけは組織間協働戦略とよばれている。組織は、外部環境の構成要素であるステイクホルダーを思うままにコントロールできるわけではないが、さまざまな組織間協働戦略によりステイクホルダーへの依存を減らそうとする。しかしステイクホルダー自体も組織に対してより大きなパワーを発揮しようとすることから、組織とステイクホルダーとの間にはさまざまな逆機能現象が生まれる。次に、ステイクホルダーに対する組織間協働戦略が生み出す逆機能や、公共性とのトレードオフについて考える。

3　組織間協働戦略の逆機能

　組織は、外部環境から生じる不確実性を削減し、自らの自由裁量の範囲を広げるために、さまざまな組織間協働戦略をとろうとする。組織間協働戦略は、組織にとってある程度思うままになる外部環境 (negotiated environment) を創造する試みであるが、その試みが逆に組織にとって意図せざる結果を生み出すこともある。組織間協働戦略の意図せざる結果は、組織自体の行動に影響する結果と、一般環境をふくめた社会全体に影響する結果に区分することができる。前者は、組織間協働戦略がその組織の将来の行動を拘束し、制約する逆機能的結果であり、後者は、組織間協働戦略が公正な競争を抑制し、社会的な矛盾を引きおこすといった逆機能的結果である。

　まず組織自体におよぼす逆機能の第1は、戦略策定上の柔軟性の欠如である。すなわち、組織間協働戦略によりステイクホルダーとの間に安定的関係を取り結ぶことが、組織の戦略策定や戦略実行を制限することにつながるという点である。「適応が適応能力を締め出す」という命題からいえば、組織間協働戦略はその後の適応能力を阻害することになる。さらに、組織間協働戦略自体が環境を安定化させる試みであることから、より固定的で安定的な外部環境が創造されることになる。このことは、新規参入者にとっては大き

なインセンティブになり、新たな新規参入者の誘発につながっていく。これが第2の逆機能的結果である。こうした逆機能を解消する1つの手段が競争戦略の導入である。

競争戦略の導入により、戦略上の柔軟性が高まり、外部環境に対する適応能力も向上する。また競争戦略により新規参入者が競争的環境に対して抱く魅力も制限され、新規参入の比率を低減させる。

組織間協働戦略と競争戦略は、弁証法的にダイナミックに変化する。たとえば、競争戦略が支配的な環境においては、競争戦略の結果生じる環境の撹乱や不確実性に対応するために、組織は組織間協働戦略をとろうとする。しかし組織間協働戦略が採用され、ますます強固になると、今度は逆に戦略策定上の柔軟性の減退や、外部撹乱要因のインパクトの増幅などが意図せざる結果としておこる。この意図せざる逆機能的結果を解消するために、競争戦略が再び導入されることになる。

続いて組織間協働戦略が公正な競争を抑制し、社会的な矛盾を引きおこすような、一般環境をふくめた社会全体に影響する逆機能的結果について考えてみよう。前述のように、組織間協働戦略は一部分では競争阻害的結果をもたらすが、それ以外により広く間接的で一般的な外部環境にも影響をおよぼす。たとえば、生態的環境の資源循環サイクルに大きな影響をおよぼし、市場環境が分断され内部化されることで、資源の最適配分が保証されないような結果である。このような一般環境あるいは社会環境についての議論は次節で行うことにする。

3　対社会環境関係

1　一般戦略の種類と重要性

組織に間接的に影響をおよぼす一般環境には、①社会経済的セクター、②法政治的セクター、③産業経済的セクター、④技術的セクター、⑤資源生態的セクター、⑥国際的セクターの6つがある（図V‐5参照）。

①社会経済的セクター——社会階層、年齢や出生率などの人口統計的特徴、教育システム、労働倫理、宗教や価値体系、伝統的社会制度など。

②法政治的セクター——独占禁止法、租税法、外国投資法などの法体系、裁判システム、政治体制、政治過程など。

③産業経済的セクター——経済成長率、好不況、産業構造、製品サービス市場、労働市場、銀行システム、消費や資本投資のパターンなど。

④技術的セクター——生産システム、科学技術システム、新材料、オートメーション、コンピュータ支援生産など。

⑤資源生態的セクター——天然資源、原材料、中間製品、酸性雨、温暖化、産業廃棄物、エコロジーなど。

⑥国際的セクター——外国市場への参入、国際競争、関税障壁、外国貿易への政府規制、カントリーリスクなど。

　このようなセクターで構成されている一般環境は、まず各セクター間で相互影響関係がある。たとえば高齢化の進展が、高齢者雇用機会の増大やバリアフリー製品のニーズにつながるというのは、社会経済的セクターの変化が産業経済的セクターの変化に影響することを示している。また独占禁止法の緩和が、産業構造の変化や科学技術システムの変化につながるというのは、法政治的セクターの変化が、産業経済的セクターや技術的セクターの変化につながることを示している。

　また組織特性によって重視するセクターに違いが生じることも多い。たとえば、地域社会やエコ環境に対する社会戦略に熱心な組織は、資源生態的セクターに注目し、国境を越えてグローバルに活動している組織は国際的セクターを重視する。

　一般環境の変化は、ステイクホルダーのネットワークである組織間関係に影響し、さらに組織にも影響をおよぼす。また組織も、組織間協働戦略を通じてステイクホルダーに影響をおよぼすだけでなく、ステイクホルダーのネットワークを通じて、一般環境にもさまざまなかたちで働きかけを行っている。これまでの議論は、一般環境の変化が組織にどのような影響をおよぼし

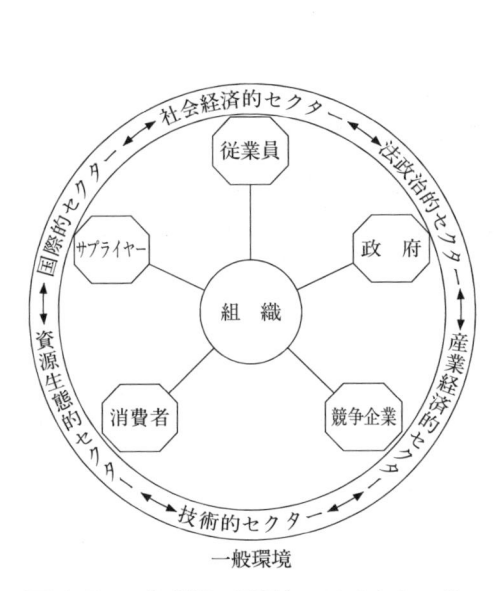

図Ⅴ-5　一般環境の種類とステイクホルダー
出所：Bedeian and Zammuto (1991) p. 322（一部修正）.

ているかを中心に議論がなされてきた。たとえば、その国の文化的特性が経営システムや管理方法にどのように影響しているか、マイナス経済成長が企業の設備投資行動にどのようなインパクトを与えるか、という議論である。もちろん、こうした議論自体は、環境変化に対する企業の適応行動として重要である。さらに変化の長期性・広範囲性・構造性などにおいても、一般環境の変化のインパクトの度合は大きい。

　ただ逆に組織が、一般環境に対してさまざまな働きかけを行う側面もある。さらに組織が、外部のステイクホルダーとの間にさまざまな組織間関係を構築し、その組織間関係を通じて社会に働きかけるという側面もある。組織の一般環境に対する働きかけは、エンタープライズ戦略（enterprise strategy）、持続可能性志向戦略（sustainability strategy）あるいは社会的戦略（societal strategy）などとよばれる。この視点が重視されるようになった背景には、1つには資源生態的セクターである地球環境問題に大きな関心がはらわれるようになったことが挙げられる。たとえば1992年にブラジルのリオデジャネ

イロで開かれた「環境と開発に関する国際会議（地球サミット）」では、持続可能な発展（sustainable development）という言葉が共通理念として認識され、地球環境問題が今日の最も重要な課題であることが再確認された。この精神は、その後ISO（14000シリーズ）による環境マネジメントシステムの国際規格づくりに受け継がれている。

さらに一般環境の中には、地域社会や地域住民などの社会文化セクターがあり、そうしたセクターへの関心も高まりつつある。地域社会は、産業集積の基盤になり、ベンチャー企業やベンチャービジネス創造の場を提供する。企業自体もメセナやフィランソロピー活動などの社会的貢献活動を通じて地域にかかわり、社会的責任事業（business for social responsibility）を果たすことが求められるようになってきている。

2 社会的戦略の重要性

地球環境や地域社会を意識した組織の戦略として社会的戦略がある。社会的戦略は、製品サービス市場に限定されない領域で、企業の本来的活動あるいはそれ以外の機能を遂行する戦略である。一般に経営戦略は、企業全体のドメインの決定と資源展開にかかわる全社戦略（corporate strategy）、全社戦略によって決められた各事業についての資源配分や競争優位性の確保にかかわる事業戦略（business strategy）、そして生産・マーケティング・財務など各機能ごとの資源展開とシナジーにかかわる機能別戦略（functional strategy）の3つに区分できる。こうした企業の本来的機能を遂行する戦略とならんで、非製品サービス市場における非経済的側面の活動にかかわる戦略が社会的戦略である。

社会的戦略（societal strategy）という言葉を早くから使用したアンソフ（Ansoff, 1982）は、社会において企業は、単に経済的装置ではなく社会経済的装置であるといい、これからの企業と社会との関係について4つのシナリオを提示している。そして、それぞれのシナリオごとに適切な社会的戦略が必要であるという。また占部都美は、『新訂経営管理論』において、1975年

という早い時期に社会的戦略の重要性を指摘している。すなわち、経営戦略を経済的戦略と社会的戦略に区分し、社会的戦略の内容を、利益還元計画と社会的経営計画の2つに区分している。利益還元計画とは、獲得した利益の一部を割愛し、地域の教育施設、医療施設、研究所、図書館、緑化事業などへ寄付を行い、社会の福祉に貢献する計画である。社会的経営計画とは、企業が環境改善や社会福祉問題におけるニーズを発見し、そのニーズを充足するための革新的方法やシステムを開発することで社会的問題を解決し、収益につながる新たな市場を創造することである。たとえば、障害者や高齢者向けのバリアフリー商品の開発、産業廃棄物処理機械の開発、省エネルギー製品の開発、リサイクルを前提にした商品開発などである。

　こうした社会的戦略の中には、地域社会に対する貢献をいかに進めるかという地域戦略もふくまれる。たとえば、ベンチャー企業育成の保育器（incubator）としての地域社会をどのように形成していくか、地域中小企業の企業間関係から集積の利益が生まれるような産業集積をいかにつくっていくか、企業が地域市民や行政と手を組むことで大量ごみ問題の解決やまちづくりの推進などをいかに進めていくかといった問題である。社会的戦略は、メセナやフィランソロピーに代表される、単に企業収益の一部を社会に還元するという受動的戦略だけでなく、社会的ニーズを満たすための新事業創造や地域活性化など、積極的で能動的な戦略をふくんでいる。

　企業が社会的戦略を策定し実行するためには、まず企業が取り組むべき社会的問題や潜在的な事業機会になる社会的課題が明らかにならなければならない。さらに、そうした社会的問題の解決や社会的ニーズを満たす事業創造に必要な、内部経営資源の蓄積や活用が不可欠である。ただ実際の企業の社会的戦略は、企業単独で行うことよりも、複数の企業の連合体で行い、市民団体や環境団体など各種団体組織との協力関係のもとで行い、行政と市民団体の三位一体で行われることが多い。しかし、外部のさまざまな団体組織との連合や協力に対する感受性や能動性については、企業によって大きな差がある。次に環境倫理や企業環境主義の高まりとともに注目され始めたグリー

ン・ステイクホルダーついて触れることにする。

3 グリーン・ステイクホルダーに対する社会的戦略

1989年3月に石油メジャーのエクソン社の大型タンカー「バルディーズ号」がアラスカ沖で原油流失事故をおこしたとき、17の環境保護団体と16の社会的責任投資団体はセリーズ (CERES : Coalition of Environmental Responsible Economies) というコンソーシアムを同年9月設立し、10のバルディーズ原則（後にセリーズ原則）を提案している。すなわち、生物圏保護への取り組み、天然資源の持続可能的利用、廃棄物の削減や適切な処置、エネルギーの保全、地域環境、従業員や地域住民がこうむるリスクの削減、安全な製品サービスの提供、環境の修繕、一般への情報公開、経営陣の環境業務への関与、の10原則である。現在、環境保護団体は19に増加し、社会的責任投資団体は20に増加している。1995年7月には、自動車メーカーGMがセリーズ原則を採択したのをはじめ、80社以上の米国企業がこのセリーズ原則を採択している。

また1969年、アリス・テッパー・マーリン (A. T. Marlin) 女史によって創設されたCEP (Council on Economic Priority) は、企業評価基準を開発し、130社近くの米国企業のレイティング（格づけ）を行っている。また消費者のための「Shopping for a Better World」という買いもの用考課を毎年発表している。CEPの目的は、一般市民に対する企業や製品の情報提供と啓蒙活動を行うことで、企業がコーポレート・シチズンとしての責任を遂行するインセンティブを提供することである。CEPは、もともとは地球環境問題を中心に企業の環境問題への取り組みの熱心さを格づけし、発表していたが、最近はより広い範囲での社会的責任の遂行を評価するようになっている。さらに世界各国の類似の団体と協力しながらグローバル企業社会責任指標 (global corporate social screen) を策定中である。

さらに、丈夫でリサイクル可能な製品、添加物をふくまない環境にやさしい食品を購入し使用しようとするグリーン・コンシューマーが増加している。

環境保護のためであれば低い生活水準も受け容れ、環境問題に熱心でない企業の製品の購入をボイコットするグリーン・コンシューマリズム（green consumerism）が大きな影響力を有するようになっている。

セリーズやCEPやグリーン・コンシューマーは、企業が環境問題に積極的にかかわるためのインセンティブを提供しながら、逆に環境問題に消極的な企業に対しては、不名誉賞格づけや不買運動などの社会的制裁を試みる。このような環境問題に積極的にかかわるステイクホルダーを、とくにグリーン・ステイクホルダー（green stakeholder）とよぶことがある。そしてグリーン・ステイクホルダーの影響力が強大になった社会を、キールナン（M. J. Kiernan）はエコ産業革命（eco-industrial revolution）とよんでいる。

グリーン・ステイクホルダーに対して、企業はさまざまな社会的戦略を行使しようとする。その第1は、マーケット志向の社会的戦略である。すなわち、天然資源を使用し、環境にやさしい製品を開発し、環境と共生できる包装をして、宣伝や販売促進を行う戦略である。1976年アニータ・ロディック（A. Roddick）によって創業された自然化粧品会社のザ・ボディショップは、この代表的なケースである。同社は、95年時点で世界46カ国で1200以上のフランチャイズ店を展開している。同社の年間売上高は50億ドルを超え、現社長のロディック女史は、英国の億万長者5人の1人に数えられている。

同社は、慈善目的や救援目的として事業を行うのではなく、あくまでビジネスの遂行を通じて社会的問題の解決や社会への貢献を行っている。「救援ではなく取り引きを（trade not aid）」というのが同社のキャッチフレーズである。そして、化粧品の材料である物質は、すべて第三世界の天然資源を使い、直接取引で調達している。また将来のニーズを損なうことなく、現在のニーズに対応するという持続可能性（sustainability）の原則を中心に、リデュース、リユース、リサイクルを徹底させている。また社員は、さまざまなボランティア活動に参加することを奨励されている。同様のマーケット志向型社会的戦略をとっている企業としては、ウォルマート（Wal-Mart）、ベ

ン・アンド・ジェリーズ・アイスクリーム（Ben and Jerry's Ice Cream)、スミス&ホーケン（Smith & Hawken）などがある。

　グリーン・ステイクホルダーに対する社会的戦略の2番目は、プロセス志向型の社会的戦略である。省資源でエネルギーを適正使用し、資源を保護し、公害や環境汚染を防ぐことでコストを削減し、経済性の面でも環境保護の面でも他社より優位に立つ製造工程を考える戦略である。たとえば3M（Minnesota Mining & Manufacturing Co.）による公害予防のための3P（pollution, prevention, pay）プログラムは、1975年に始まって以来、毎年数億ドルのコスト削減に役立っている。同じようなプロセス志向の社会的戦略をとる企業としては、AT&T、ダウケミカル（Dow Chemicals）、モンサント（Monsanto）といった企業がある。

　組織とグリーン・ステイクホルダーとの関係は、潜在的には、環境問題をめぐる利害の対立や、持続可能性についての信条の相違が存在している。両者は事前的には、協力関係よりも対立的関係にある。しかし環境主義を標榜しながら、経済性と持続可能性との両立に成功した多くの企業は、この対立関係を、協調関係あるいは共生関係へと転換させている。社会的戦略の議論は、組織がいかなる過程で異種組織であるグリーン・ステイクホルダーと手を組み、協働を進化させながら相互に学習を蓄積し、新たな知の創造にまで昇華させてきたかについての分析が必要である。組織間調整や組織間協働といった言葉で示される、複数組織間の関係性の生成進化や新たな関係性の創造の考察が現在求められている。

引用文献

Aldrich, H. E., *Organizations and Environments,* Prentice-Hall, 1979.

Aldrich, H. E., and Marsden, P. V., "Environments and Organizations," in Smelser, N. J. (ed.), *Handbook of Sociology,* Sage Publications, 1988.

Ansoff, H. I., "Societal Strategy for the Business Firm," in Ansoff, H. I., Bosman, A. and Storm, P. M. (eds.), *Understanding and Managing Strategic Change,* North-Holland, 1982, Chap. 6.

Bedeian, A. G. and Zammuto, R. F., *Organizations : Theory and Design,* Dryden Press, 1991.

Daft, R. L., *Organization Theory and Design* (3rd ed.), West Publishing, 1989.

Daft, R. L., and Weick, K. E., "Toward a Model of Organizations as Interpretation Systems," *Academy of Management Review,* Vol. 9, No. 2, 1984.

Emery, F. E., and Trist, E. L., "The Causal Texture of Organizational Environments," in Emery, F. E. (ed.), *Systems Thinking,* Penguin Modern Management Reading, 1971.

Freeman, R. E., *Strategic Management : A Stakeholder Approach,* Pitman, 1984.

Gladwin, T. N., "The Meaning of Greening : A Plea for Organizational Theory," in Fischer, K. and John, S. (eds.), *Environmental Strategies for Industry,* Island Press, 1993.

Hatch, M. J., *Organization Theory : Modern, Symbolic, and Postmodern Perspectives,* Oxford University Press, 1997.

Hodge, B. J., and Anthony, W. P., *Organization Theory : A Strategic Approach* (4th ed.), Allyn and Bacon, 1991.

Miles, R. E., Snow, C. C. and Pfeffer, J., "Organization-Environment : Concepts and Issues," *Industrial Relations,* Vol. 13, 1974.

Miles, R. E., and Snow, C. C., *Organizational Strategy, Structure, and Process,* McGraw-Hill, 1978.（土屋守章・内野崇・中野工訳『戦略型経営』ダイヤモンド社、1983年）

Miles, R. H., *Macro Organizational Behavior,* Goodyear Publishing, 1980.

Pfeffer, J., *Organization and Organization Theory,* Pitman Books, 1892, p. 203.

Pfeffer, J. and Salancik, G. R., *The External Control of Organizations : A Resource Dependence Perspective,* Harper & Row, 1978.

Stead, W. E., and Stead, J. G., "Environmental Management," in Warner, M. (ed.), *International Encyclopedia of Business and Management,* Routledge, 1996.

参考文献

伊丹敬之・加護野忠男『ゼミナール経営学入門』(第2版) 日本経済新聞社、1993年

大滝精一・金井一頼・山田英夫・岩田智『経営戦略』有斐閣、1997 年
桑田耕太郎・田尾雅夫『組織論』有斐閣、1998 年
佐々木利廣『現代組織の構図と戦略』中央経済社、1990 年
森本三男『企業社会責任の経営学的研究』白桃書房、1994 年
山倉健嗣『組織間関係』有斐閣、1993 年

第 VI 章

グローバル組織

1 国際化への契機

1 現代企業の成長戦略の一環としての国際化

　本章の目的は、企業活動の国際化が企業の経営や組織にもたらす影響・効果を明らかにすることである。企業活動の国際化とは、生産、販売、調達、研究開発などの活動が国境を越えて行われることに他ならない。

　このように国境を越えて活動を展開している企業は、今日では決して珍しい存在ではない。われわれの身の回りをみても、たとえば、マクドナルド・ハンバーガーやスターバックス・コーヒーなどのファーストフードのチェーン店は、実はアメリカで誕生し、今日では世界中で店舗展開を行っている。また、ホンダやソニーなどは、日本で誕生した企業であるが、今日では世界各地に生産拠点と販売拠点を有して事業展開を行っている。このように、国境を越えて活動を展開している企業が広くみられるようになったという点が、現代社会の特徴の1つとなっている。

　企業にとって、国境を越えて事業展開を行うということは、企業成長の1つの方向として捉えられる。現代企業にとっての成長の方向は、必ずしも生産や販売などの単一の機能活動に限定されるものではない。また、単一の製品事業分野に限定されるものでもない。複数の機能（たとえば生産と販売）を抱えた企業や、複数の製品事業分野を抱えて多角化している企業は、現代社会では普遍的にみられる（Chandler, 1990）。それと同様に、国境を越えて成長を続けている企業も、今日では広くみられる存在になっている。

ただし、国境を越えて事業展開を行っている企業の中でも、海外での事業活動の相対的なウエイトには違いがある。たとえば、A社は、生産、調達、研究開発などの活動はすべて国内（本国）で行い、販売の一部のみを海外、それも限られた地域でのみ行っているとする。他方、B社は、販売に加えて、生産、調達、研究開発などの主要な活動を、国内だけでなく海外、それもアジア、北米、欧州などの主要地域で一通り展開しているとする。この2社を比較した場合、海外事業の相対的ウエイトは、B社の方が大きく、B社は国際化の程度が高いと判断できる。そして、今日の社会の特徴は、B社のように国際化の程度が高い企業が増えてきたということである。

　このように、国際化が進んだ企業にとっての海外事業は、もはや本国国内事業の付属物のような存在ではありえない。海外事業、少なくとも主要地域での成否は、全社レベルでの成果を左右することになるからである。たとえば、日本の主要自動車メーカーの企業成果が、北米市場での販売成果によって左右されることも、今日では決して不思議な現象ではない。このような水準まで海外事業のウエイトが高まった企業は、世界中の主要地域での成果が全社レベルの成果に大きな影響を与えるという意味で、まさにグローバル（直訳すると地球規模）に事業展開をしている企業といえる。つまり、企業がグローバル化するということは、企業の国際化が高度に進展した状況に他ならない。

　20世紀末から経済のグローバル化が唱えられているが、この背景には、こうしたグローバル化した企業の存在がある。世界の中のある地域での競争状況や経済的環境の変化は、グローバルに活動を展開している企業の成果に大きな影響を与え、結果として世界の他の地域の経済的状況を左右することにつながるからである。

　以下、本章では国境を越えて成長を続ける企業の組織の問題を取り扱う。第2節では、企業活動の国際化の程度が高まるのに伴い、企業経営や企業組織にどのような変化が生じるのかについて検討する。第3節では、国際化が高度に進みグローバルに活動を展開するようになった企業組織に求められて

いる課題について、検討を行う。

2 企業が国際化する動機

　企業活動の国際化、あるいは国際化が高度に進んだ段階であるグローバル化に伴う問題を検討する前に、企業が国境を越えて成長する動機と、そうした国際化が企業経営にもたらす意味について、簡単に触れておく。
　まず、企業が国際化する動機であるが、大きく分けて以下の2つが考えられる。
　第1は、企業活動のアウトプットである製品やサービスを提供する市場を拡大するという動機である。これは、市場の地理的な範囲を広げることで、企業成長の制約を打破することを意味する。つまり、本国国内市場だけを対象にしたのでは成長に限界がある製品やサービスでも、海外市場への浸透をはかることで成長を続ける可能性があるということである（Vernon, 1971）。たとえば、欧米や日本などの先進国市場では買い換え需要しか存在しない自動車や家電製品も、中国などの発展途上国市場では高い成長率が望めるかもしれない。
　第2は、企業活動のインプットを海外から調達するという動機である。これは、販売市場に対する調達市場の国際化とも考えられる。海外では、本国では調達できないものが調達できる、あるいは本国よりも低コストで調達できるということが、この根底にある。石油や木材などの天然資源の採掘のために企業が海外進出するということは、従来から広くみられた。また、海外に生産拠点（工場）や研究開発拠点を設けるねらいとして、現地で採用した人的資源を活用する動機が指摘できる。本国よりも賃金水準が低い国に生産拠点を設ければ、低コスト生産の利益が享受できる（Vernon, 1971）。日本のような先進国の企業が東南アジアや中国などの発展途上国に生産拠点を設けると、工場の作業者の賃金水準が10分の1から30分の1になることもある。また、最近では本国で不足気味の技術者を海外に求める動きもある。たとえば、インドなどではソフトウェア開発者を、日本以上に雇用しやすいといわ

れている。このように、天然資源や人的資源を有利な条件で調達できれば、製品やサービスの販売市場での競争が有利に展開でき、それが企業成長に結びつく可能性が高い。

　以上のように、企業活動の国際化の背後には、国境を越えた企業成長の実現という動機があると考えられる。

3　異質性・複雑性のマネジメント

　以上のように、国境を越えて事業活動を展開することで、企業はいっそうの成長を実現できる。しかし、国境を越えて活動を展開することは、同時に、企業経営にとって難しい課題を投げかけることになる。国境を越えることにより、企業を取り巻く環境条件の異質性が高まり、それをマネジメントしていくのが難しくなるという問題が生じるからである。企業経営にとって国境のもつ意味は、大きいのである。

　国境を越えて事業展開を行うことにより、企業が直面する経済的・政治的・文化的環境の異質性は飛躍的に増大する（吉原，2001）。

　第1に、労働者の賃金水準や消費者市場の大きさ・成熟度などが、国内と海外とでは大きく異なる場合がある。また、国や地域ごとに通貨が異なることから生じる為替変動の問題もある。

　第2に、国ごとに法律や制度が異なるという、政治的環境の問題も大きい。たとえば、国内であれば自由に行えるヒトやモノの移動が、国境を越えて自由に行えない場合がある。つまり、本国本社からの社員の派遣や、原材料・部品や完成品の輸出が自由にできない場合があるのである。

　第3に、国や地域ごとに文化的環境が異なるという問題もある。これによって、消費者に許容される製品やサービスの内容が異なったり、工場の作業慣行を本国と海外とで変えなければならない場合も生じてくる。

　近年では、交通網や情報技術の発達などにより、以上のような経済的・政治的・文化的環境の異質性の問題は、一部の領域では縮小しつつある。しかし、企業経営にとって、国境のもつ意味は、依然として重要なのである。

ただし、このような国境を越えることによって生じる問題は、実は、企業が国境を越えて成長しようとする動機と表裏一体をなしていることに注意する必要がある。労働者の賃金水準の違いや為替変動の問題は、適応を誤ると企業にとってコスト高を招いてしまうが、適切に対処できれば国内企業が達成できないコスト削減につながる。海外からの部品や製品輸出が制約されている国や地域で売上高を伸ばすのは難しい問題であるが、現地生産をうまく軌道に乗せられれば、閉ざされた市場の中で高い利益水準を得ることも可能である。つまり、企業を取り巻く環境の異質性は、企業にとって発展や成長の源泉になりうるのである。

国際化が高度に進展するほど、企業が直面する環境の異質性は高まる。したがって、国境を越えて成長を持続しようとする企業にとっては、直面する環境の異質性や複雑性の高さに、どのように対応するかという問題は、ますます重要になってくる。次節では、国際化の程度が高まるにつれ、それに適応する企業組織がどのように変化していくのかについて、検討を加える。

2 海外子会社(海外現地法人)の設置と企業組織の段階的発展

■1 企業の国際化の進展

前節では、企業が国境を越えて成長する、すなわち国際化するという場合、その国際化の程度は、企業ごとに異なりうるということを指摘した。本節では、このことの意味をもう少し、正確に考えていきたい。

製造企業を例にとると、製品を海外市場に向けて輸出することも、販売市場が国境を越えて拡大したという意味では、国際化の1つの形態である。また、自社で開発した技術を外国企業に供与して対価を得るというかたちでも、企業は国際化しうる。さらに、海外に生産拠点を設けて、製造活動を行うというかたちでも、国境を越えた企業成長は実現しうる。

この3つの形態を比較すると、海外生産という形態は、他の2つの形態よりも国際化の程度が高いと評価できる (稲葉, 2000)。

その第1の理由は、海外生産を行う場合には、海外現地法人といわれる会社を設立し、自ら経営責任を負うということに関連している。外国企業に技術供与する場合は、技術供与先の経営成果には直接の責任はなく、したがって供与先企業の経営に参加する必要は生じない。つまり、海外事業の管理という問題は、あまり複雑にならずにすむ。また、製品輸出を行う場合でも、商社など他の企業を通じて海外市場にアプローチすれば、やはり、海外事業を直接管理する必要性から逃れることができる。

　しかし、海外生産を行う場合には、進出先の国で生産に従事する会社を設立するか買収するかして、経営上の責任を負う必要性が出てくる。この結果、海外で現地人従業員を雇用して管理するという課題や、本国親会社と海外現地法人との間での権限配分をどのように行うかという課題が発生する。つまり、海外事業の管理や、国内事業と海外事業の間の調整という国際化に伴う問題が深刻さを増すのである。

　第2は、製造企業にとって、生産という機能は、企業活動上の中心機能であるという点に関連している。海外に製品輸出を行う場合でも、商社など他の企業を通さずに、自社の輸出部門が直接行う場合もありうる。さらに進んで、海外販売のための会社を自ら設立し、直接経営に携わる場合もある。後者の場合も、海外現地法人を設置したことになる。しかし、海外で販売という限定された機能だけを行っている場合と比較すると、生産という基本的活動まで海外で展開するようになった企業の方が、国際化の程度が高いと判断できる。現実的にも、多くの企業は海外生産を開始する前に、製品輸出のかたちで国際化を進めることが多いと指摘されている (Vernon, 1971)。

　製品輸出が海外生産に切り替わる理由としては、いくつか考えられる。第1は、海外生産拠点をもつことで、現地市場のニーズに的確・迅速に対応できるという点である。現地市場の動向をみながら生産計画や生産品目の切り替えを行う、あるいは製品の手直しを行うためには、市場に近接して生産拠点をもっていた方が有利である。第2は、海外生産を行うことで、本国で生産した場合よりもコストが削減できる可能性があるという点である。海外で

生産することで、輸送費がかからずにすんだり、原材料費や人件費が節約できる可能性がある。第3に、現地国の政策で、海外からの輸入に対して数量規制や高関税が課せられ、事実上、本国からの製品輸出が不可能になるという場合である。この場合には、従来の輸出市場を確保するためには、現地生産を開始せざるをえない。実際には、こうした理由が複数組み合わさって、製品輸出から海外生産への切り替えがおきると考えられる。

2 海外直接投資と多国籍企業

　海外現地法人が設立される際には、本国から海外現地国に向けて資金が移動する。海外現地法人が発行する株式を、本国親会社が購入する（投資する）からである。本国親会社は、海外現地法人の株式の所有者として、行動をコントロールするとともに、経営上の責任を負う。このようにして設立される海外現地法人は、海外子会社、あるいは海外関係会社ともいわれるが、本章では両者を総称して海外子会社と称することにする[1]。

　このような国境を越えた資金移動は、海外直接投資とよばれる。海外の企業が発行する株式への投資の中でも、投資先企業の経営に直接参加することを目的として行われる投資が、海外直接投資である。これは、単に配当や利回りを得ることを目的とした証券投資（海外間接投資ともよばれる）とは、概念上、区別される。

　このような海外直接投資を本格的に展開している企業は、多国籍企業と称される。すなわち、海外子会社（海外現地法人）を多数保有し、かつ企業活動の中心的機能（製造業の場合なら生産機能）まで海外で展開している企業が、多国籍企業である（Lilienthal, 1960）。このように考えると、多国籍企業とは、国際化を進める企業の中でも、その程度が高いものといえる[2]。

　このような多国籍企業は、従来は、一部の国の特定の企業に限られていた観があった。どの国の企業が、どの程度多国籍企業に成長しているのかは、海外直接投資の流れをみることで推察できる。海外直接投資の大きい国の企業は、それだけ海外子会社を多く設立しているものと考えられるからである。

第Ⅵ章　グローバル組織　191

表VI-1　投資本国別にみた海外直接投資残高

(%)

	英国	米国	ドイツ	フランス	オランダ	他の西欧諸国	日本	その他	合計
1938年	40	28	1	9	10	3	*	9(日本を含む)	100
1980年	15	40	8	4	8	10	7	8	100
1993年	12	26	9	9	7	10	13	14	100

出所：Jones (1996).

　表VI-1は、投資本国別にみた海外直接投資残高の割合を示したものである（Jones, 1996）。第2次大戦後に、世界の海外直接投資をリードしたのはアメリカで、1970年代くらいまでは世界の海外直接投資額の40％以上を占めていた。このことは、第2次大戦後に台頭してきた多国籍企業の多くは、アメリカ系企業であったことを意味する。

　しかし、1980年代以降は、世界の海外直接投資の中におけるアメリカの地位は低下傾向にあり、ドイツや日本などが台頭してきた。アメリカ系企業に加え、欧州系企業や日系企業も多国籍企業へと成長を遂げたのである。1990年代以降は、韓国や台湾などのアジアNIESからも多国籍企業が出現し、近年では中国企業の中からも海外生産拠点を世界各地に設立した企業があらわれてきた。国内企業が多国籍企業へと成長していくという現象、すなわち企業の多国籍化が、多くの国で広くみられるようになってきたのである。企業の多国籍化は、現代企業にとって、代表的な企業成長の方向となったのである。

3　優位性をもった経営資源の移転

　しかし、以上のような多国籍化の方向での企業成長によって成功を収めることは、決してやさしいことではない。ほとんどの場合、企業が海外現地法人（海外子会社）を設立すると、現地企業との競争にさらされることになる。この場合、海外から進出してきた企業は、むしろ不利な立場に立っているこ

とが普通である。外国企業は、現地の市場・政治・文化に関する情報に精通しておらず、消費者や政府からも外国企業ということで差別を受けることが多いからである。このような不利が存在するにもかかわらず、海外子会社が成果をあげるためには、不利な条件を克服できるだけの優位性をもっている必要がある (Hymer, 1976)。

こうした競争優位は、海外直接投資を行う際に、本国親会社から現地にもち込まれると考えられる（岡本, 1987)。海外子会社（海外現地法人）を設立する際には、資金以外に、人材や設備などのさまざまな経営資源が、本国親会社から海外子会社へと一括して移転される。また、主に人材の移動に伴って技術や経営管理ノウハウのような無形の経営資源も、海外子会社へと移転される（小宮, 1975)。もちろん、これらの経営資源のすべてが、現地企業に対する競争優位をもたらすわけではない。しかし、一部の経営資源は、国際的な競争優位の源泉となりうる。とくに、無形の経営資源の中には、自ら事業経験を積まないと蓄積できず、したがって獲得に時間が必要なため、他の企業による模倣が難しいものがふくまれている。そのため、競争優位の根源として、無形の経営資源が重要な役割を果たすと考えられる (Penrose, 1959；岡本, 1985)。

したがって、海外子会社を設立する際には、何が国際的な競争優位かを見極めると同時に、そうした経営資源の海外子会社への移転を円滑に進めていく必要がある。ただし、経営資源の国際移転は、常に円滑に進むとは限らない。海外子会社の置かれた経済的・政治的・文化的環境は、本国とは異なっているからである。したがって、本国親会社の経営資源の現地への移転が困難になったり、不可能になったりする場合も出てくる。国際的な競争優位に直結しない経営資源であれば、無理に海外子会社への移転をはかることは、かえって競争力の低下を招くであろう。また、国際的な競争優位の源泉となる経営資源であっても、海外子会社に移転する際に、部分的な変更を余儀なくされる場合があるかもしれない (岡本, 1987)。この問題は、前節で述べた国際経営に伴う本質的な問題、すなわち、異質性のマネジメントの重要な部

分をなす。

　企業が海外子会社を設立して多国籍企業になっていくプロセスでは、以上のような経営資源の国際移転と、現地の経営環境に適応した修正の問題が本質的な経営課題となる。以下では、このような問題に対処するためにどのような組織デザインが求められるのかを検討する。

4　企業多国籍化に伴う組織の段階的発展

（1）　組織構造の発展段階モデル

　国内企業が多国籍企業へと成長を続けていくにつれて、海外事業の大きさや地域的広がりが増えていく。しかし、海外事業が直面する経営環境は本国とは異なるため、適切に対応しないと、成果の低下を招いてしまう。この問題に対処するために、企業は海外事業を管理するための組織をいろいろとデザインしてきた。

　こうした組織の問題は、伝統的には、組織構造の段階的な変化の問題として考えられてきた。組織構造のデザインとは、企業内の職務や役割をどのように分割するのか（生産、販売、財務などの機能別の分割が典型的な分け方である）、そして分割した役割をどのように再結合するのか（結合する方向としては機能別、製品別、地域別などのやり方がある）、およびこれらの役割構造に権限と責任をどのように配分するのかを決めることである。国内企業が多国籍企業へと成長していくにつれて、海外事業を管理するための組織構造が段階的に変化するというのが、基本的な考え方である。

　そして、こうした組織構造の段階的変化に伴って、組織過程も変化していくと考えられてきた。組織過程とは、組織構造によってデザインされた組織の部門内や部門間の分化された役割を結びつける調整作業や情報の流れの方向や頻度に関する問題である。

　こうした議論の代表者であるストップフォードらは、製造企業の多国籍化に伴う組織構造の発展段階として3つの段階があると提唱した（Stopford and Wells, 1972）。

（2）　自律的海外子会社

　第1段階は、企業が海外事業に着手した初期、具体的には海外生産子会社を設立し始めた段階である。この段階では海外事業の規模は小さく、全社レベルの業績に与える影響も小さい。そして、本国親会社の側も、海外事業を管理するための知識や経験を多くもっているわけではない。この結果、海外子会社は高い自律性を与えられ、本国親会社から派遣される経営者がほとんどの意思決定権限をもっている。そして、本国親会社の側のどの部門が海外事業を管理するのかについては、一定していない。海外子会社との間の資金的な結びつき（海外子会社への出資と海外子会社からの配当送金）のために財務部門が海外事業を管轄する場合もあれば、海外事業に関心をもつ社長の下の直轄事業として扱われる場合もある。

（3）　国際事業部の成立と解体

　海外生産子会社の数が増えてくると、個々の子会社の規模は小さくても、海外事業全体ではかなりの規模になってくる。したがって、全社レベルの業績に対して、海外事業の成否が一定の影響を与えるようになってくる。この段階になると、海外事業活動を一括して調整することで、効率を高め、収益を増やす機会が生まれてくる。たとえば、本国親会社と海外子会社の間で流れる原材料や部品・完成品の社内取引価格（移転価格、あるいは振替価格ともいわれる）の調整や、本国や第三国向け輸出製品の生産立地の割り当て、海外子会社の資金の一括調達などを行うことで、コストの削減や収益の増加が見込まれるようになってくる。この結果、海外事業を専門的に管理するために、国内事業を担当する部門や事業部とは別に、国際事業部が設けられるようになる（図VI-1）。これが、第2段階である。

　国際事業部には、国際財務や海外法規などの海外事業の専門家が集められてサービスを提供する。この結果、社内のさまざまな事業分野で、これらの海外業務に伴う専門知識を利用できるという利点がある。また、海外事業の経験をもった経営者を育成する上でも、海外事業を専門に管理する組織を置くことが有利に作用する。つまり、国内事業とは異質な海外事業環境に精通

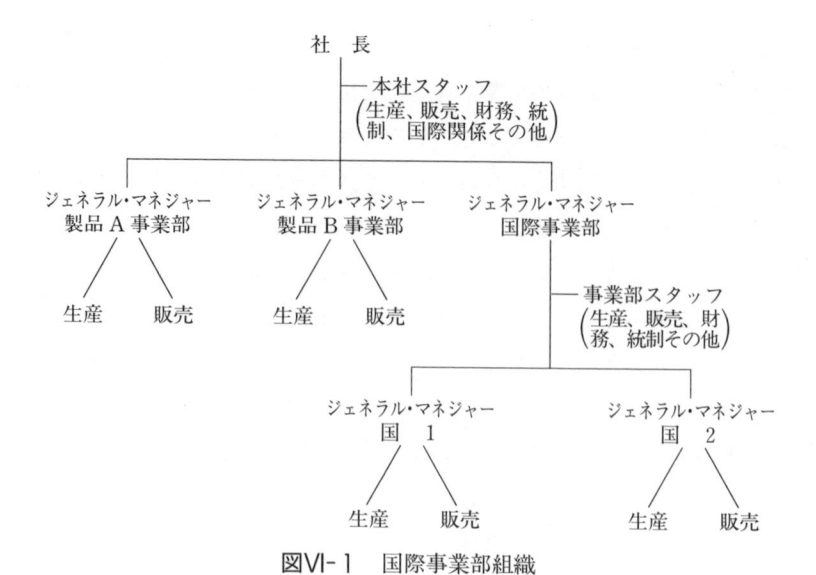

```
                        社　長
                         ├──本社スタッフ
                         │  (生産、販売、財務、統)
                         │  (制、国際関係その他)
         ┌───────────────┼───────────────┐
   ジェネラル・マネジャー   ジェネラル・マネジャー   ジェネラル・マネジャー
    製品 A 事業部           製品 B 事業部           国際事業部
                                              │
     ┌────┐            ┌────┐              ├──事業部スタッフ
    生産  販売           生産  販売             │  (生産、販売、財)
                                              │  (務、統制その他)
                                      ┌───────┴───────┐
                                ジェネラル・マネジャー  ジェネラル・マネジャー
                                    国　 1              国　 2
                                   ┌──┐               ┌──┐
                                  生産 販売           生産 販売
```

図Ⅵ-1　　国際事業部組織

出所：Stopford and Wells（1972）．

した人材を育成し、活用する上で、国際事業部の存在は貢献しうるのである。

　しかし、多国籍化をいっそう推進する企業にとっては、この第 2 段階も過渡的な形態である。国際事業部によって海外事業が一括して管理される場合には、海外事業は国内事業から明確に切り離されている。しかし、これでは、海外事業はあくまで国内事業の付属にすぎず、国内事業と海外事業を統一的に捉えるという発想は出てこない。したがって、海外事業の規模がいっそう大きくなってくると、やがて国際事業部は解体され、海外事業を管理するために、別の組織構造へと移行していく。これが第 3 段階である。この第 3 段階には、2 つの異なる組織構造があると報告されている。

（4）　世界的規模の製品別事業部制

　第 1 のタイプは、世界規模の製品別事業部制（グローバル製品事業部制ともいわれる）である。これは、製品の多角化が進んだ企業が、海外事業規模を拡大し、多国籍企業になっていく場合に多くみられる組織構造である。これは、個々の製品別事業部が、国内事業と海外事業を一括して管理するという形態

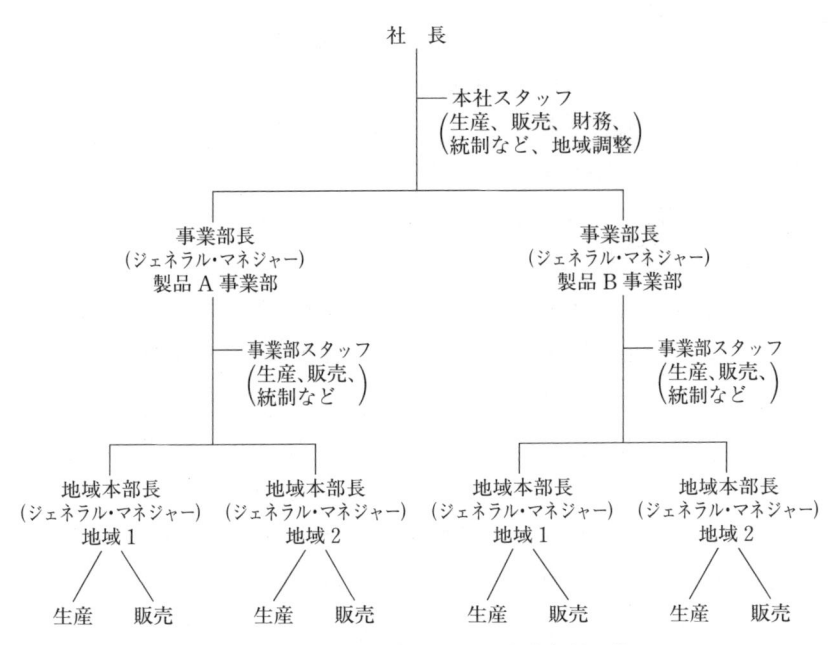

```
                    社　長
                      │
                      ├── 本社スタッフ
                      │   (生産、販売、財務、
                      │    統制など、地域調整)
          ┌───────────┴───────────┐
      事業部長                  事業部長
   (ジェネラル・マネジャー)    (ジェネラル・マネジャー)
     製品 A 事業部              製品 B 事業部
          │                          │
          ├── 事業部スタッフ         ├── 事業部スタッフ
          │   (生産、販売、          │   (生産、販売、
          │    統制など)             │    統制など)
      ┌───┴───┐                  ┌───┴───┐
  地域本部長  地域本部長       地域本部長  地域本部長
(ジェネラル・(ジェネラル・   (ジェネラル・(ジェネラル・
 マネジャー) マネジャー)     マネジャー) マネジャー)
   地域 1     地域 2           地域 1     地域 2
   ┌─┴─┐    ┌─┴─┐           ┌─┴─┐    ┌─┴─┐
  生産 販売  生産 販売        生産 販売  生産 販売
```

図Ⅵ-2　世界的規模の製品別事業部制組織
出所：Stopford and Wells（1972）．

の組織構造である。この結果、各製品事業部は、国内事業と海外事業とを連結して業績を判断され、利益責任を負うことになる（図Ⅵ-2）。

　製品多角化の進んだ企業が、海外事業規模をいっそう拡大していくと、個々の製品事業分野においても、海外事業の成否がもたらす影響が大きくなってくる。しかし、国際事業部が国内担当の製品別事業部から独立して置かれていると、各事業部は海外事業の競争力向上や業績改善には関心をもたない。自らの事業責任の範囲外だからである。これが深刻な問題となるのは、製品設計や製造技術など、開発・設計・生産にかかわる専門知識が、国際事業部には存在せず、国内担当の各事業部に依存しているからである。製造企業の場合、本質的な競争優位のかなりの部分は、こうした基本機能にかかわっていると考えられる。しかし、国際事業部の下で海外事業が国内事業から分離された状態では、こうした技術や知識が円滑に海外子会社に移転される

保証はない。海外事業の利益責任を負わない国内担当事業部は、優秀な人材を海外子会社に派遣して技術を出すことに抵抗するかもしれない。また、海外に低コストで生産できる立地があっても、国内の非効率な生産拠点の生産が続いてしまうことがおきるかもしれない。しかし、このようなことをしていると、国内事業と海外事業を一元的に捉えて戦略を立案して実行していれば得られる利益を失うことになる。したがって、これらの企業では、各製品事業部が、国内事業と海外事業を一括して管理するようになる。こうなると、海外事業はもはや国内事業の付属ではなく、競争力と業績の向上のために本格的に取り組むべき対象となってくる。つまり、この段階では、海外事業環境は国内の経営環境とは異質だからといって両者を切り離すのではなく、両者の連結による成果の向上がめざされるのである。

ただし、この組織の下では、海外の各地域の経営環境の違いへの対応が個々の製品別事業部にまかされるため、地域の経営環境の情報を事業部間で共通に利用しにくいという問題が生じる。このため、事業部によっては、本国の経営資源を無理に海外に移転し、適用しようとして、困難を招く可能性もありうる。

（5） 地域別事業部制

第2のタイプは、地域別事業部制といわれる組織構造で、製品多角化の程度の低い企業が海外事業規模を拡大した場合に採用される。これは、企業の事業活動を北米、欧州、アジア・大洋州などの地域別に分けて管理するものである。この場合、国内担当事業部も1つの地域別事業部として、他の地域別事業部と同格の存在として位置づけられる（図Ⅵ-3）。

この組織構造の下では、地域ごとに独自の事業戦略が立案・実行されるため、地域の経営環境に適応した事業展開を行いやすいという利点がある。地域間での経営環境の異質性に対応することに主眼を置いた組織構造であるといえる。国際事業部という単一の組織では、地域間での経営環境の異質性に対応できなくなった場合に採用される組織構造であるともいえる。

ただし、この組織構造の下では、国内事業と海外事業の責任は分離してい

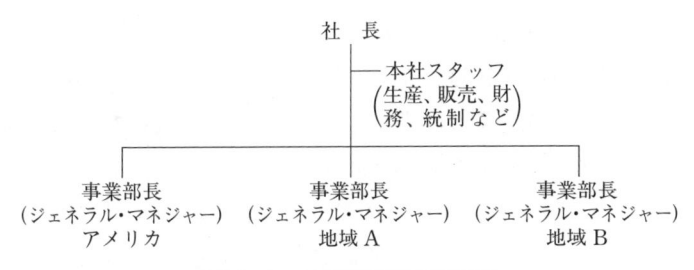

```
                    社 長
                     │
                     ├──本社スタッフ
                     │  (生産、販売、財
                     │   務、統制など)
         ┌───────────┼───────────┐
      事業部長      事業部長      事業部長
    (ジェネラル・   (ジェネラル・   (ジェネラル・
     マネジャー)    マネジャー)    マネジャー)
      アメリカ      地域A        地域B
```

図Ⅵ-3　地域別事業部制組織

出所：Stopford and Wells (1972).

る。したがって、国内事業担当事業部が保有する経営資源を海外子会社で利用するということは、難しいと考えられる。もっとも、この組織構造を採用する企業（多国籍企業）は、食品などの成熟産業に特化しているところが多く、国内事業部が開発した最新の技術を海外子会社に移転するなど、本国の経営資源を海外子会社に移転する頻度や速度の要求はそれほど大きくはないと考えられる。むしろ、マーケティング面での現地適応の要求の方が競争上は厳しく、その結果、海外事業の管理を、国内事業とは独立した地域別事業部の下に置いた方が利点が大きいと考えられる。

（6）　多国籍企業の組織構造の国際比較

ストップフォードらの研究は、アメリカ系多国籍企業を対象にしたものである。研究の結果、アメリカ系多国籍企業の大半は、すでに第2段階を終え、第3段階の組織構造を採用していることが判明した。この研究に触発されて、アメリカ以外の国を本国とする多国籍企業の組織構造についての研究も進展した。

フランコは、欧州系多国籍企業の組織構造について研究を行った。その結果、欧州系多国籍企業は、当初は母系型組織という独自の組織構造を採用することが多かったという事実が判明した。これは、本国親会社の国内事業は機能別部門制組織の下で管理される一方、海外子会社は本国親会社の直属に置かれているという組織構造である。そして、本国親会社は、海外子会社に対して事実上の持株会社として機能していた。この母系型組織は、海外事業

の規模がかなり大きくなるまで存続した。しかし、1960年代後半以降、アメリカ系多国籍企業との国際競争が激化していくと、この組織構造は消滅し、アメリカ系多国籍企業の第3段階に相当する組織構造を採用する企業が大半を占めるようになっていった (Franko, 1976)。

　また、日系多国籍企業についての研究も行われた。日系多国籍企業は、少なくとも1980年代までは、第2段階の組織構造をとるところが大半であった (吉原, 2001)。ただし、日本では国際事業部に相当する組織は、海外部、あるいは海外事業部とよばれることが多い。1990年代にいたって、ようやく一部の企業で、世界的規模の製品別事業部制が導入された (藤野, 1998)。こうした現状について、日系多国籍企業の組織構造の発展段階は、アメリカ系多国籍企業と比べて30年の開きがあるという指摘もなされている (藤野, 1998)。

　これらの研究により、企業が多国籍化を進展させるにつれて、組織構造が段階的に変化していくことが確認された。そのプロセスでは違いがみられるものの、どの国の企業も海外事業規模が大きくなると、世界的規模の製品別事業部制か地域別事業部制を採用することになるという点は、確認されたといえるであろう。

（7）　組織過程の高度化

　企業が多国籍化を進展させるにつれて、組織構造は段階的に変化する。それに伴って、組織過程においても変化がみられる (Galbraith and Nathanson, 1978)。

　たとえば、海外事業への資源配分を行う際に使用される業績評価システムの整備が進む。海外子会社が置かれた経営環境が国や地域ごとに異なることを反映して、評価基準も多元的になってくる。また、経営者を育成する上でのキャリア開発においても、国際業務の経験を積むための経路が整えられていく。

　企業の多国籍化が進展し、組織構造の発展段階も進んでくると、このような経営システムの整備も進んでくる。その結果、場当たり的に海外事業に対

処するのではなく、プログラムをもって対応できるようになってくる。その結果、企業は国内事業とは異質な海外事業を大規模に展開できるようになるのである。

3　多国籍企業組織の新展開

■1　多国籍企業の競争行動

　企業は、主要な国・地域に海外子会社（海外現地法人）を設立しながら、国際化を進め、成長を遂げていく。しかし、企業の国際化は、主要な国や地域に一通り事業拠点を設立した時点で終着点に達するわけではない。海外子会社を設立した後でも、現地企業や他の多国籍企業との競争は続いていく。こうした中で、一部の企業は競争に敗れて市場における地位を低下させていくかもしれない。しかし、他の企業は、競争力をいっそう強化して成長を続けていくであろう。

　このように、国内企業から出発して多国籍企業にまで成長した企業にとっても、企業成長の実現は依然として重要な経営課題である。この場合、多国籍企業にとっては、すでに構築してきた海外事業拠点網をどのように活用していくのか、という点が重要な問題として浮かび上がってくる。

　この問題には、短期的な側面と長期的な側面とが存在する。

　短期的な問題とは、現在行っている事業活動の効率性をいかに高めるのか、という問題である。多国籍企業には、ある特定の活動を行う事業拠点を集約することで、事業の効率を高める可能性が開かれている。たとえば、特定の製品や部品を生産する事業拠点を少数の地域に集約し、そこから世界の他の地域に供給するようにすれば、規模の経済性を働かせて、コスト競争上で有利に立てる可能性がある。これは、海外事業拠点網を広い地域で構築した多国籍企業だからこそとれる事業戦略である。このような戦略を立案・実行するためには、世界的に事業活動の内容、たとえば製品や部品の仕様を標準化する必要がある。しかも、それぞれの事業拠点の活動内容は、事業計画の立

案段階から綿密に調整する必要がある。したがって、海外子会社の自律性は抑えられ、本国親会社による集権的なコントロールを確保する必要がある (Porter, 1986)。

しかし、すべての事業活動をこのように標準化し、集権的にコントロールするのがよいわけではない。国や地域ごとに経営環境が異なる以上は、それへの適応が求められるはずである。たとえば、部品の標準化は可能でも最終製品を地域ごとに多様化する必要は残るかもしれないし、製品レベルでの標準化を進めても販売・マーケティングの面では国ごとの市場特性に合わせる必要があるかもしれない。これらの活動を効率的に行うためには、むしろ、海外子会社の自律性を確保することが望まれるであろう (Porter, 1986)。

次に、長期的な問題としては、国際的な競争優位をもたらす新たな経営資源をどのように蓄積・獲得していくのかという課題がある。ある時点で国際的な競争優位をもたらす経営資源であっても、それが永続的な競争優位をもたらすとは限らない。競争が進展するにつれ、新たな競争優位を獲得しないと、成長の持続が困難になる場合も多い。たとえば、製品が市場に導入された当初は、新規の性能や機能を実現するための製品技術が競争優位をもたらすであろう。しかし、やがて顧客が求める製品性能や機能が固まってくると、製品技術では差別化が困難になり、低コストで生産を可能にする工程技術の方が、競争上、重要になってくる。さらに進むと、工程技術まで固定化が進むかもしれないが、その段階にいたった場合でも、新規技術の導入によって再び製品性能や機能をめぐる競争が活発になる可能性もある。こうなると、固定化したとみなされた製品技術・工程技術に替わる新しい技術の獲得が競争上のキーとなってくる (Abernathy, 1978・Utterback, 1994)。

従来、競争優位をもたらしてきた経営資源が陳腐化した場合、多国籍企業は新たな競争優位をもたらす経営資源を獲得する必要がある。この場合、多国籍企業には、本国以外の海外でも新たな経営資源を獲得できる可能性が開かれている点が重要である。それは、本国と海外とでは経営環境が異なるという点に起因する。製品性能や品質、コストなどの面で顧客の要求が非常に

厳しい国に立地している事業拠点や、ある分野で優秀な技術者を確保しやすい国に立地している事業拠点では、本国や他の国の事業拠点に先行して新たな技術を獲得できる可能性がある。そうして得られた技術を他の国の事業拠点でも活用していけば、全社レベルで新たな競争優位が獲得できるかもしれない（周佐，1989）。

しかし、このようなかたちで新たな競争優位を獲得するためには、複雑な海外事業のマネジメントが要求される。海外子会社が、新たな競争優位の源泉となる経営資源を獲得するためには、行動の自律性を保証される必要がある。しかし、海外子会社の経営資源を全社レベルで活用するためには、やはり何らかのかたちで、海外子会社の活動をコントロールし、調整する必要がある。

また、短期的な事業効率の向上と長期的な新しい競争優位の獲得とが自然に両立する保証はない。むしろ、短期的な効率性の重視は、海外子会社活動の過度の標準化や固定化を招いて、新しい競争優位の獲得を妨げる可能性が高い。他方、海外子会社活動の自律性を認めることは新しい競争優位の獲得に結びつくかもしれないが、国や地域を越えて事業活動を集約化することを妨げ、短期的な事業効率の向上を阻害する危険もある。

しかし、多国籍企業が企業間競争に勝ち抜いて成長を続けていくためには、これらの複雑な要求に応える必要がある。すなわち、短期的な事業効率の向上と長期的に新しい競争優位をもたらす経営資源の獲得のどちらも行う必要がある。また、国ごとの経営環境の違いへの適応と、国や地域を越えた共通の経営資源の活用とは、どちらも行う必要がある。

2 マトリックス組織の採用と問題点

以上のように、多国籍企業がいっそうの成長を続けていくためには、多次元的な要求に応える必要がある。この複雑な要請に応える組織をデザインすることが、高度な国際化、すなわち、グローバル化を成功させるためのキーとなる。

組織構造を重視する伝統的な理論によって、この要請に応えるために考案されたのが、マトリックス組織である。マトリックス組織とは、命令系統一元化の原則を放棄して、命令系統を2本以上設けた組織である。それぞれの命令系統は、相互に独立して対等の権限をもつ。企業経営に要求される課題が多元化した場合に、それぞれの課題を責任領域とする別個の経営者を割り当てる。その経営者が1つずつ独立した命令系統をもつことで、企業の問題解決が迅速・柔軟に行えると、理論上は考えられた。

　ストップフォードらは、このようなマトリックス組織をグリッド構造と名づけ、多国籍企業が海外事業を管理する組織の第4段階と考えた（Stopford and Wells, 1972）。多国籍企業が、高度に発展・成長した際に採用される最終的な組織と位置づけたのである。マトリックス組織の命令系統としては機能

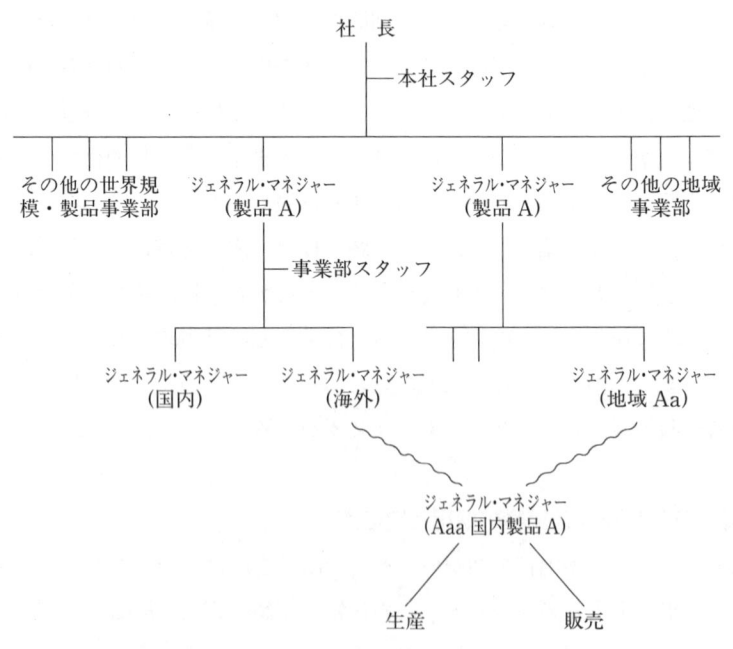

図Ⅵ-4　マトリックス組織（グリッド構造）
出所：Stopford and Wells（1972）.

別や市場（顧客）別などの軸も考えられるが、彼らが念頭に置いたのは製品別と地域別の2つの命令系統をもったマトリックス組織である（図Ⅵ-4）。

　多国籍企業の組織の第3段階として考えられたのは、世界的規模の製品別事業部制と地域別事業部制の2つであった。このうち、世界的規模の製品別事業部制組織は、国内と海外を一元化して共通の経営資源を活用する上では長所をもつが、個々の製品別事業部が国や地域ごとに異質な経営環境へ適応するという点は二次的な問題になりがちである。他方、地域別事業部制の下では、国や地域ごとの異質性に対処するのには柔軟性と迅速性を発揮できるが、国内と海外とで共通の経営資源を活用していくという点では十分な対応がしにくいという性格をもっている。そこで、製品別事業部と地域別事業部の両方を設け、各海外子会社を2本の命令系統の下に置くことで、両者の問題点を克服し、両者の長所を同時に発揮できると考えたのである。

　このようなマトリックス組織を採用すれば、前述した多国籍企業の競争上の課題にも、理論上は適切に対応できるはずである。たとえば、部品などの生産技術は製品別事業部の下で世界共通化を行って生産効率の向上に努めると同時に、マーケティングなどの活動は地域別事業部の下で国ごとの消費者の好みの違いに適応するということも可能であろう。また、地域事業部の下で地域ごとに独自の活動をしていく中で新しく生み出された知識を、製品別事業部の命令系統の下で世界的に活用していくことも可能なはずである。

　しかし、こうしたマトリックス組織の採用は、実際に試みられたものの、大半が失敗に終わっている。マトリックス組織を採用した大半の企業は、世界的規模の製品別事業部制のような単純な組織構造に、結局は戻っていったのである。

　その大きな理由は、マトリックス組織を採用することで、海外事業活動の調整の柔軟性と迅速性がかえって失われてしまった、という点にある。マトリックス組織の下では、複数の事業部長の了解を得ないと、海外子会社は意思決定を行ってある行動をとることができない。これだけでも手続き上の時間がかかる上に、担当する製品別事業部長と地域別事業部長の見解が異なっ

た場合の調整はさらに困難である。両者の権限は対等であるため、結局は共通のボスが調整を行わざるをえない。その結果、必ずしも問題の細部を理解していないトップ経営者にまで問題がもち込まれ、調整にいっそうの時間がかかってしまうことになる。このように、多元的な経営課題に迅速・柔軟に対応するというマトリックス組織導入の目的は、結局は達成されなかったのである。

この他にも、別々の命令系統を担当する経営者間の社内権力闘争が発生したり、経営者が多くなることに伴う間接費の増加などの問題が顕在化したりしたため、マトリックス組織の運営は、ほとんど失敗に終わった。多元的で複雑な経営課題に、複雑な組織構造を構築して対処しようという試みは、うまくいかなかったのである。

3 多国籍企業における調整方法の再検討
（1） 多様な調整方法の活用

以上のように、多国籍企業全体の組織にマトリックス組織を導入するという試みは、基本的には成功を収めなかった。しかし、マトリックス組織の導入が目的としていた多元的な経営課題への対応という問題は、決して放棄されたわけではない。そこでは、マトリックス組織のような複雑な組織構造をデザインすることなしに、いかに海外事業活動の調整を行うかが問われることとなった。

従来のアメリカ系多国籍企業で強調されてきた海外事業活動の調整方法は、形式化あるいは公式化を進めるというやり方であった (Bartlett and Ghoshal, 1989)。それは、本国親会社と海外子会社の間の権限を明確に規定して、組織内のルールや手続きを事前に定めることで、海外子会社活動をコントロール下に置くというものであった。具体的には、本国親会社と海外子会社がそれぞれ事業計画を立案し、子会社は計画実行後の成果を本国親会社に報告し、その情報にもとづいて本国親会社は海外事業活動の方針を再検討するという一連の手続きが、事前に定められた通りに行われるということである。たと

えば、事業計画の立案時期やそこに盛り込まれる項目、海外子会社から本国親会社への報告の頻度と内容などは事前に細かく規定される。そして、海外子会社のほとんどは、こうした一律の手続きの下に置かれて管理される。

このような海外事業の調整方法は、組織内のルーティン化を進めることで、複雑な経営課題に対処しようとしたものと解釈できる。ルーティン化によって、組織の情報処理能力が向上するのはいうまでもない。

しかし、あらゆる経営課題に対して、ルーティン化が効果をあげるわけではない。ルーティン化が可能なのは、問題が発生する頻度が高く、事前に対応のための代替案を用意できる場合である。例外的に発生する問題で、問題の構造の理解が不十分な場合には、事前に代替案を用意するのが困難である。このような場合に既存のルーティンに頼りすぎることは、むしろ柔軟な対応を試みる上で障害にもなりうる。現代企業は、経済、技術、市場などの面で、かつて存在しなかったほどの激しい環境変化に直面している。多国籍企業は、活動の地理的範囲の広さのため、国内企業以上に複雑で予想困難な環境変化に直面しているともいえる。したがって、組織のルーティン化を過度に強調することは、マイナスの作用をもたらす可能性が高い。前述のマトリックス組織が失敗した大きな理由は、組織内の調整方法として、こうしたルーティン化に頼りすぎたため、意思決定や行動の柔軟性が失われたという点にある。

そこで提唱されたのが、必要に応じて人材派遣を行ったり、期間を限定して委員会やプロジェクト・チームを設けたりして海外事業活動の調整を行うという方法である (Bartlett and Ghoshal, 1989)。これは、問題が発生した時点で解決を考えるという意味では、非ルーティン的な調整方法とも考えられる。これらの調整方法では、人が直接接触してコミュニケーションを行うため、形式的・公式的な事業計画や業績報告にはのらない細部の微妙な情報まで伝達が可能である。事前に予測が困難な問題に対する解決を考えるためには、こうした部分の情報まで活用するのが有効と考えられる。

また、委員会やプロジェクト・チームは部門横断的に構成員が集められるのが普通で、組織構造が規定する正式な命令系統の下では動員できない人材

を集められるという特徴をもっている。これによって、マトリックス組織導入のねらいであった、多元的な経営課題への適応を柔軟に行うという効果も期待できる。組織全体ではなく、限定された部分で多元的な調整を実施することで、対応の柔軟性と迅速性を確保できるからである。

もっとも、すべての局面でこうした人的接触による調整方法が有効なわけではない。人的接触に伴うコストは決して軽視できるものではないからである。したがって、多国籍企業は、問題の性質ごとに調整方法を変えることを要求される。それは、すべての海外事業に同じ調整方法を一律に用いるのではなく、多様な調整方法を組み合わせて用いることを意味する。

（2） 組織文化の重要性と国際人的資源管理

多国籍企業の活動の調整方法として、もう1つ強調されたのが、組織文化の共有という方法である (Bartlett and Ghoshal, 1989)。組織文化とは、組織の構成員が共通にもっている行動規範、価値、信念、ものの見方や考え方などをさす。組織文化には、明文化されて明確に意識されているレベルから、ほとんど意識の下に沈んで考え方や行動決定の前提となっているレベルまで存在すると考えられる。こうした組織文化を共有することで、公式な調整方法に頼らなくても、組織内の行動に整合性を保つことが可能になる。

多国籍企業のように、内部に多様な事業環境と経営課題を抱えている組織にとって、公式の調整方法を問題が生じる都度発動していたのでは、対応に時間がかかりすぎて、行動の柔軟性が失われる可能性が大きい。このような状況では、本国親会社と海外子会社の経営者の間で組織文化を共有することは、公式の調整方法に頼る必要性を低下させ、組織の情報処理能力を高める効果をもつと期待される。組織文化を共有していると、トップ経営者からの指示や命令を受けたり、人材派遣や委員会などのような調整方法をいちいち用いたりしなくても、組織全体として整合的な行動をとることができるからである。

組織文化を体現しているのは、組織の構成員、すなわち人的資源である。したがって、組織文化の共有化のためには、国際人的資源管理の面での対応

が重要である。組織文化は、共通の事業経験を通じて形成・強化されるため、世界中で広範囲に広がる事業拠点の経営者に同じ事業経験を積ませることが求められる。企業の国際化の初期段階では、本国親会社で共通の事業経験を積んだ人材を海外子会社に派遣することで、本国親会社と海外子会社の一体感は得ることができる。しかし、国際化が高度に進展すると、本国親会社の少数の人材だけでは、海外事業の管理は行えなくなってくる。

このようになると、海外子会社で採用した経営者および将来の経営者の候補に対しても、共通の事業経験を積むことで、組織文化の共有をはかることが求められてくる。そのため、彼らに経験を積ませるために、本国親会社や他の国の海外子会社への異動を計画的に行うことが求められるであろう。このような教育面とキャリア開発面で、海外事業経験を意図的・計画的に組み込むことが、国際人的資源管理の上で必要事項となるであろう。本国親会社の経営者にとっても、こうした海外事業経験は不可欠である。

このように、幅広く事業経験を積むことで、本国親会社や海外子会社の経営者は、自分の責任範囲を超えて全社レベルの問題を共通の視点から考えることが可能になる。たとえば、海外子会社の経営者は、自分の国に固有な経営環境に対応するだけでなく、全社レベルで経営資源を有効活用するという視点ももてるようになる。これは、「経営者の頭の中にマトリックスをつくる (Bartlett and Ghoshal, 1989)」ことを意味する。

4 変化性の時代に求められるグローバル組織

多国籍企業が海外事業規模を拡大していくにつれて、直面する経営環境の異質性や複雑性はますます大きくなっていく。ここまで述べてきたような多国籍企業の組織デザインの問題は、こうした異質で複雑な海外事業をどのように管理していくのか、という課題から導き出されたものである。

近年の多国籍企業を取り巻く環境は、こうした異質性や複雑性に加えて、変化の速度がますます速まっている。技術など、競争条件の変化速度が加速化しているのである。ある時点で競争上有利な地位を占めていた企業が技術

や市場の変化に対応できずに長期的には競争優位を失うという現象は、以前からあった。しかし、近年では製品開発サイクルや消費者市場の変化が加速化しているため、競争優位の陳腐化のリスクは従来にも増して高まっている。その中で、多国籍企業は、変化への対応速度を上げるべく、いっそうの努力を試みている。

　1つは、海外子会社の担う戦略的役割のいっそうの向上である。従来なら本国で成果を確認してから、技術や管理方式を海外に移転するという時間的余裕が許されていたが、今日では国内と海外で同時に、あるいは海外子会社の方が早く新しい技術や管理方式を導入しないと、企業間競争に勝ち抜けなくなってきている。たとえば、日本のエレクトロニクス・メーカーは、かつては日本で生産の立ち上げを確認してから海外子会社に生産を移管できたが、今日では先端的な輸出向け製品の量産をいきなり海外子会社で始めることも珍しくない。また、日本国内で基本モデルを設計してから海外向けの派生モデルを開発するのではなく、国内向けと海外向けモデルを同時に開発する必要にも迫られている。このような課題に直面する中で、海外子会社は従来よりも多くの役割を担うようになってきた。量産工場における生産方式の見直しや海外向け派生モデルの開発などは、海外子会社が担当しないと、変化に対応できないためである。

　そして、中にはグローバル・レベルの事業戦略の立案・実行機能を一部、海外子会社に移し始めた企業も存在する。競争優位の中核となる知識が海外子会社の側にあると判断すれば、こうした方が迅速に変化に対応できるためである。

　このような戦略的に重要な役割を果たす海外子会社は、本国親会社と水平的な分業関係に近づいていく。海外子会社がいわば頭脳をもち、自らの判断で意思決定を行い、行動するようになるからである。

　しかし、海外子会社が完全に他の事業拠点（本国親会社をふくむ）から独立した存在になったのでは、やはりグローバル・レベルでの柔軟な対応はできない。世界中の最も有利な地域で素早く行動をおこすということが理想的で

あり、そのためには事業拠点間の連携をどのようにかたちづくるのかが問われるのである。ただし、これは決して容易には達成できる課題ではない。これまで述べてきたような組織構造、組織過程、組織文化などの面でいっそう微妙なマネジメントが要求されるからである。その意味では、多国籍企業の組織デザインは、今後も新しい工夫が繰り返し試みられることになるであろう。

注
1) 海外現地法人に対する本国親会社の出資比率が高く、海外現地法人の行動に対するコントロールの程度も高い場合が海外子会社、出資比率が低く海外現地法人の行動に対するコントロールの程度も低い場合が海外関係会社である。
2) 本章での多国籍企業の定義は、あくまでも概念的定義である。現実の企業が多国籍企業であるか否かを判定するためには、測定可能な基準、すなわち操作的定義が必要である。たとえば、海外生産子会社を多数保有するということは、具体的に何カ国に何社以上もつことなのかを決める必要がある。しかし、多国籍企業の操作的定義に関しては、必ずしも見解の一致があるわけではない。詳細は、吉原 (1979) を参照。ただし、本章の議論では、概念的に多国籍企業が存在するということのみを前提とし、多国籍企業の操作的定義については触れないこととする。

引用文献
Abernathy, W., *The Productivity Dilemma : Roadblock to Innovation in the Automobile Industry,* Johns Hopkins University Press, 1978.
Bartlett, C. A., and Ghoshal, S., *Managing Across Borders : The Transnational Solution,* Harvard Business School Press, 1989.（吉原英樹監訳『地球市場時代の企業戦略：トランスナショナル・マネジメントの構築』日本経済新聞社、1990 年）
Chandler, Jr., A. D., *Scale and Scope : The Dynamics of Industrial Capitalism,* Harvard University Press, 1990.（安部悦夫・川辺信雄・工藤章・西牟田祐二・日高千景・山口一臣訳『スケール・アンド・スコープ：経営力発展の国際比較』有斐閣、1993 年）
Franko, L. G., *The European Multinationals,* Harper and Row, 1976.
藤野哲也『グローバリゼーションの進展と連結経営：東南アジアから世界へ

の視点』文眞堂、1998 年

Galbraith, J. R., and Nathanson, D. A., *Strategy Implementation : The Role of Structure and Process,* West Publishing, 1978.（岸田民樹訳『経営戦略と組織デザイン』白桃書房、1989 年）

Hymer, S., *The International Operations of National Firms : A Study of Direct Foreign Investment,* MIT Press, 1976.（宮崎義一編訳『多国籍企業論』岩波書店、1979 年）

稲葉元吉「企業活動の国際化」『コーポレート・ダイナミックス』(第 7 章)白桃書房、2000 年

Jones, G., *The Evolution of International Business : An Introduction,* Routledge, 1996.（桑原哲也・安室憲一・川辺信雄・榎本悟・梅野巨利訳『国際ビジネスの進化』有斐閣、1998 年）

小宮隆太郎『国際経済学研究』岩波書店、1975 年

Lilienthal, D. E., "Management of the Multinational Corporation," in Anshen, M., and Bach, G. L., eds., *Management and Corporations, 1985,* McGraw-Hill, 1960.（名東孝二訳『20 年後の会社と経営』日本生産性本部、1963 年）

岡本康雄「企業成長と経営組織」岡本康雄・小林孝雄編『企業行動の分析と課題』(第 1 章)日本経済新聞社、1985 年

岡本康雄「多国籍企業と日本企業の多国籍化 (1)」『経済学論集』第 53 巻第 1 号、1987 年

Penrose, E. T., *The Theory of the Growth of the Firm,* Basil Blackwell, 1959.（末松玄六訳『会社成長の理論』ダイヤモンド社、1962 年）

Porter, M. E., "Changing Patterns of International Competition," *California Management Review,* Vol. 28, No. 2, 1986.

周佐喜和「グローバル成長のダイナミック・プロセス：海外子会社の戦略的役割」『組織科学』第 23 巻第 2 号、1989 年

Stopford, J. M., and Wells, Jr., L. T., *Managing the Multinational Enterprise,* Basic Books, 1972.（山崎清訳『多国籍企業の組織と所有政策』ダイヤモンド社、1976 年）

Utterback, J. M., *Mastering the Dynamics of Innovation,* Harvard Business School Press, 1994.（大津正和・小川進監訳『イノベーション・ダイナミクス』有斐閣、1998 年）

Vernon, R., *Sovereignty at Bay : The Multinational Spread of U. S. Enterprises,* Basic Books, 1971.（霍見芳浩訳『多国籍企業の新展開：追いつめられる国家主権』ダイヤモンド社、1973 年）

吉原英樹『多国籍経営論』白桃書房、1979 年

吉原英樹『国際経営　新版』有斐閣、2001年

参考文献

Ghoshal, S., and Westney, D. E., *Organization Theory and the Multinational Corporation,* St. Martin's Press, 1993.（江夏健一監訳・IBI 国際ビジネス研究センター訳『組織理論と多国籍企業』文眞堂、1998年）

第 VII 章

主要学説と研究方法

1 経営組織論の発生と展開

1 経営学の発生と経営組織論

（1） 経営学の発生と経営組織論

　経営学はその発生の経緯から、経済的活動に従事する経営組織とその機能を対象とする科学と捉えられる。社会に存在する多様な組織は、たとえばその活動内容によって、経営組織、行政組織、教育組織、ボランティア組織、軍事組織、宗教組織、研究組織などに識別される。経営組織は、これらの中でも、財、サービスの生産（付加価値の創造）に従事する組織であり、その意味では経営組織と企業組織は同義語である。

　19世紀末から20世紀初頭にかけての産業社会の展開とともに、個別経済単位としての企業の大規模化が進み、いわゆる近代的企業が出現する。この近代的企業を対象として、その発展とともに、研究領域・学問分野としての経営学が成立、展開してきた。

　このような経営学の中心は、煎じ詰めれば、経営組織論と経営管理論である。すなわち、その分析対象は、主体としての経営組織と、機能としてのマネジメント（経営管理）に他ならない。言い換えれば、自律した存在として主体性発揮の単位である経営組織と、その組織が発揮する主体的機能としてのマネジメントである。具体的には、活動をどのように組織化し機能させるかという課題と、機能する組織主体とはどのようなものかという課題である。

（2） 経営組織論から組織論へ

このような組織とマネジメントという経営学の中心的課題は、企業組織を超えて普遍的な拡がりをもつ。確かに産業社会の高度化とともに進展したという側面が、経営学にはある。しかし、このような時代性や企業組織というカテゴリーを超越して、経営学が取り組むべき課題には普遍性をみることができる。人間社会に普遍的にみられる社会現象である組織とマネジメントという課題を、幅広く経営学の対象にふくめて考えることができよう。

とくに、今日の多元的な組織社会においては、営利組織、非営利組織（NPO）といった視点、公組織、民間組織といった区別、さらには非政府組織（NGO）、政府間組織といったカテゴリーを超えて、組織とマネジメントは共通の課題として現代的重要性を増している。多様なカテゴリーの中の多様な組織が、それぞれのカテゴリーに期待される社会的機能を果たすために、何らかの社会的に有用な付加価値を創造することが期待されているのである。これはまさに、活動をどのように組織化するかという課題と、機能する組織とはどのようなものかという課題に他ならない。

企業組織を対象に発生した経営組織論は、今や企業組織以外のカテゴリーの組織をもその対象とするようになってきた。広く社会現象としての組織現象を扱う社会科学の研究領域・学問分野として組織論が確立しつつある。その意味で、経営組織論は組織論へと発展してきたといえよう。

2 組織論への多様な貢献

このような経営組織論から組織論への発展には、さまざまな研究領域・学問分野からの知的刺激と貢献をみることができる。組織論が対象とする組織現象のもつ普遍的性格から、組織論は常に新たな洞察やアイデアを多様な研究領域から得てきた。そこには、経済学、工学から、生物学、人類学、記号論、さらにはポストモダン、ポスト構造主義の思想にいたる多様かつ広範な研究領域からの影響をみることができる。社会科学の研究領域のみならず、自然科学、人文学、現代思想にいたる知的源泉の拡がりをみることができる

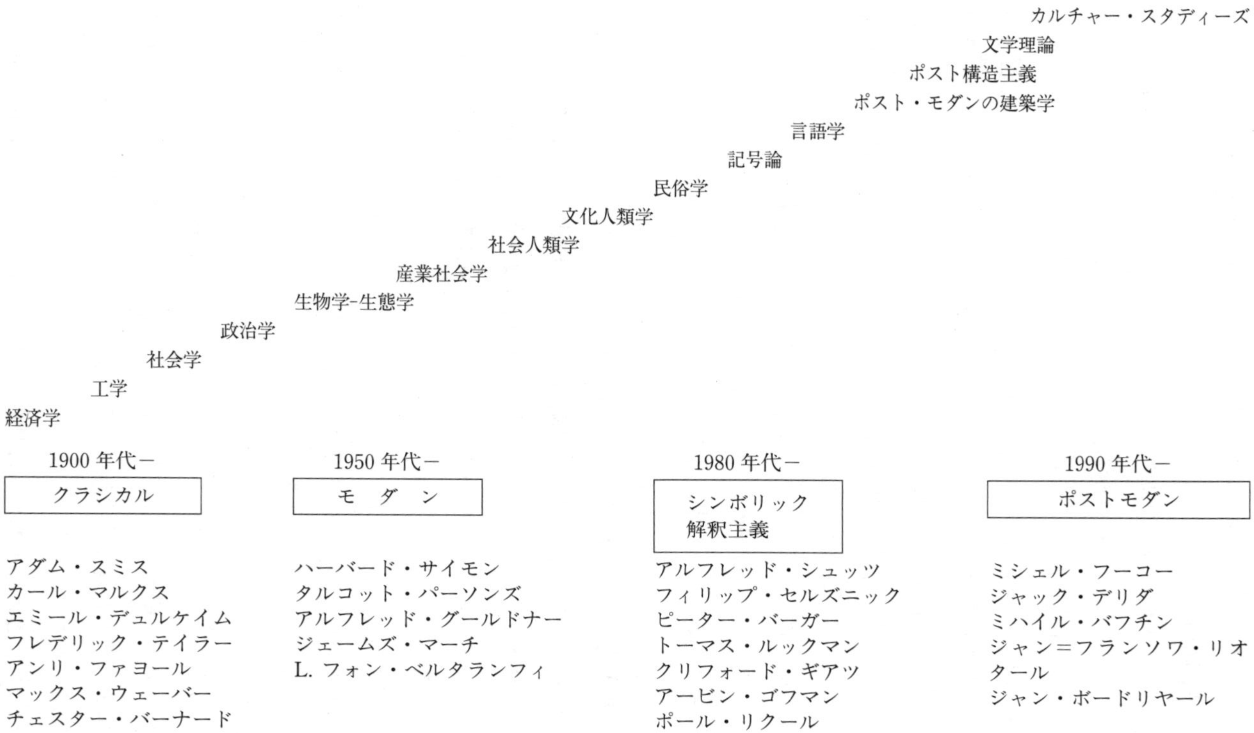

1900年代—	1950年代—	1980年代—	1990年代—
クラシカル	モダン	シンボリック 解釈主義	ポストモダン
アダム・スミス	ハーバード・サイモン	アルフレッド・シュッツ	ミシェル・フーコー
カール・マルクス	タルコット・パーソンズ	フィリップ・セルズニック	ジャック・デリダ
エミール・デュルケイム	アルフレッド・ゴールドナー	ピーター・バーガー	ミハイル・バフチン
フレデリック・テイラー	ジェームズ・マーチ	トーマス・ルックマン	ジャン＝フランソワ・リオ
アンリ・ファヨール	L. フォン・ベルタランフィ	クリフォード・ギアツ	タール
マックス・ウェーバー		アービン・ゴフマン	ジャン・ボードリヤール
チェスター・バーナード		ポール・リクール	

周辺学問：経済学、工学、社会学、政治学、生物学・生態学、産業社会学、社会人類学、文化人類学、民俗学、記号論、言語学、ポスト・モダンの建築学、ポスト構造主義、文学理論、カルチャー・スタディーズ

図Ⅶ-1 組織論の知的源泉

出所：Hatch (1997) 多少修正してある。

第Ⅶ章 主要学説と研究方法

のである。メリー・ハッチ (Hatch, 1997) は、20世紀の組織論に影響を与えた知的源泉を図Ⅶ-1のように整理している。

これによれば多様な研究領域・学問分野、ならびにそれぞれの領域の主要な論者は、大きく4つの視点から整理されている。1900年代以降の「クラシカル」、1950年代以降の「モダン」、1980年代以降の「シンボリック解釈主義」、そして1990年代以降の「ポストモダン」である。このような区分は組織論の多様性と複雑性を理解するための便宜的なものとはいえ、それぞれ視点としての独自性をもっている。

たとえば、メタファーは、対象とする現象の本質を認識し理解する手段としてきわめて有用な方法であるが、組織論においても、組織の本質をどのようなものと捉えるかという点で、多様なメタファーの選択が可能である。これら4つの視点は、それぞれ機械、有機体、カルチャー、コラージュというメタファーに依拠し、それぞれ独自の中心的課題、方法論によって識別される。

4つの視点は、それぞれ固有の視点から組織現象にアプローチし、独自の貢献をしている。しかしながら、組織論の展開は、時代とともに新たな視点によってそれまでの視点が置き換えられると捉えるべきではない。このような視点は並存するものであり、組織論の多様性、多元性を示すものと理解されるべきである。

（1）「クラシカル」の視点

クラシカルの視点のアプローチは、組織の基本的メタファーとして機械(マシーン)を用いる。これは、いわゆる産業革命とともに多くの機械が発明されたことと軌を一にしている。組織は、あらかじめ設定された目標を達成するよう設計され、組み立てられた機械なのである。このような機械のメタファーは、組織というものを、経営者・管理者の手段とみなす。経営者・管理者は組織という機械を設計する設計者であり、これを組み立てて、実際に動かすエンジニアなのである。

したがって、この視点の中心的課題は、特定の目的（たとえば生産）を達成

する手段としての最も適切な組織（機械）の構築とマネジメント、ならびに組織の社会的役割や機能に集約される。すなわち、有効かつ能率的な組織構造やマネジメント・システムの探究、あるいは社会学的分析が志向される。アプローチの方法としては、歴史分析、観察、個人的経験の記述の分析が中心となる。この視点の主たる貢献は、マネジメントの実践に有用な原理・原則を追求しようとしたこと、ならびにタイポロジーや理論的枠組みを提示したことにあるといえよう。

　（2）「モダン」の視点

　モダンの視点のアプローチは、組織の基本的メタファーとして有機体（生命システム）を用いる。組織は、その必要な経営資源を環境に依存し、その存続に必要な機能を果たしながら、環境（エコロジカル・システム）に適応していく生命システム(リビング)と捉えられる。組織(オーガニゼーション)も有機体(オーガニズム)も存続のためには、環境に適応していかなければならない。ここでは、経営者・管理者は適応システムの構成要素の一部と捉えられるのである。

　この視点では、手段としての組織から、組織それ自体に焦点が合わされることになる。認識論的に客観主義者の立場に立ち、組織は、いくつかの次元から測定しうる客観的対象として扱われる。組織と環境との間の依存関係・取引関係、資源変換過程として組織のテクノロジー、存続のための構造的適応や戦略などが中心的課題となる。統計的記述や相関分析が主要な方法であり、これにより比較研究や多変量解析による実証研究がもたらされる。ここでは、客観的な知識を生み出すために、一貫した科学的研究(リサーチ)の方法が強調される (Stone, 1978)。社会現象に対して科学的方法を適用するという意味において、この視点は、社会科学の中でこれまで中心的役割を果たしてきたといえよう。

　（3）「シンボリック解釈主義」の視点

　シンボリック解釈主義の視点のアプローチは、組織の基本的メタファーとしてカルチャーを用いる。カルチャーとは、人間集団によりつくり出され維持されている意味のパターンや共有された価値のことであり、具体的には組

織の慣習や伝統、物語や神話、作品やシンボルを通して把握される。経営者・管理者は、このような組織のシンボルであり、伝統の体現者であり、物語の語り手である。そして、その意味内容は、多様な組織メンバーによってさまざまに解釈されるのである。

　この視点は、認識論的に主観主義者の立場に立つ。すなわち、組織は客観的に測定しうる対象というよりも、主観的にその意味が認識され、理解される対象と捉えられるのである。そして、参加観察や、インタビューなどによる方法により、ケース・スタディ分析や、エスノグラフィー（カルチャーの記述と分析）研究がその成果としてもたらされる。

（4）「ポストモダン」の視点

　ポストモダンの視点のアプローチは、上記の3つの視点に比べ、それほど明確な一致点があるわけではない。メタファーとして、たとえばロックコンサート、絵画、バレエ、オペラ、小説といった多様なものを許容する。むしろ、多様性と柔軟性が特徴ともいえる。ポストモダンの視点では、組織理論はコラージュと捉えられる。コラージュとはアートの1つの形式である。断片的な既存の構成要素を組み合わせることにより、1つのまったく新たなものがつくり出される。時には矛盾するようなものを組み合わせることにより、それまで見えなかったものが見え、経験したことがない経験を可能にするのである。

　組織理論に対してコラージュのメタファーを用いることは、多元的な視点や理論の可能性を強調するものである。組織理論は、個別の知識、さまざまな理論の一部、過去の経験などの断片的な構成要素からつくり出されるものであり、それらが1つのコラージュとして構成されると、それ自体がまったく新たな独自の視点をもつことになる。経営者・管理者は、組織に関する理論をつくる理論家であり、コラージュを制作するアーティストなのである。

　ポストモダンの視点では、その中心的課題は、組織から、組織についての理論や理論づくりへと移動する。研究者や経営者・管理者によって分析対象としてイメージされた組織と同時に、その組織を分析しようとする研究者や

経営者・管理者が分析対象にふくまれてくる。アプローチの対象としての組織と同時に、アプローチしようとする研究者や経営者・管理者それ自体の視点が分析対象になるのである。

　以上みたように、組織論の発展は、さまざまな研究領域・学問分野からの知的刺激と貢献によりもたらされる。確かに、組織論が対象とする組織現象は、1つの視点では説明しきれない複雑な対象である。しかし、組織論に多様な視点が並存するとするなら、このことは何を意味しているのだろうか。これらの多元的な視点の存在、あるいはそれらの間の関係をどのように理解したらいいのだろうか。

　1つのメタファーを採用することは、組織の特定の側面に注意を集中することになるが、同時に他の側面を無視することでもある。1つの視点に依拠することで、組織に関する何らかの認識に到達しうるが、それぞれの視点は固有の限界をもっている。1つの視点だけではなく、多様な視点から物事を見ることができることは、確かに柔軟なものの見方といえよう。

　しかし、ここで誤解すべきでないことは、視点を変えることができる、複数の見方ができるというだけでは、柔軟な思考とはいえないということである。たとえば、対象が白に見える、黒にも見える、ということだけでは柔軟な物事の見方とはいえないだろう。白に見えるということはどういうことなのか、どのような場合に白に見え、どのような条件の下で黒に見えるのか、白に見えたり黒に見えたりするのはなぜなのか、ということが問われるのである。

　いわば、個々の視点の視点ともいうべきものを問い直し、多様な視点間の相互関係や位置づけを理解し、その上で、多様な視点を保持することが必要になる。個々の視点の、メタ理論的仮定ともいうべきものが問われるのである。

2 組織論のパラダイム

パラダイムという用語は、科学の領域を超えてさまざまな分野で多様な用いられ方をしているが、その本来の用法からいえば一般に、特定の科学者によって共有されている概念枠組み、あるいは基本的な仮定の集合と捉えられる。パラダイムを共有する科学者は、同じような世界観に立脚し、対象とする現実(リアリティ)に関して同じような見方を共有している。対象にアプローチする際に、明示的・暗黙的、あるいは意識的・無意識的に依拠するメタ理論的仮定ともいうべきものに基本的な統一性をみることができるのである。

世界観、あるいは社会的現実に関する見方としてのパラダイムには、対象としての社会現象をどう捉えるかということ、ならびに方法としての社会科学をどう捉えるかということが反映している。逆にいえば、パラダイムの違いは、メタ理論的仮定の集合によって規定されることになるのである。

1 4つのパラダイム

組織論のパラダイムは、バーレルとモーガン (Burrell and Morgan, 1979) によれば、メタ理論的仮定の違いによって、4つのパラダイムに識別される。多様なメタ理論的仮定は、科学としての社会科学をどのように考えるかということ、ならびに社会現象 (組織現象) をどのようなものと考えるかということの2つの次元によって整理される。すなわち、方法としての社会科学の性質に関する仮定の集合と、対象としての社会現象 (組織現象) の性質に関する仮定の集合という2つの次元である。

（1） 方法の次元：主観主義—客観主義

方法に関する次元は、主観主義—客観主義という次元で捉えることができる。社会に関する科学としての社会科学は、何らかのかたちで社会現象が自然現象と同じように処理できるということを暗黙の前提にしている。客観主義者は、自然科学のモデルと方法を適用して、社会的世界をあたかも自然的世界と同じように扱うことができると考えるのである。このような客観主義

者のアプローチに対して、自然現象とは異なる社会現象の独自性を強調し、自然科学とは異なる方法論的視点に立つのが主観主義者のアプローチである。客観主義、主観主義という対極的なアプローチが並存するのは、社会科学の置かれた知的状況にその源がある。

1．実証主義と理念主義

　社会科学は、近代においてすでに確立していた自然科学と人文学の谷間から発生したため、2つの異なった知的影響をそこにみることができる。過去200年にわたって、社会科学には対極的な2つの支配的な知的伝統が存在してきた。「社会学的実証主義」といわれるものと、「理念主義（ドイツ観念論）」といわれるものである。

　社会学的実証主義は、自然科学で用いられているモデルと方法を人間事象の研究に適用しようとする試みを反映したものであり、これによれば、社会的世界はあたかも自然的世界と同じように扱われる。対象としての社会現象はそれを認識する個人（主体）とは無関係に存在する確固たる実在であり、そこには構成諸要素間の規則性や因果性を探究することが可能であると考える。

　ドイツ観念論の流れはこれとまったく正反対の立場に立つ。これによれば、伝統的な形而上学的方法の観点から社会事象を捉えようとする。理念主義的、思弁的な立場から人間事象を考えようとするのである。実証主義が経験主義の立場に立つのに対し、観念論では、対象となる実在の究極は、感覚器官によって知覚したデータよりもむしろ「精神」や「観念」にあると考える。自然現象とは対照的に、人間事象の本質に主観的な性質が強調され、このような領域に自然科学のモデルや方法をもち込むことの限界が主張される。

　このような、実証主義と理念主義という対極的な立場は、バーレルとモーガンの主観主義対客観主義として規定されているものに相当するが、彼らは、これらの視点の基底にあり、このような視点の違いを支えているメタ理論的仮定の集合に分析の目を向けている。すなわち、多くの場合一括して取り上げられている2つの対極的な知的伝統のアプローチを、存在論、認識論、人

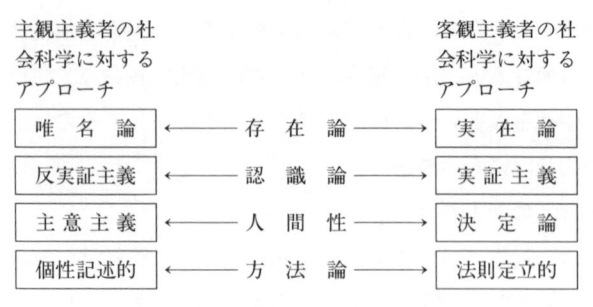

```
主観主義者の社                    客観主義者の社
会科学に対する                    会科学に対する
アプローチ                        アプローチ
┌─────────┐                    ┌─────────┐
│ 唯 名 論 │←──── 存 在 論 ────→│ 実 在 論 │
├─────────┤                    ├─────────┤
│反実証主義│←──── 認 識 論 ────→│ 実証主義 │
├─────────┤                    ├─────────┤
│ 主意主義 │←──── 人 間 性 ────→│ 決 定 論 │
├─────────┤                    ├─────────┤
│個性記述的│←──── 方 法 論 ────→│法則定立的│
└─────────┘                    └─────────┘
```

図Ⅶ-2　主観―客観次元
出所：Burrell and Morgan (1979).

間性、方法論という4つのメタ理論的仮定の次元から分析的に整理したのである（図Ⅶ-2参照）。

【唯名論か実在論か】

第1の次元として存在論、すなわち研究しようとする現象の本質に関する前提が挙げられる。対象とする「現実」は個人の外側にあり個人の意識にかかわりなく存在するものなのか、それとも個人の意識の所産なのか。「現実」は客観的な性質をもったものなのか、それとも個人の認識が生み出す主観的なものなのか、という問題である。

唯名論の立場は、個人の外側にある社会的世界は、現実を構成するのに用いる名辞、概念、ラベルから構成される以外の何物でもないという前提に立つ。唯名論は、これらの概念を用いて記述される対象としての世界に、何らかの実在する構造を認めないのである。用いられる概念は人為的なものであり、その有用性は、外的世界の記述ならびに処理に適切かどうかということで決まるのである。唯名論の最も極端なかたちは独我論の立場であり、これによると個人の意識の領域以外に、何らかの世界が存在することを認めないのである。

これに対して実在論の立場は、個人の外側にある社会的世界は確固たる実在の世界であるという前提に立つ。個人がこのような存在を知覚しようがしまいが、これらは経験的実在として存在しているのである。ましてや、特定

の名辞や概念がある場合、それらが表現しているものは経験的実在として存在していなければならないのである。実在論にとって、社会的世界は、それを認識する個人とは無関係に存在するものであり、個人の存在や意識に先行するものなのである。このように考えるならば、社会的世界は、自然的世界と同じように明確かつ具体的実体をもったものとして扱うことができるのである。

【反実証主義か実証主義か】
　第2の次元として認識論、すなわち「知識」それ自体の性質に関する前提が挙げられる。認識した知識は客観的な確固たる実在であり、具体的な形式で伝達したり確認したりすることが可能なものだろうか。それとも、「知識」はそれほど明確なものではなく、より主観的で、個人的なものなのだろうか。知識は客観的な手段によって獲得できるものなのか、それとも個人的に経験されなければならないものなのかという問題である。
　実証主義の認識論は、本質的に自然科学のアプローチに基礎があり、対象の構成要素間の規則性や因果関係性を明らかにすることにより、社会的世界に生起することを説明し、さらには予測しようとするものである。実証主義の立場でも具体的アプローチはさまざまであり、仮説の検証を重視するものもあれば、仮説の反証を主張するものもある。いずれにしても、知識の成長は累積的な過程であり、新たな洞察が付け加えられ、誤った仮説が排除されていく過程と考えるのである。
　反実証主義は、これとは反対の立場をとる。社会的世界は本質的に相対的なものであり、研究対象に対する客観的な「観察者」の立場などというものはないのである。対象とのかかわりにおいてしか、対象を理解することはできない。行為参加者の準拠枠を用いることによってのみ、対象を理解することができると考えるのである。外部からよりも内部から理解すべきなのである。このような考えからわかるように、認識結果としての知識は本質的に主観的なものであり、客観的なものとはいえないのである。

【主意主義か決定論か】

　第3の次元として、社会現象を構成する人間とその人間を取り巻く環境との間の関係についての前提がある。人間とその生活社会との間の関係をどのようなものと考えるかということは、どのような人間モデルを前提にするかということに反映している。人間モデルの選択は、社会現象に関するあらゆる理論の根底において、本質的な役割を果たしている。社会現象の研究において、人間は常に探究の主体であると同時に客体なのである。

　決定論の見解によれば、人間やその活動は、その置かれている状況や環境によって完全に決定されていると考える。人間は外的世界で遭遇する状況に対して、機械的、受け身的に反応するのである。この見解によれば、人間ならびに人間の経験は環境の産物であり、人間は環境状況によって規定され、条件づけられるものと捉えられるのである。

　これと対照的なのが、人間は自律的であり自由意思をもっているとする主意主義の見解である。人間に対して、より創造的な役割が与えられ、主体的意志が舞台の中心に登場してくる。コントロールされる側ではなく、する側であり、操り人形ではなく環境の創造者としての人間モデルである。

【個性記述的か法則定立的か】

　以上の3つの次元と密接にかかわっているのが、方法論に関する次元である。存在論、認識論、人間モデルが異なれば、志向する方法論も異なってくる。これらの要素がどのような前提に依拠しているかによって、実際に用いる方法論の選択範囲が大きく異なってくるのである。社会科学の領域においては、社会的世界を、自然的世界と同様に扱う方法論も可能であるが、より主観的かつ個別的な特質に着目する方法論も可能なのである。

　社会的世界を客観的現実として扱う見解に立てば、科学的努力は、対象としての社会現象の中にある要素間の関係性ならびに規則性の分析に向けられ、法則定立的なアプローチがとられることになる。観察しようとする現実を説明し、かつそれを支配しているような普遍的法則が探究されるのである。

　このようなことから、体系的な手続きや手法にもとづく調査が強調され、

概念化や測定方法が方法論上重要になってくる。自然科学で用いられているような厳密な科学的基準にしたがって、仮説をテストすることが焦点になる。具体的には、質問紙法やさまざまなテストによる定量的手法によるデータ分析が用いられる。

これに対して、社会的現実の構成に際して、個人の主観的経験の重要性を強調する立場に立てば、外在的な現実の実在を疑い、社会的世界の相対的な性質に着目することになる。個人が自己の存在している世界をどのように解釈し、理解するかということなのである。極端な場合には、一般的なものより、個別かつ個人に特殊なものを説明、理解しようとする個性記述的なアプローチがとられることになる。これは通常の自然科学のアプローチからみれば、科学とはみなされないアプローチなのである。

このようなアプローチでは、対象から直接知識を得ること、状況の内側に入って、日常生活の流れに自ら関与することによって得られる主観的説明の分析が重視される。具体的な方法としては、たとえばライフ・ヒストリー、日記、伝記、ジャーナリスティックな記述などにみられる洞察が詳細に分析されるのである。

以上のように、社会科学における実証主義と理念主義という2つの知的伝統の流れをくむ対極的アプローチは、存在論、認識論、人間性、方法論という4つのメタ理論的仮定の次元で特色づけられる。主観主義―客観主義の次元で対極的に位置づけられる2つのアプローチは、繰り返しになるが、次のように集約される。

2．客観主義者のアプローチ

客観主義者のアプローチは、存在論の次元に関しては実在論の立場に立つ。対象とする「現実（リアリティ）」は客観的な性質をもったものであり、社会的世界はそれを認識する個人とは無関係に存在する確固たる実在の世界であるという前提に立つ。

そして、認識論の次元に関しては、本質的に自然科学のアプローチに基礎がある実証主義に依拠し、認識した知識は客観的な確固たる実在と捉えられ

る。

　また、人間性に関するモデルについては、どちらかといえば、人間とその活動はその置かれている状況や環境によって規定され、条件づけられるという決定論が暗黙のうちに仮定されている。

　以上のような、存在論、認識論、人間性に関する仮定の集合からわかるように、客観主義者のアプローチは、対象としての社会現象の中にある規則性やパターンの発見に努力が向けられることになる。言い換えれば、方法論の次元に関して法則定立的なアプローチがとられることになるのである。

3．主観主義者のアプローチ

　これに対して、主観主義者のアプローチは、対極的な仮定の集合に立脚している。存在論の次元に関しては唯名論の立場に立つ。個人の外側にある社会的世界は、個人の意識がもたらす主観的なものであり、現実を構成する際に用いられる名辞、概念、ラベル以外の何らかの実在とは認められない。したがって、認識された知識というものは、主観的、個人的なものであり、社会的世界というものは、本質的に相対的なものであるということになる。

　認識論の次元に関しては、反実証主義の立場に立つ。これは、客観的な知識や規則性を探究しようとする実証主義とは対極的な立場であり、客観的中立的な「観察者」の視点などというものはあり得ないと考えるのである。対象についての理解は、外部からよりもむしろ、行為参加者の準拠枠を用いて対象とのかかわりにおいて内部からアプローチすべきなのである。

　また、人間性に関するモデルについては、主意主義の見解に立ち、より創造的な役割が人間に与えられ、自由意思を備えた自律的存在として人間を捉えている。

　以上のような、存在論、認識論、人間性に関する仮定の集合から、方法論の次元に関しては、個性記述的アプローチがとられることになる。個人の主観的経験を重視し、社会的世界の相対的な性格に着目し、個々人の個人的理解や解釈を強調する主観的説明や分析が行われるのである。

（2）対象の次元：レギュレーション－ラディカル・チェンジ

　対象に関する次元は、レギュレーション－ラディカル・チェンジという次元に整理される。対象としての社会現象（組織現象）をどのような性質を備えたものと考えるか、という次元に関して、社会秩序や均衡に着目するメタ理論的仮定の集合と、社会変動やコンフリクトに着目するメタ理論的仮定の集合を識別することができるのである。前者は、安定性、統合、機能的調整、コンセンサスを強調し、一方後者は、強制、崩壊、剥奪を強調する。

　対象としての社会的世界の根底にある統一性や凝集性を前提に、社会現象の現実に関する説明を提示することに中心的な関心があるのが「レギュレーションの社会学」である。この視点は、人間事象におけるレギュレーションの必要性や、そこに作用する社会的諸力を理解することに関心がある。なぜ社会（組織）がばらばらにならないでまとまっているのか。なぜ社会は「万人の万人に対する闘い」にならず、1つのまとまった実在として存在しうるのだろうか。多様な諸個人から構成される組織が1つの存在として、管理運営されるということはどのようなことなのだろうか。このような基本的な問題意識の上に、秩序や現状を志向した説明が探究される。

　これに対して「ラディカル・チェンジの社会学」は、どちらかというと、あるがままの現状より、それに代わりうる潜在的可能性を志向している。その基本的関心は、急進的変動（ラディカル・チェンジ）、深層的な構造的コンフリクト、支配の諸様式、

表Ⅶ-1　レギュレーション－ラディカル・チェンジの次元

レギュレーションの社会学は以下に関心をもつ	ラディカル・チェンジの社会学は以下に関心をもつ
（a）現　状	（a）急進的変動（ラディカル・チェンジ）
（b）社会秩序	（b）構造的コンフリクト
（c）一　致（コンセンサス）	（c）支配の諸様式
（d）社会的統合と凝集性	（d）矛　盾
（e）連　帯	（e）解　放
（f）要求充足	（f）剥　奪
（g）現実性	（g）可能性

出所：Burrell and Morgan (1979).

ならびに構造的矛盾に関する説明を提示することにある。この視点では、これらはいずれも現代社会において、人間の発展の可能性を抑圧し阻害するものと捉えられる。すなわち、基本的な問題意識は、現代社会における物質ならびに精神における人間の剝奪(デプリベーション)ということである。「ラディカル・チェンジの社会学」は、このような現代社会の諸構造から人間を解放することに関心がある。これは、しばしば空想的、ユートピア的志向性をもっている。以上のように、対比的に素描したレギュレーション－ラディカル・チェンジという次元は、表Ⅶ-1のようにいくつかのキー・ワードで要約される。

（3） 組織論の4つのパラダイム

科学としての社会科学をどのように捉えるかということ、ならびに社会現象（組織現象）をどのように考えるかという2つの分析次元によって、メタ理論的仮定の集合は4つのパラダイムに識別される。バーレルとモーガンによれば、これら4つのパラダイムは、それぞれ機能主義者パラダイム、解釈

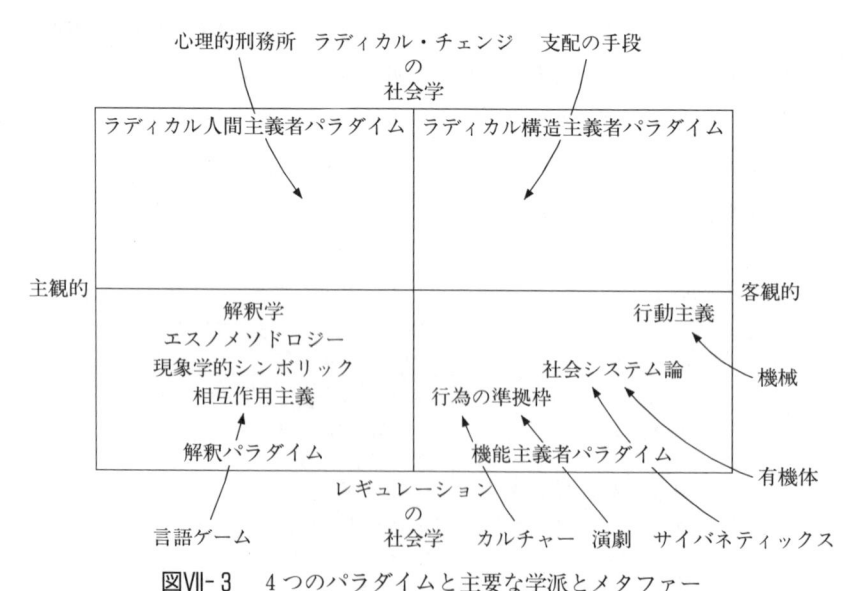

図Ⅶ-3　4つのパラダイムと主要な学派とメタファー

出所：Morgan (1980) 多少修正してある。

パラダイム、ラディカル人間主義者パラダイム、ラディカル構造主義者パラダイムと名づけられている（図Ⅶ-3参照）。

これら4つのパラダイムは、それぞれ社会現象の分析に対して基本的に異なるメタ理論的仮定の集合に立脚し、組織現象の分析に対してそれぞれ対照的かつ独自の立場からアプローチし、異なった概念ならびに分析手段をもっているのである。

この中でも、機能主義者パラダイム以外のものは、それほど多くの組織分析を生み出してきたわけではない。われわれに最もなじみが深く、かつ最も多くの組織分析を生み出しているのは機能主義者のパラダイムである。以下、各パラダイムのエッセンスと思われる特色のみを確認しておこう。

2 ラディカリズムの組織論

（1） ラディカル人間主義者パラダイム：心理的刑務所としての組織

ラディカル人間主義者パラダイムは、主観主義者の立場からラディカル・チェンジの社会学を展開する。社会的世界は、唯名論、反実証主義、主意主義、個性記述的な傾向をもった視点からアプローチされる。それは、既存の社会的あり方を変化させること、あるいは超越することを強調する。既存の社会的パターンに結びつけられている精神的絆や束縛から、どのように人間を解放するか、あるいは超越しうるかを明らかにし、人間の可能性や創造性を認識しようとする。自らがその一部である社会的世界のイデオロギー的上部構造による支配から、人間の意識と経験を解き放つことに関心がある。人間の認知ならびに意識を変えることによって、社会的世界を変化させようとするのである。

ラディカル人間主義者パラダイムは、解釈パラダイムと同様、現実というものがどのように社会的に創出され、かつ社会的に維持されるかということを取り上げるが、その分析においては意識の病理的側面という視点が強調される。すなわち、人間は、自らがつくり出しかつ支持しているような現実によって制約され、その領域の中に閉じ込められていると考えるのである。現

実を創造する過程は、心理的ならびに社会的な諸過程によって影響されるが、同時に人間の精神もこれによって方向づけられ、制約され、コントロールされ、人間としての本性がもっている固有の可能性から人間が疎外されるのである。

ラディカル人間主義者パラダイムの具体的な問題意識は、組織化された産業社会における人間性疎外の問題である。社会思想の領域では、たとえば、カール・マルクス (K. Marx) が物象化(リーイフィケーション)の過程として資本主義社会における疎外現象を取り上げている。このパラダイムでは、このような疎外を超越するための手段として、思考と行為をどのように結びつけうるかということが探究されるのである。

このような視点から組織現象にアプローチすると、組織の存続、維持に関連する行為の概念や様式のもつ疎外的特質が考察されることになる。中心的なメタファーとして「心理的刑務所(サイキック・プリズン)」が用いられ、制約され支配されていると経験するような組織的現実を、人間がどのようにして演じるようになるかということに焦点が合わされる。すなわち、組織とは心理的現象に他ならないのである。組織は、つまるところ意識の過程ならびに無意識の過程によって創出され、維持されているからである。このような諸過程がもたらすイメージ、アイデア、思考ならびに行為によって、組織メンバーは事実上拘束され、制約されていると考えられるからである。

この視点は、現在ではそれほど目新しいものではないかもしれない。組織カルチャーというメタファーが、メンバー間で共有された信念や意味のパターンをさすものとして用いられているからである。しかし、カルチャーのもつ刑務所的性質を認識することは重要である。組織カルチャーの発展強化は、たとえば「集団思考」現象のように、組織の環境適応能力を疎外することに結びつくからである。

組織的現実は組織の構成メンバーによってつくりあげられるが、これは常に部分的なものであり完全なものではありえず、多くの場合自分たちにとって都合のいいものになりがちである。ここに、認知上の落とし穴が存在する。

誤った前提仮定に、それを自明のことと思う信念ならびに明確な作業手続きが結びつくことにより自己充足的な世界観がつくられ、これによって組織的行為がもたらされると同時にメンバーの行為が制約されることになる。すなわち、これによってものの見方や行為のしかたが示されると同時に、これ以外のものを見えにくくし、これと異なる代替的見解の可能性を排除してしまうことになるのである。

また心理的刑務所は、無意識の過程によってももたらされる。精神分析の立場からみれば、合理的ならびに自明のことと思われる多くの現実は、意識下のレベルに存在する先入観や関心によって影響を受けている。したがって、組織において個人がやっていることやいっていることの意味を十分に理解しようとするならば、人間心理の隠された構造やダイナミックスを考慮に入れなければならない。

いうまでもなく、このような思考の基礎は、ジグムント・フロイト (S. Freud) にあり、彼は人間が最も深層にある欲求や個人的思想を抑圧することによって、無意識がつくりあげられると主張した。社会（あるいは組織）の本質は個人の抑圧にあり、そして個人の本質は自我の抑圧にあるのである。他者とうまくやっていくためには、自己の衝動をコントロールしなければならない。社交的能力を発展させることは、抑圧された無意識を伴うことであり、個人間に共有されるカルチャーと個人内の無意識は裏腹の関係にあるのである。

このように心理的刑務所というメタファーの視点から、カルチャーと無意識との間の結びつきを強調することにより、組織カルチャーをつくりあげかつ支持している人々の、意識下のレベルにおけるその隠された意味を明らかにすることの重要性が示唆されるのである。

フロイト以降、無意識の起源と性格に関しては多様な理論が存在しているが、これらに共通しているのは、人間は自己の個人的歴史(パーソナル・ヒストリー)の捕虜として生活しなければならないということである。心理的刑務所から解き放たれて自由になるということは、自己の過去が無意識を通して現在の自分にどのよう

に影響しているかということを自覚することである。すなわち、自己を理解することにより、自分自身を解き放つ方法を探るのである。外的世界に対処することは、実際は自己の内的世界に対処することに他ならない。新たな外的世界に遭遇することは、実は自己のこれまで隠されていた次元を発見することなのである。

（2）　ラディカル構造主義者パラダイム：支配の手段としての組織

　ラディカル構造主義者パラダイムは、客観主義者の立場からラディカル・チェンジの社会学を支持する。構造的コンフリクト、支配の諸様式、矛盾、剥奪（デプリベーション）の分析が、実在論、実証主義、決定論、法則定立的な傾向をもった視点からアプローチされる。ラディカル人間主義が人間の「意識」に焦点を合わせているのに対し、ラディカル構造主義は実在論的な社会的世界の中における構造的な関係性に着目する。これによれば、コンフリクトは現代社会の特徴と捉えられ、ラディカル・チェンジは、まさに現代社会の構造と特質の中に組み込まれているのである。ラディカル構造主義者パラダイムでは、このようなコンテクストから組織現象がアプローチされ、たとえば組織的コントロールの諸過程、組織変革のダイナミックス、組織における下部構造と上部構造の関係、全体社会における組織の役割などが扱われる。

　ラディカル構造主義者パラダイムにおける現実は、ラディカル人間主義者パラダイムと同様、社会が人間を抑圧支配しているという見解に立脚している。しかしながら、ラディカル構造主義者は唯物論の視点から、社会的世界というものを、存在論的に確固たる実在としての具体的構造として捉える。現実というものは、それを知覚する方法やそれを確認する人間から独立して存在しているものなのである。

　そして、このような現実は、構成要素間の対立や固有の矛盾によって特色づけられ、これが全体としての社会にラディカル・チェンジをもたらすのである。ラディカル構造主義者の関心は、このような要素間の固有の緊張を理解することにあるのであり、かつさまざまな支配の様式を明らかにすることを通して、支配やパワーの関係の発生に着目するのである。

組織のメタファーとして「支　配　の　手　段」（インスツルメント・オブ・ドミネーション）を用いるということは、支配の過程として捉えることにより、組織現象を最もよく理解することができるという見解に立っている。歴史的にみても、組織は社会的支配との関連で、個人や特定の集団が自己の意思を他者に課すための手段として利用されてきた。組織における非対称的なパワー関係によって、組織における大多数の人々のエネルギーが、少数の人々の利害に利用されてきたのである。現代においては、奴隷制度や絶対君主のような権力者はいなくなり、現象的には支配の様式は大きく変貌してきた。

　しかしながら、支配のパターンがより洗練され、奴隷監視人から管理者へと変わったとはいえ、少数の人々の意思や目標が、多数の人々のエネルギーや労働力によって実現されるという図式には依然変わりがない。1人では達成できないことを組織が達成するということ、すなわち個人の限界を組織によって克服するということと同時に、個々人のエネルギーや労働力が組織によって利用され搾取されるというアンビバレントな側面を、組織にはみることができるのである。

　いうまでもなく、このような側面の認識はマルクスの洞察が大きな影響を与え続けてきた領域である。マルクスは、剰余価値の追求と資本蓄積がどのように支配の様式をもたらすかということに着目した。また、マックス・ウェーバー（M. Weber）は、さまざまな社会や時代の支配の形態がどのように異なるかということに注目し、近代社会は合理化あるいは官僚制化の過程によって支配されると考えた。そして、このような官僚制化の過程は、人間の自由ならびにリベラル・デモクラシーの価値にとって大いなる脅威をもたらすと考えたのである。これ以外にも、たとえば、ロバート・ミヘルス（R. Michels）は最も民主的な形式の組織でさえも、組織は次第に特定の少数の人々によって支配されるようになる傾向があるということを、「寡頭制の鉄則」として表現している。

　このメタファーのポイントは、組織化するということに必然的に付随している支配の諸力によって、組織はしばしばその構成メンバーのみならず、そ

の組織が活動している環境コンテクストをも搾取しているということにある。合理化の過程それ自体が、支配の様式に他ならないのである。ルールによる管理にしたがい、手段と目的、費用と収益に関する厳密な計算に従事するようになればなるほど、このような手続きや過程それ自体によって人間が支配されるようになる。没人格性や効率性の追求、あるいは資本の論理といったものが、いわば人間にとって新たな奴隷監視人になるのである。

　以上のように、ラディカル構造主義者パラダイムは、組織化そのものの中に支配の要素があり、支配や搾取は意図せざる結果としてもたらされるものではないということをあらためて確認させてくれる。合理性あるいは合理的行為は必然的に逆機能的帰結を伴うものであり、すでに述べたように、合理性の追求それ自体が支配の様式になりうる。合理性を追求する際には、誰にとっての合理性かという視点が問われなくてはならないのである。エクセレントな組織には、常に裏側がある。組織とは、さまざまなかたちの支配と搾取の過程に他ならないからである。

　組織のこのような側面を浮き彫りにすることにより、支配あるいは搾取される側の視点からの組織理論の可能性が示唆される。そして、これは全体としての社会のラディカル・チェンジへとつながりうるものなのである。

3　機能主義者パラダイムと解釈パラダイムの可能性

（1）　機能主義者パラダイム

　機能主義者パラダイムは、客観主義者の立場から社会現象の現状、秩序、均衡、統合などに対する説明を提示することに関心がある。社会現象は人間行為の所産である以上、個人の動機や意図という主観的側面が必然的にかかわってくる。この際、機能という概念を用いることにより、個人的な動機や意図という主観的要因に還元することなく、社会現象における部分と全体、ならびに個人と組織という関係に関する合理的説明が可能になる。

　このような機能主義者パラダイムの説明は、しばしば実践的なインプリケーションをもつことになる。そして、現実の問題に対して実際的な解決策を

もたらすことにつながっていく。すなわち、組織状況の効果的なレギュレーションとコントロールという実践的な問題意識に結びつくのである。これは、いわゆる古典的管理論といわれるものの問題意識に他ならない。

組織の概念として最も多く引用されているといわれる、チェスター・バーナード（C. Barnard）の「2人以上の人々の意識的に調整された諸活動ないし諸力の体系」という定義は、そのメタ理論的仮定が機能主義者のものであることはいうまでもないであろう。また、わが国でも大きな影響力をもってきたと思われる組織のコンティンジェンシー理論は、客観主義者の立場から、いくつかのキーとなる組織変数間の多変量解析を行ったものと捉えることができよう。組織分析に関する限り、その多くの部分は機能主義者パラダイムの中でなされてきたといえる。

（2）解釈パラダイム

解釈パラダイムは、主観主義者の立場から社会的世界をあるがままに主観的経験のレベルで理解しようとする。そこには、社会的世界の本質的に形而上的（精神的）な性質を強調する見方が反映している。社会的世界というものは、関係する個々人によってつくりあげられる創発的過程であり、個々人の意識の集合と捉えられる。

個々人の意識を超越した何らかの認識対象を想定するとするならば、それは間主観的に共有された意味のネットワークに他ならないと考えられる。解釈パラダイムは、人間の意識と主観性を掘り下げることにより、あるがままの日常的世界の根底にある基本的な意味を明らかにしようとする。このような日常的世界の本質の理解には、コンフリクトや変動の問題は介在する余地がない。コンフリクトや変動は、非日常的なものだからである。

このような解釈パラダイムの特質は、主観主義―客観主義という方法の次元に関して、機能主義者パラダイムとの比較対照をすることにより理解することができる。機能主義者パラダイムと解釈パラダイムの連続上に、いくつかの組織分析の可能性をみることができるからである。

（３） 主観主義と客観主義の間の可能性

すでに取り上げたように、主観主義—客観主義の次元に関して一方の極にある極端なかたちの客観主義者のアプローチは、次のようなメタ理論的仮定の集合に依拠している。すなわち、存在論的には社会的世界を具体的な構造としての現実と捉え、認識論的には実証主義の立場からこのような構造を構成している要素間の性質を研究することの重要性を強調する。そして人間性に関する仮定としては、決定論の立場から外的な社会的世界からの影響に対する反応者が仮定される。このようなことから、メタファーとして、たとえば「機械〔マシーン〕」が用いられ、サーベイ・リサーチや実験室実験のようなリサーチ方法により社会的世界が経験的に分析される。これにより、社会的事実としての現象間にみられる規則性や関係性のパターンを特定化するような「客観的な」形式の知識がもたらされるのである。具体例としては、たとえば行動主義、抽象化された経験主義といわれるものの研究がこのカテゴリーにふくまれる。

主観主義者のアプローチは、これと対極的なメタ理論的仮定の集合に依拠している。客観主義者のアプローチ対主観主義者のアプローチという対比は、しばしば定量的アプローチ対定性的アプローチというかたちで取り上げられる。しかしながら、このような二元的図式は過度の単純化であるといわねばならない。定性的アプローチといわれるものは、極端なかたちの客観主義者のアプローチのように特定の明示的なリサーチ手法の集合から構成されているわけではないからである。定性的アプローチといわれるものには、いくつかの多様な展開が可能なのである。

客観主義者のアプローチと主観主義者のアプローチの間には、いくつかのアプローチの可能性を識別することができる（表Ⅶ-2参照）。以下では、極端な客観主義者のアプローチから出発し、さまざまなアプローチの可能性を整理してみよう。これらは、便宜的に、オープン・システム論、サイバネティックス、社会的行為論、エスノメソドロジー、現象学という学派によって代表され、それぞれ存在論、認識論、人間性に関して異なるメタ理論的仮定に

表Ⅶ-2　主観主義と客観主義の間の可能性

	主観主義者のアプローチ ←					→ 客観主義者のアプローチ
存在論的仮定	人間想像力の投影としての現実	社会的構成概念としての現実	シンボル的表現の世界としての現実	情報のコンテクスト的な場としての現実	具体的過程としての現実	具体的構造としての現実
認識論的立場	現象学的洞察や天啓を得る	社会的現実がどのようにつくられるかを理解する	シンボル的表現のパターンを解釈する	コンテクストの地図をつくる	システム、過程、変動を研究する	実証科学を構築する
人間性に関する仮定	純粋精神、意識、存在としての人間	社会の構成者、シンボル創造者としての人間	行為者、シンボル使用者としての人間	情報処理者としての人間	適応者としての人間	反応者としての人間
選択されるメタファー	超越的	言語ゲーム	演劇、カルチャー	サイバネティックス	有機体	機械
代表的なリサーチ方法	純粋主観の探究	解釈学	シンボル分析	ゲシュタルト的なコンテクスト分析	歴史的分析	実験室実験サーベイ・リサーチ
主要な学派	現象学	エスノメソドロジー	社会的行為論	サイバネティックス	オープン・システム論	行動主義

出所：Morgan and Smircich (1980) 多少修正してある。

依拠し、それぞれ異なるメタファーと方法を選択している。

１．オープン・システム論

　主観主義―客観主義の次元に関して一方の極にある客観主義者のアプローチの次に位置づけられるのが、オープン・システム論である。ここでは、「有機体」(オーガニズム)のメタファーが大きな影響力を与えている。人間性に関する仮定としては、環境に対する反応者というよりも環境に対する適応主体と捉えられ、主体とそれを取り巻く世界との間の相互作用が想定される。主体としての人間は、その環境やコンテクストに影響されかつ影響を与えている。両者の関係は、主体としての人間が残存するために必要な活動パターンを示しているのである。

　このような人間性に関するメタ理論的仮定からわかるように、このアプローチでは、存在論的には対象としての現実を具体的な過程として捉える。社会的世界は進化的な過程であり、そこではあらゆるものがあらゆるものと相互作用の関係にあり、常に変化しつつある。したがって、認識論的には、システム、過程、変動を対象として取り上げ理解することが強調される。

２．サイバネティックス

　オープン・システム論の「有機体」(オーガニズム)メタファーの使用は、主体としての組織と環境との関係を恣意的に捉え、どちらかといえば組織の環境に対する適応を一方的なものと見なす傾向がある。これに対して、「サイバネティックス」のメタファーを用いることにより、組織と環境がともに進化、変化するということが考慮されるようになる。人間は情報の処理者と理解され、そのコンテクストとの間に継続的な相互作用と交換の過程に従事している。人間が環境から受け取った情報を処理して、それにもとづいて行為することにより、新たな情報パターンが創出され、これが全体としてのコンテクストに影響をおよぼすのである。

　したがってこのアプローチでは、対象としての現実は、コンテクスト的な意味をもった情報の場に他ならないのである。このようにして、組織と環境の全体的コンテクストを生態学的に捉えることが可能になる。主体としての

組織は環境に適応しようとするが、逆にそれによって環境自体も進化する。すなわち、コンテクストが進化するのである。このようなコンテクストを生態学的に明らかにすることが、ここでは志向されている。

3．社会的行為論

社会的行為論のアプローチでは、社会的世界は、人間の行為と相互行為（作用）の過程によって支持されているシンボル的な関係性と意味のパターンと捉えられる。このようなパターンは、個々人の解釈と行為によって再確認され、修正される。したがって、社会的世界の基本的特性は、主観的意味のネットワークに埋め込まれており、このような意味によって、社会的世界に対して持続的な形式を付与するような規則的行為が維持されていると考えられる。現実というものは、規則ならびにその遵守に依存しているのではなく、意味に満ちた行為の体系に依拠しているのである。

また、人間性に関するメタ理論的仮定では、当然のことながら人間は社会的行為者(ソーシャル・アクター)と捉えられる。そして、メタファーとして演劇とカルチャーが用いられる。人間は自己の状況を解釈し、自己の行為を意味あらしめるよう自ら方向づけるのである。この過程において、人間は言語や文化的に特定化された行為によって、現実というものを演技(イナクト)するのである。すなわち、人間はシンボル的な意味をもった世界に存在し、世界と自己との間の関係性を解釈し、かつ演技している。人間は、人生という舞台において台本を解釈し、修正し、そして時には自ら台本をつくりあげるような能力を備えた演技者(アクター)なのである。

4．エスノメソドロジー

これよりもさらに主観的な立場に依拠するのがエスノメソドロジーのアプローチである。これによれば、人間は単に自己を取り巻く状況を意味に満ちた方法で解釈する行為者にとどまるものではなく、このような状況そのものを自らつくり出しているのである。現実というものは主観的に構成されるものに他ならず、社会的世界は個々人が日々遭遇する世界に対して意味を付与するたびごとに、新たにつくり変えられるような継続的過程なのである。

個々人が共有された現実を一緒につくりあげることはあるにしても、現実そのものは、あくまでも主観的に構成されるものであり、各人がそれに対する支持をやめればたちまちに消滅してしまうようなものなのである。社会的現実は、言語、ラベル、行為などのシンボル的様式そのものの性質、ならびにその使用によってもたらされるものであり、シンボリックな構成概念に他ならない。そして、認識論的には、シンボル創造者としての人間によって、上述したような共通の意味をもった社会的現実がどのように創出されるかという過程に分析の焦点が合わされるのである。

5．現象学

　主観主義─客観主義の次元に関して他方の極にあるのが、現象学のアプローチである。これによれば、さらに主観的な捉え方がなされ、現実というものは個々人の想像力の投影であると考えられる。社会的世界は、創造的想像力によってもたらされる個人的意識の投影であり、個人の精神なのである。人間は意識的な存在であり、自己の心理的エネルギーならびに経験を用いて、自己の直接的な経験領域の中にある世界を意図的なやり方で構成しようとする。

　したがって科学者の生み出す知識は、客観的なものというよりも、むしろ1人の人間としての科学者が、世界に対して個人的な準拠枠を恣意的にあてはめるようなやり方で表現したものにすぎないと捉えられる。知識というものは、主観的な経験の中にあるからである。このように、このアプローチでは、人間が内側から外的世界をどのように具体化するかという過程を理解することが強調される。ここでは、現象学的洞察や天啓が重要な役割を果たすのである。

3　むすびにかえて──組織論はどこへいくのか

　パラダイムの違いは、メタ理論的仮定の集合の違いを示している。本稿では、これら競合する代替的パラダイムを、その依拠するメタ理論的仮定にさ

かのぼり、その立脚点を確認してきた。このことには、どのような意味があるのだろうか。

第1にメタ理論的仮定の分析により、全体的展望や基本的問題の把握が可能になる。統一的な概念枠組みに位置づけることで、それぞれのパラダイムが立脚している何らかの疑義を差し挟む余地があるなどとは考えない当然の前提を確認し、それぞれのパラダイムがもつ特色と限界が浮き彫りにされる。また第2に、組織論の展開の中で、われわれはどこからきて、現在どこにいるのかということが示され、これからどこへいくのかという今後の展開方向の可能性が示唆される。

組織論のフロンティアの可能性は、それが直ちに実り豊かな組織分析を約束するわけではない。確かに多元的なアプローチやパラダイムの許容は、複雑な組織現象の多面的な理解を促進してくれるであろう。しかしながら、多様なアプローチの並存や多元的パラダイムの相対化それ自体は、組織論をめぐる議論をいっそう混乱させることにもなる。

ここにあらためて、研究領域・学問分野としての組織論とはいかなるものかというアイデンティティが問われる。組織論の出発点での基本的課題が、再び問い直されることになるのである。

参考文献

Burrell, G. and Morgan, G., *Sociological Paradigms and Organizational Analysis*, Heinemann Educational Books, 1979.（鎌田伸一・金井一頼・野中郁次郎訳『組織理論のパラダイム』千倉書房、1986年）

Hatch, M. J., *Organization Theory,* Oxford University Press, 1997.

Morgan, G., "Paradigms, Metaphors, and Puzzle Solving in Organization Theory," *Administrative Science Quarterly,* 25, 1980.

Morgan, G. and Smircich, L., "The Case for Qualitative Research", *Academy of Management Review,* 5 : 1980.

Scott, W. R., *Organizations: Rational, Natural, and Open Systems* (2nd ed.), Prentice-Hall, 1987.

Stone, E. F., *Research Methods in Organizational Behavior*, Goodyear, 1978.（鎌田伸一・野中郁次郎訳『組織行動の調査方法』白桃書房、1980年）

Thompson, J. D., *Organizations in Action*, McGraw-Hill, 1967.（高宮晋監訳・鎌田伸一・新田義則・二宮豊志訳『オーガニゼーション・イン・アクション』同文舘、1987 年）

人名索引

ア 行

間場寿一	61
青井和夫	55, 58
アッシュ（S. E. Asch）	69
アッターバック（J. M. Utterback）	202
アバナシー（W. Abernathy）	202
アルダーファー（C. P. Alderfer）	37, 82
飯野春樹	75
稲葉元吉	189
居安正	61
ウェルズ（L. T. Wells Jr.）	194
エイセンハート（K. M. Eisenhardt）	74
岡本康雄	193
オルダム（G. R. Oldham）	51

カ 行

ガーシック（C. J. G. Gersick）	73
カートライト（D. Cartwright）	66-7, 71, 77
カッツ（R. Katz）	25
ガルブレイス（J. R. Galbraith）	200
キースラー（S. Kiesler）	74
グールドナー（A. W. Gouldner）	43
ゲック（B. A. Gutek）	47
ゲッツコウ（H. Guetzkow）	73
ゴシャール（S. Ghoshal）	206
コックス（T. H. Cox）	84
小宮隆太郎	193

サ 行

サイモン（H. A. Simon）	68, 70, 73, 85, 134
坂下昭宣	39, 42
櫻木晃裕	49
佐々木薫	64, 71
ザンダー（A. Zander）	71, 77
シー（G. P. Shea）	74
塩原勉	61
シャイン（E. H. Schein）	21-2, 24
ジャクソン（J. M. Jackson）	76
ショー（M. E. Shaw）	72-3
ジョーンズ（G. Jones）	192
スーパー（D. E. Super）	23
スキナー（B. F. Skinner）	27
ストップフォード（J. M. Stopford）	194
スナドウスキー（A. M. Snadowsky）	73

タ 行

田尾雅夫	46
高柳暁	70
田杉競	75
チャンドラー（A. D. Chandler, Jr.）	185
ディール（T. E. Deal）	76

ナ 行

二村敏子	70
ニューカム（T. M. Newcomb）	75
ナサンソン（D. A. Nathanson）	200
野中郁次郎	152

ハ 行

バートレット（C. A. Bartlett）	206
バーナード（C. I. Barnard）	4, 68, 75, 136, 237
バーノン（R. Vernon）	187

バーベラス（A. Bavelas）	72-3
バーレル（G. Burrell）	222
ハイダー（F. Heider）	64-5
ハイマー（S. Hymer）	193
ハックマン（J. R. Hackman）	51,138
ハラリー（F. Harary）	66-7
バンデューラ（A. Bandura）	27,29
ヒルガー（E. R. Hilgard）	59
フィードラー（F. E. Fiedler）	79
フェスティンガー（L. Festinger）	64
藤野哲也	200
ブラウ（P. M. Blau）	61-2
フランコ（L. G. Franko）	200
ブルーム（V. H. Vroom）	34,38
古川久敬	27
フレンチ（J. R. P. French Jr.）	78
ベッテンハウゼン（K. Bettenhausen）	75
ペンローズ（E. T. Penrose）	193
ポーター（M. E. Porter）	202
ホーマンズ（G. C. Homans）	56,58-61,63-4
ホール（D. T. Hall）	23
ホワイト（R. White）	79

マ 行

マーチ（J. G. March）	70,85
マクレランド（D. C. McClelland）	138
マズロー（A. H. Maslow）	35-7,135
松田武彦	70
三隅二不二	64,71
メリー・ハッチ（M. J. Hatch）	218
モーガン（G. Morgan）	222

ヤ 行

山本安次郎	75
吉原英樹	188,200

ラ 行

ランゼッタ（J. T. Lanzetta）	73
リービット（H. J. Leavitt）	72
リピット（R. Lippitt）	79
リリエンソール（D. E. Lilienthal）	191
レイヴン（B. Raven）	78
ローラー（E. E. Lawler III）	38
ローレンス＝ローシュ（P. R. Lawrence and J. W. Lorsh）	143
ロック（E. A. Locke）	42
ロビー（T. B. Roby）	73
ロビンズ（S. P. Robbins）	47

ワ 行

ワイナー（B. Weiner）	32,34
ワトソン（W. E. Watson）	84

事項索引

ア 行

r－戦略	160
新しい組織モデル	10
安定性の次元	32
ERG モデル	37
委員会	94
意思決定（decision making）	29
意思決定者	29
一体化	70
一般戦略	175
一般的問題解決	134
因果連関	162
因果連関的変化	162
インセンティブ	135
インフォーマル集団	43
ヴァーチャル・カンパニー	12
エージェンシーモデル	136
エコ産業革命	181
エスノメソドロジー	241
SBU	108
横断的組織	109
OJT（on the job training）	26
オープン・システム	157
オープン・システム論	240
オペラント条件づけ	58

カ 行

海外子会社	189
海外生産	189
海外直接投資	191
会議	94
会計監査	103
解釈（認識）モード	166
解釈パラダイム	237
階層次元	24
外部環境	161
——の反応性	169
——の分析可能性	166
外部重役の導入	173
課業達成度	70, 79
学習	120
革新的な組織過程	151
合併買収	173
株式会社	91
株主総会	97
カリスマ性	81
カルテル	173
環境決定論	159
環境進化	164
環境スキャニング	165
環境創造	159
環境認識モード	165
環境不確実性	164
環境マネジメントシステム	178
観察による学習	28
監査役	97
管理的意思決定	104
機械的システム	158
機関	96
企業	7
企業組織	8
期待	38
期待理論	38
機能主義者パラダイム	236
機能部門別組織	104
機能別戦略	178
客観主義者	222
キャリア（career）	23

キャリア開発	49
業界団体	173
凝集性	71, 76
——の逆機能	140
競争仮説	137
競争戦略	175
協調的戦略	173
業務監査	103
業務的意思決定	104
グリーン・コンシューマリズム	181
グリーン・ステイクホルダー	179
グループシンク（集団浅慮）	47
グローバル化	187
グローバル製品別組織	115
グローバル組織	113
グローバルマトリックス組織	116
経営学	215
経営資源	193
——の国際移転	193
経営者知覚	166
経営戦略	123
経営組織	215
計画におけるグレシャムの法則	105
経験による学習	28
K－戦略	160
決定論	226
権威	136
原因帰属	32
原因帰属理論	32
権限	93
現象学	242
権力	61
交換理論	58
公式集団	68, 75, 82
交渉会議	94
構造的均衡理論	63
行動論	147
国際事業部	114, 195
国際事業部制組織	114

個人人格	96
コスモポリタン（cosmopolitan）	43
個性記述的	227
個体群生態学	160
個体群ニッチ	161
雇用契約	93
根源的仮定（basic assumptions）	118
混合型組織形態	111
コンティンジェンシー理論	158
コンフリクト	45, 85, 142

サ　行

ザ・ボディショップ	181
斉一性への圧力	69
再社会化	26
最適解	31
サイバネティックス	240
先取り型	159
刷新（innovation）段階	25
3C企業	11
CEP	180
ジェネラリスト	160
事業戦略	178
事業部制組織	105
資源依存モデル	171
自己効力	49
自己実現	35
資質論	147
指示伝達会議	94
持続可能な発展	178
実在論	224
実証主義	223, 225
自発的戦略	173
社会化（socialization）段階	25
社会的アクター	171
社会的学習（social learning）	29
社会的行為	241
社会的交換	61

社会的勢力の基礎	78	責任―権限関係	94
社会的責任事業	178	積極的問題解決学習	120
社会的戦略	177	セリーズ	180
社会的防衛メカニズム（social defensive mechanism）	120	全社戦略	178
		全般管理者会議	101
社内ベンチャー	112	専門化の利益	104
主意主義	226	戦略策定上の柔軟性の欠如	174
集団	55	戦略的意思決定	104
集団圧力	69	戦略的工作	173
集団間関係	82	戦略的コンティンジェンシー理論	143
集団浅慮	140	戦略的選択	166
集団づくり	139	戦略的選択論	160
集団内のコミュニケーション構造	71	戦略パターン	159
集団標準	70	創造型	168
重役兼任制度	173	創造環境	159
主観主義者	223	組織	6, 91
受託経営層	100	――が環境に押し入る度合	167
順応（adaptation）段階	25	組織学習	46, 166
ジョイント・ベンチャー	173	組織過程	126, 194
状況適合性	79	――の全体フロー	133
状況理論	147	組織間関係	170
条件づけられた観察型	168	組織間協働戦略	174
小集団	56	組織間コンフリクト	172
職能次元	24	組織間相互依存	172
職務	93	組織形態	160
職務特性論モデル	51	組織構造	91, 194
心理的契約（psychological contract）	21	組織個体群	160
		組織人格	96
垂直的統合	173	組織成員	21
水平的拡大	174	組織デザイン	164
水平的統合	173	組織文化	116, 208
スタッフ関係	94	組織論	216
ステイクホルダー	169	組織論的期待モデル	39
第1次――	169	存在論	224
第2次――	169		
スペシャリスト	160		
3P	182		
制御不可能性	162		
世界的規模の製品別事業部制	196		
責任	93		

タ 行

対人コンフリクト（社会的コンフリクト）　45

代表取締役	97
多角化	173
多国籍企業	191
地域別事業部制	198
チーム・リーダーの理論	147
力	39
知識創造	152
定款	98
デュポン式財務統制方式	107
伝統的な組織モデル	10
統制の位置の次元	32
統制の幅	95
トップ・リーダーの理論	146
ドメイン設定	165
取締役	98
取締役会	97
――の形骸化	102

ナ 行

内円への次元	24
内容理論（content theory）	35
認識論	225
認知（organism）	27
認知的不協和の理論	64
認知的変換（cognitive transformation）	121

ハ 行

発見型	168
パラダイム	222
バランス理論	64
反実証主義	225
反応型	159
非公式集団	75, 82
不安除去学習	120
フォーマル集団	43
フリーライダー	140

プロジェクトチーム制組織	109
プロセス理論（process theory）	35
分化―統合仮説	142
文化構造（組織文化）	92
分析型	159
並列関係	94
防衛型	159
方針なしの観察型	167
法則定立的	226
母系型組織	199

マ 行

マトリックス組織	110, 203
マネジメント（経営管理）	215
満足解	31
メタファー	218
メタ理論的仮定	222
目標設定理論（goal-setting theory）	42
持ち株会社	109
モティベーション（motivation）	33

ヤ 行

唯名論	224
誘意性	38
有機的システム	158
欲求階層理論	35

ラ 行

ライン関係	94
ラディカル・チェンジの社会学	229
ラディカル構造主義者パラダイム	234
ラディカル人間主義者パラダイム	231
乱気流状の環境	162
リアリティ・ショック	42
リーダー	77
リーダーシップ	78, 144

リーダーシップ・スタイル	79
リーダーシップの状況適合理論	80
利益責任単位	106
利害者集団	168
理念主義	223
レギュレーションの社会学	229
ローカル (local)	43

ワ 行

ワーク・モティベーション (work-motivation)	34

刊行のことば

　ミレニアムを迎えて、世の中は変化の速度も度合いも、そのインパクトも、一段と大きくなってきた。先行きの不透明さ、不確かさも払拭できないどころか、ますます増幅するばかりである。企業をはじめとする組織の経営（マネジメント）が直面している状況も例外ではない。グローバル化、情報化、メガ・コンペティション、規制緩和、環境保全などが進む中、企業、組織、経営のあり方は根本から大きく変わろうとしているのである。

　このような状況の中で、今日の企業経営、あるいは組織の経営はいかに行われているのだろうか。そもそも企業経営、組織の経営はどのような問題に遭遇し、それらを克服しつつ現在に至ったのであろうか。そしてそれはどのような方向に向かおうとしているのであろうか。これらは、企業社会に生きる私たち誰もが無関心ではいられない、非常に身近な問題といえるだろう。そこで、こうした問題を一般の人たちにも伝えていくことが必要となり、20世紀の経営学を総括し、21世紀への展望を含めた「現代経営学講座」が編まれることになった次第である。

　本講座は、今日の企業、組織、経営がかかわる多様な領域をできるだけとりあげ、それらを整理するという形で全12巻が編集されており、経営学がどのように発展し、現在どのような議論が行われているのか、初学者にもわかりやすく解説された入門シリーズである。幸い、各巻の編者と執筆者には、最前線で活躍されている第一人者をお迎えできたと自負している。ご多忙の中をご協力頂いた編者と執筆者の方々に、この場を借りて厚くお礼を申し上げたい。また昨今の厳しい出版事情の中で、12巻を擁する「現代経営学講座」の刊行に踏み切られた、八千代出版に深甚の謝意を表したい。

監修　二神恭一・稲葉元吉

編著者紹介

稲葉元吉(いなば・もときち)
1968年　東京大学大学院経済学研究科博士課程単位取得
1981年　横浜国立大学経営学部教授、学部長、大学院研究科長を経て
現　在　成城大学経済学部教授、横浜国立大学名誉教授、日本学術会議会員。この間、マサチューセッツ工科大学スローン・スクール客員研究員

(主要著書)
『経営行動論』(丸善、1979年)、『現代経営学の基礎』(実教出版、1990年)、『システムの科学　第3版』(共訳、パーソナルメディア、1999年)、『コーポレート・ダイナミックス』(白桃書房、2000年)、『社会の中の企業』(八千代出版、2002年)他多数。

現代経営学講座 7

企業の組織

2005年3月10日　第1版1刷発行
編著者　稲葉元吉
発行者　大野俊郎
印刷所　壮光舎印刷
製本所　美行製本
発行所　八千代出版株式会社

　〒101-0061　東京都千代田区三崎町2-2-13
　TEL 03-3262-0420　振替　00190-4-168060

＊定価はカバーに表示してあります。
＊落丁・乱丁本はお取り替えいたします。

現代経営学講座〔全12巻〕

　　監　修　二神恭一（愛知学院大学教授・早稲田大学名誉教授）
　　　　　　稲葉元吉（成城大学教授・横浜国立大学名誉教授）

第 1 巻　企業と経営【二神恭一 編著】

第 2 巻　企業の発展【米倉誠一郎 編著】

第 3 巻　社会の中の企業【稲葉元吉 編著】

第 4 巻　企業と情報化【寺本義也 編著】

第 5 巻　グローバリゼーションの中の企業【鈴木典比古 編著】

第 6 巻　企業の戦略【加護野忠男 編著】

第 7 巻　企業の組織【稲葉元吉 編著】

第 8 巻　企業と人材・人的資源管理【二神恭一 編著】

第 9 巻　生産・技術システム【藤本隆宏 編著】

第 10 巻　イノベーションとベンチャー企業【野中郁次郎 編著】

第 11 巻　マーケティング【石井淳蔵 編著】

第 12 巻　経営財務【柴川林也 編著】

A5判・横組・上製・カバー付・各巻平均300頁
本体価格 2900 円